韬略平天下

秦汉韬略

罗运环　刘海燕　陈继东

著

长江出版传媒｜崇文书局

图书在版编目（CIP）数据

秦汉韬略 / 罗运环，刘海燕，陈继东著 . -- 武汉 ：
崇文书局，2023.3
（韬略平天下）
ISBN 978-7-5403-7084-8

Ⅰ . ①秦… Ⅱ . ①罗… ②刘… ③陈… Ⅲ . ①中国历
史－研究－秦汉时代 Ⅳ . ① K232.07

中国国家版本馆 CIP 数据核字 (2023) 第 018531 号

秦汉韬略

责任编辑　程可嘉
出版发行　长江出版传媒　崇文书局
地　　址　武汉市雄楚大街 268 号 C 座 11 层
电　　话　(027)87677133　邮政编码　430070
印　　刷　武汉市首壹印务有限公司
开　　本　700mm×1000mm　1/16
印　　张　18.75
字　　数　320 千字
版　　次　2023 年 3 月第 1 版
印　　次　2023 年 3 月第 1 次印刷
定　　价　65.00 元

（如发现印装质量问题，影响阅读，由本社负责调换）

前　言

　　秦汉大一统所铸就的帝国，不仅将中国推上了历史进程中的第一个高峰，而且使中华帝国的文明屹立于世界文明之林。无论是物质的还是精神的，秦汉文明都在当时的世界上处于领先地位。在丰富多彩的秦汉文明中，韬略文明是一枝秀丽的奇葩。本书分八章进行了叙说，下面对一些具有共性的内容略作梳理，以便于读者阅读全书。

一、"德治"与"刑治"

　　"德治"与"刑治"是治理国家的根本。有的君主崇尚"德治"，有的帝王则着意于"刑治"，但更多的是兼而用之。

　　秦始皇偏重刑治。在秦帝国创建之初，秦始皇和大臣李斯等人就有共识，说五帝（黄帝、颛顼、帝喾、尧、舜）三王（夏禹、商汤、周文王）只知道教化（德治），而"法度不明"，不能镇抚背叛的诸侯，不能将国家永远传给子孙。他认为端正法度，将之作为万物纲纪，才是维持帝国基业的长久之策，因此决定"普施明法，治理天下，永为法则"。始皇的事业，追求急政，赋敛无度，人民不堪重负。严刑峻法在秦朝盛极一时，虽产生过一定效果，但难以持久。

　　始皇死后，二世胡亥继承了皇位，但这实为赵高篡权的一个阴谋。二世名义上是皇帝，李斯仍然当丞相，但实权则操纵在赵高手中。赵高本为宦官，因精通狱法而被举荐为始皇身边的中车府令。他很早就私下交结了胡亥这位皇子，并从他小时候就教他"决狱"。李斯也是由儒而法的人物，所以在始皇死后，整个秦廷一派法家氛围，不重视教化，不体恤民众。赵高教二世"肆志宠乐""严法而刻刑";李斯则进"督责之术",教二世"独制""穷乐"。二世则自言:"凡所以有天下为贵,是因能得以肆意极欲。主重明法,下不敢为非,就可以控制驾驭海内了。"把教化和恤民抛到九霄云外。因而"法令诛罚日益深刻","税民深""杀人众"。结果,陈胜、吴广奋臂于大泽而天下响应,原拟万世而传之无穷的秦王朝,仅十余年而亡。

亡秦之鉴,使汉初君臣心有余悸,"攻守治异",成为热门的政治话题。

最初提出"攻守治异"话题的是刘邦近臣陆贾。汉朝建立后,他时常在刘邦面前谈论《诗经》《尚书》等儒家经典。听到这些,高祖很不高兴,就对他大骂道:"老子的天下是靠骑在马上得之,哪里用得着《诗》《书》!"陆生回答说:"骑在马上得之,难道可以马上治之吗?"也就是说靠武力可以攻取天下,不能靠武力治理天下。他认为秦王朝一味任刑法不变,最后导致灭亡。提出文武并用,是长久之术。刘邦最终接受了陆贾的治国理念。

直到文帝时,政治家们仍对这一课题感兴趣。其中尤以贾谊的《过秦论》最为深刻。他认为秦之所以失天下,最主要的原因是其"攻守不分"。说秦从战国到统一天下,治国方略没有改,政令没有变,它对天下取之守之者无异。始皇在世时国家危机已显露。当秦二世初登王位时,天下人莫不伸长脖子盼着看到好政策,正是新皇帝施行仁政,收揽人心的机会。如果二世服丧期间就正先帝之过,满足万民的愿望,以仁德治天下,天下人就归附了。如果天下人都各自安居乐业,唯恐发生变乱,即使有奸诈不轨的人,民众也不会有背叛主上之心,图谋不轨的臣子也就无法掩饰他的奸诈,暴乱的阴谋就可以被阻止了。二世不行此术,却比始皇更加暴虐无道,繁刑严诛,百姓穷困已极,而君主却不加救济,天下的人都陷入了苦难,所以容易发生动乱。因此陈涉不凭商汤、周武王那样的贤能,不借公侯那样的尊贵,奋臂于大泽而天下响应。所以古代圣王深知国家存亡的关键:治民之道,务在安民而已。这样,天下即使出现叛逆的臣子,也必然没有人响应,得不到帮助力量。所谓"安民可与行义,而危民易与为非",说的就是这种情况。尊贵到做了天子,富足到拥有天下,而自身却不能免于被杀戮,这是由于挽救倾覆局势的方法上的错误,是二世的过错。

陆贾与贾谊的攻守治异论,实质上就是以亡秦为鉴,讨论"刑治"与

"德治"的问题。"马上治之",就是陆贾所不赞成的"极武""任刑法不变",即贾谊所指的崇尚"诈力""繁刑严诛"之类。而陆贾所提倡的"顺守""行仁义",以及贾谊所说的"顺权""施仁义"就是讲的守治之术,也就是"德治"。贾谊除有这种见解之外,还指出二世即位之际是一次"正先帝之过",挽救秦朝危机的机会,若务在安民,"施仁义""约法省刑",可转危为安,而二世"不行此术"而亡。这一论述给危政指出了转机之术,对汉武帝启示颇多,武帝晚年挽救朝廷危机就是这一理论的成功实践。

西汉时期中华帝国之所以能成为世界头等强国,皆因在治国理念上"刑治"与"德治"兼用,也就是汉宣帝所说的"霸王道杂之"。据《汉书·元帝纪》所载,元帝"柔仁好儒",其为太子时,见父皇宣帝所用多文法吏,以刑名绳下,大臣杨恽、盖宽饶因言语讥刺就被定罪诛杀。元帝对此颇怀心事,趁侍宴的机会,对宣帝说:"陛下执法过重,应该任用儒生。"宣帝听了勃然大怒,说:"汉家自从有制度以来,就是霸王道杂之,为何纯用德教,改用周朝的制度呢?更何况那班俗儒不能洞察世事变化,好古非今,混淆名实,不知所守,怎能把国事委托给这些人呢?"并叹息道,"乱我家者,太子也!"元帝还因此差点丢了继承帝位的资格。

宣帝所言"霸王道",即"霸道"和"王道"的合称。王道就是德治之术,霸道就是刑治之术。"霸王道杂之",就是指二者相辅为用。

事实上,刑治与德治,在法家和儒者那里虽往往各持一端,但在治国实践中,是无法绝对分开的,"纯任德教"或"纯任刑治"都是注定要失败的。后来,汉元帝继位,专以"王道"治国,虽有"古之风烈",但权柄下移、吏治腐败,帝国衰降,实乱汉家。秦二世专以刑治之术治国,认为"主重明法,下不敢为非"。结果严法苛刑非但未能挽救秦朝的危机,反而因此亡国丧身。是二者只能兼用,不可纯任。

刑治与德治二者应当兼用,关键还在于以刑治为主,还是以德治为主。始皇帝以刑治为主,德治为辅,即贾谊《过秦论》所谓"先诈力而后仁义"。如前所说,二世则"废王道",纯任刑治,导致秦朝的败亡。

两汉以德治为主,刑治为辅,是就两汉总体而言的,但在某个特殊时段和特殊方面及事件上,也可能是刑治为主,德治为辅;或先刑治后德治。如刘邦虽以亡秦为鉴，接受了陆贾的"仁义"治国大略，但他在消灭异姓王的过程中，寻衅找茬，不择手段，甚至诛杀无辜的彭越后，将其剁成肉酱，遍赐诸侯，以警惧他人。惨不忍睹，哪有什么仁义可言。汉武帝虽说独尊儒术，而在巫蛊之祸中枉杀自己的亲子，即皇太子，以沉命法镇压起义的人民，也不见有什么"仁义"。桓帝、灵帝时的"党锢之祸"残酷打击人民拥戴的贤臣贤士，更谈不上是什么"德政"。总之，汉代君臣的基本统治术，即"霸王道杂之"，虽以"王道"为主，"霸道"为辅，但又是灵活变通的。

在汉代以后，大一统的古代中国可以说基本大多以王道为主，霸道为辅，尽管多只单言王道，但霸道实附含其中，绝无单纯的"王道"。诚如鲁迅先生所说："在中国的王道，看去虽然好像是和霸道对立的东西，其实却是兄弟，这之前和之后，一定要有霸道跑来的。"

二、儒术与黄老术

儒术和黄老术，作为帝王统治术或管理艺术的互补结构关系，形成于刘邦与陆贾讨论攻守治异问题以后。儒术与黄老术的互补，在汉代既有时段性的，又有共时性的。无论时段性还是共时性，又都只是大致的区分，不可截然分开。其中的奥妙就在于不同帝王的具体运作和把握。

黄老术源于老子学说。战国中后期，道家分成两大派。一派为老庄学派，旨在追求人生处世的最高境界。另一派就是黄老学派，吸收阴阳、儒、墨、名、法诸家的长处，介入社会与政治。主张简约易行，秉要执本，清虚以自守，卑弱以自持，从而达到用力少而功效多的目的，即"无为而治"。

西汉前期，由于黄老无为思想适合于医治长期战争的创伤，恢复生产、稳定封建秩序的需要，以刘邦为首的统治者选择了黄老术作为"君人南面之术"。汉初所谓"萧规曹随"，无为而治，就是典型的黄老之术的践行。在此期间，黄老术居于支配地位，儒术处于补结构的位置。叔孙通定朝仪就是儒术补结构作用的发挥。

但是，文景时期，随着王国势力尾大不掉、商人豪强兼并农民土地日甚一日，以及匈奴对汉无止境的慢侮和袭掠，无为而治已与国情不尽适应，故贾谊在《治安策》中疾呼要变无为为有为。

到武帝时，儒术取代黄老术的主导地位已是大势所趋。武帝即位的次年，便采纳丞相卫绾建议，罢免了当年所举贤良中治法家和纵横家言者。接着任命"好儒术"的窦婴为丞相，田蚡为太尉；儒者出身的赵绾为御史大夫、王臧为郎中令；并迎儒学大师鲁申公，欲设明堂等。此时，尚在摄政的窦太后，因爱好黄老之学，也要求他人"尊其术"，因而导致一场尊儒术与尊黄老术的斗争。这场斗争相当尖锐，由贬抑学术发展到权力之争，因窦太后仗权反抗，隆推儒术的一方终于败下阵来，罢官免职，甚或下狱自杀。

建元五年（前136），情况发生转机，因窦太后不能视事，武帝乘机设立五经博士。建元六年（前135），窦太后死，武帝立即起用好儒术的田蚡为丞相，好儒术的势力再度崛起。次年，又召集各地贤良文学之士到长安，武帝亲自策问。董仲舒上《天人三策》并提出"罢黜百家，独尊儒术"。董仲舒的提议被采纳，儒术便从此成为封建社会的正统思想和治国大略。儒学取得了儒道互补结构中的主结构地位。

董仲舒的儒术继承发展了《公羊传》阐发《春秋》"微言大义"的治学路数，以重视阐发义理为其主要特征。他们反对拘泥于儒家经典的烦琐注释，强调从儒家经典中寻求"常义"，以适应时代要求而做出新的解释，即所谓"从变而移"。汉武帝所独尊的儒术也就是以董仲舒为代表所开创的适合于汉朝统治的新儒术。

董仲舒儒术还有一个特点，就是借用阴阳五行思想改造儒学理论而形成了以"天人感应"为核心的儒家神学体系。"奉天"是其体系的最高原则。人、社会、政治都可与天"同类相动"，都可从天那里找到天理，得到最权威的解释，并都可以为现实政治服务。

董仲舒儒学神化的进一步发展，是进入了"谶纬之学"的阶段。近人刘师培说："周秦以还，图箓遗文，渐与儒道二家相杂，入道家者为符箓，入儒家者为谶纬。"谶，是以一些自然界的偶然现象作为天命征兆而编造出来的隐语或预言；附图者，称"图谶"。纬，是假托孔子用诡秘的语言解释经义的著作。前者导源于方士的图箓，现存的《河图》《洛书》是最古的谶书；后者主要受董仲舒以经义倡言天命谴告说的影响。西汉成哀二帝之际至东汉谶纬流行。王莽、刘秀称帝，都曾利用过谶纬。由于帝王的提倡和支持，两汉之际出现了大批纬书，《易》《诗》《书》《礼》《乐》《春秋》《孝经》都有纬书，总称为"七经纬"，其他种类则更多。中元元年（56），刘秀"宣布图谶于天下"，将谶纬经学正式定为官方之学。后来，其孙章帝于建初四年（79），又召集博士和儒生于汉宫白虎观讨论五经异同，由班固写成《白虎通德论》（或称《白虎通义》），进一步把谶纬和今文经学糅合在一起，使经学进一步谶纬化、神学化。为这一帝王南面之术增添了更加神圣的光圈。

汉武帝罢黜百家，独尊儒术后，黄老之术是否继续为汉代发挥过作用，是一个被忽略了的问题。其实，汉武帝时的汲黯就是位黄老派的官吏。据《史记·汲郑列传》所载，汲黯研习黄老学说，治官理民，喜好清净无为，把事情都交给自己挑选出来的郡丞和书史去办。他治理郡务，不过是按施政大旨来督查下属行事罢了，不苛求小节。他体弱多病，经常躺在卧室内不出门。一年多的时间，东海郡大治，得到人们的称赞。皇上知道后，召汲黯回京任主爵都尉，比照九卿的待遇。他为政力求无为而治，弘其大要而不拘泥于法令条文。另外，汉武帝晚年面对社会危机，下诏"罪己"，"思富养民"，以及昭帝时的"与民休息"，也都是"黄老术"的兼用。

东汉初年的社会情况类似西汉初年，刘秀也采用了黄老无为之术。刘秀曾回故乡章陵（今湖北枣阳）置酒作乐，席间对宗室诸母说："吾理天下，亦欲以柔道行之。""柔道"，实质上是"逸政"。体现了刘秀治国谋略的基本指导思想。就是要以"柔制刚"，以"弱制强"，"以所乐乐人""舍远谋近""务广德"；"灾变不息，百姓惊惶"，应行"善政"；"北狄尚强"，如果灭大敌的时机不成熟，不如让百姓休息等等，都属于刘秀的"逸政"思想，也就是所谓的"柔道"。《后汉书·光武帝纪》云："起初，光武帝从戎既久，厌倦战争，且知天下疲耗，都向往安乐和休养生息。自从陇、蜀两地平定后，非紧急，就不再言征战之事。"同时，"解王莽之繁密，还汉世之轻法"，释放奴婢，与民休息等等，更生动地体现了刘秀的"逸政"心态和思想。

东汉的明帝、章帝及至和帝的统治政策，虽时有变革，但基本上遵守了刘秀的统治政策。故史家评论曰："自从光武帝中兴以后，至于和帝永元年间，虽有较多盛衰变化，但各方俱存不扰，因此平民人口逐年增长，开辟疆土逐渐广阔",达到了东汉最兴盛的境地。所谓"俱存不扰"的统治术,即为刘秀的"逸政""柔道",也就是黄老之术。其所获得的最佳社会效应,也正是"黄老术"的奥妙之所至。

三、权力一统化

"强干弱枝,大本小末",作为政治俗语,干与本,一般指国君和中央朝廷,枝与末则指臣下和地方。其所要弱、所要小的,是指要削弱臣下和地方的权力,所要强和所要大的,则是要加强国君和中央朝廷的权力,也就是要实行权力一统化。

在封建专制的国度里,君主就是国家的总代表,是整个权力的体现者。君与臣、中央与地方、中央王朝与边境少数民族政权这三种权力结构关系,归根到底还是君与臣的权力关系。所以,董仲舒说,统治人的国君是国家的元首。又说,统治人的国君是国之本。作为国家,其所有教化莫大于崇本。崇本则君化若神,不崇本国君对人无凝聚力,对人无凝聚力,虽峻刑重诛而民不从,这就是所说的国君被驱国而弃之。他还说,强干弱枝,大本小末,则君臣之分就明确了。君臣之分明确,就是要达到权力结构的一统化,一统于君。这便是"强干弱枝,大本小末"以及"崇本"的终极目的之所在。

其一,"大本小末"与尊君抑臣。

在封建专制的国家里,作为国家元首的皇帝要专权,但又不能不依靠丞相处理国务;而作为国务行政首脑的丞相,则仅在一人之下,万人之上,日理万机,又不得不秉承圣旨。皇权与相权相辅相成又相矛盾。故秦汉皇帝总是不断地以"大本小末"之术,调整权力,达到尊君抑臣的目的。

海内一统以后,始皇帝首先考虑的是权力的一统化,是"崇本"尊君的问题。他创立皇帝制度,赋予皇帝以至高无上的权力。汉代进一步巩固发展皇帝制度,不仅将皇权神化,还要把皇帝当神一般崇敬。即"崇本则君化若神",并且将皇帝的至尊地位从制度和法律上确认下来。

秦朝中央,设丞相(置左、右相)、太尉、御史大夫等重臣要职,分别执掌政务、军政、监察,互不统属,各掌权限以内的事,直接对皇帝负责。

这种权力的分散性，适合于皇帝专权，是分权制衡的结果。其中太尉常虚其位而不任人，军权更直接由皇帝所控制。

但是，权力过于集中，"天下之事无论大小皆由皇上决定，皇上甚至以担（秦代约30公斤）为单位来称量文件，日夜都有限额，批阅不达限额不得休息。"如此则出现了皇帝负担过重的问题。

从汉武帝开始，"大本小末"，主要表现在直接削减相权和以中朝、尚书台来分割相权。汉武帝打破先侯后相的陈规，起用布衣公孙弘为丞相，开先相后侯之先例。丞相起于布衣便于控制，改变了以往丞相威权过重的现象。同时还严惩有过失的丞相，迫使丞相顺承上意。

武帝又撤销太尉，改设"大司马"。成帝时采纳大臣何武的建议，改御史大夫为"大司空"，并以大司马、大司空分割丞相职责且与丞相并列为"三公"。使"三公"正式成为法定的中枢长官，亦即宰相。后虽因身为大司空的朱博反对一度复旧，但哀帝时改丞相为大司徒，又置大司空、大司马，继续实行"三公"制度。东汉时仍置三公，均取消大字，并改司马为太尉。"三公官"的设置将丞相的职权一分为三，改变了过去丞相总领百官，独兼三公之事，以国相一人为重的情况。三公地位平等，无统属关系，而总隶于皇帝，皇帝则实际上兼领了原丞相的行政首脑职责。

与此同时，从武帝开始又以内朝（或称中朝）、尚书台分割丞相或"三公"的职权。武帝时任用亲信近臣为高级侍从官，让他们出入禁中，同大臣辩论政事并借以参与国政，逐渐形成了内朝和外朝的分立。外朝指丞相系统。内朝则是皇帝直接控制的宫廷机枢，掌握了国家最高决策权，有否定外朝决议的权力。外朝逐渐退居执行政务的地位。同时，内朝官地位低又便于皇帝控制，而且多系皇帝宠信的近臣，不受外朝大臣牵制，能够贯彻皇帝意图。从而减少了盗权窃柄的威胁。内外朝的分立，是封建中枢行政体制的重大变化，也是矛盾中的皇权与相权的重大调整。

内朝是一个决策集团，而尚书则是内朝的办事机关。成帝时下设五曹办事，东汉时增至六曹，因尚书的官署在宫禁内而称为"台阁"。随着尚书组织的扩展，外朝丞相的部分执政权力逐渐向尚书转移。东汉，刘秀父子鉴于王莽以"三公"之职篡汉，便以尚书台制约三公，"虽置三公，事归台阁"，

"三公之职，备员而已"。

　　总之，从始皇防范和制衡相权开始，汉武帝以严诛重罚约束丞相，到成帝时置"三公"，瓜分"丞相"职掌，从而取消了一人总领百官而地位独尊的丞相。另一方面，从武帝到东汉又以内朝、尚书台分割外朝三公的权力，以致名为宰相的"三公"仅"备员而已"。秦汉中枢权力结构的这种变化，实质上是相权向皇权的权力转移，是"大本小末""尊君抑臣"的实际效应。

　　但是，皇权过度集中，相权对皇权失去了制约性，"盗权窃命"的危险，主要来自皇太后——外戚、宦官。秦末赵高以中车府令窃取朝廷大权，开秦汉宦官专政之端。西汉元帝时有宦官弘恭、石显专权，忠良萧望之、周堪遇害，"损移帝德"。吕后及诸吕专擅朝政，几危刘氏，开秦汉太后——外戚专权之端，汉武帝晚年立少子弗陵（即昭帝）为太子时，年仅八岁。武帝赐其母（赵婕妤，即钩弋夫人）死，目的在于防止重演吕后及诸吕擅政的故事。但是，西汉末年太后——外戚专权接连不断，直至外戚王莽窃命篡汉。

　　东汉光武帝、明帝父子鉴于王莽篡汉的教训，对外戚严加防范，刘秀规定"后妃之家不得封侯与政"。军功显赫的马援因其女为明帝皇后，明帝图画建武中名臣于云台，则不及马援。章帝性情"宽容"，放松了对外戚的限制，其子和帝即位时年仅十岁，朝中大权便落入窦太后及外戚窦宪等手中。和帝懂事后为摆脱窦氏的控制，而利用身边宦官郑众等铲除窦氏，郑众亦被封侯与政。从此开东汉后期宦官、外戚交互专权的混乱局面之端。这些情况不能不与皇权失去相权的制约，而"领尚书事"者的任命具有随意性有着内在的关联。

　　其二，"枝辅"与"弱枝"。

　　秦汉时期常把皇帝分封子弟，建藩国，称之为"枝辅"。作为一种统治方略，"枝辅"就是通过"王子弟"来建立不可动摇的"盘石之宗"，以威服天下。也就是利用皇族的血缘关系，维护皇族的整体利益，保障皇族宗主的帝位传之无穷，并支持其对全国的统治。即所谓"藩翼之卫"。这种"枝辅"既有其一定积极作用，也有更多的消极因素。"弱枝"，就是消除其消极因素。

　　秦代虽然没有分封立"枝辅"，但关于是否立"枝辅"有过两次大的争议。第一次提出这个问题是在统一六国结束的当年（前221），由丞相王绾等提出，其曰："诸侯初破，燕、齐、荆地方偏远，不设置诸侯王，就无法镇抚那些地方。请封立诸子为王。希望皇上幸许。"第二次是在始皇三十四年（前213）的宫廷宴会上，由博士淳于越所提出，其曰："臣听说殷、周君王统治天下达千余年，分封子弟、功臣，自为枝辅。如今陛下拥有天下，而您的子弟却是平民百姓，一旦出现像齐国田常、晋国六卿之类的臣子，没有辅佐，何以相救呢？凡事不师古法而能长久的，从没听说过。"王绾等人以镇抚那易生反叛的边远地区的需要为由；淳于越则是从防范朝廷重臣政变的角度，提出"立诸子"或"封子弟、功臣，自为枝辅"。都主要是想以皇族血缘关系来维护和加强统治。

始皇、李斯不同意王绾、淳于越等人的提议。李斯认为："周文王、周武王所封子弟和同姓亲属甚众，可后代逐渐疏远，互相攻击如仇人一样，诸侯更相诛伐，周天子不能禁止。"否定以皇族血缘关系维护统治。始皇则以亡周为鉴，认为："天下共苦战斗不休，就是有诸侯王的缘故。依祖宗的神灵，天下初定，又复立诸侯国，这是在制造战争，想以此求得安宁，岂不难吗？"他们二人都认为"置诸侯不便"。于是"对于皇子、功臣，用国家的赋税重重赏赐"。以资安抚，而不立"枝辅"。另外，以皇族血缘关系维护统治，合于"德治"而有悖于"刑治"。始皇、李斯等君臣"主重明法"，就此而言，王绾、淳于越的提议也是不可能被采纳的。因此，当淳于越第二次提出此事时，竟然引出焚书之祸，再次表明了始皇、李斯以"明法"取代"枝辅"的决心。

西汉初年，刘邦因楚汉战争的需要，被迫封了一些功臣为诸侯王。他知道这些异姓诸侯王非但不能作为"枝辅"，反而使他安心不下。于是除留下弱小的长沙国作为南越的缓冲势力外，寻衅找茬，将韩信等异姓王逐个予以铲除。消灭异姓王以后，在是否封同姓王为"枝辅"的问题上，刘邦君臣似乎没有否定的意见。这一方面是由于汉初讨论功守治异问题时，已确立了"德治"的基本方略，易于接受以皇族血缘关系维护皇统。另一方面则是汉人在以亡秦为鉴中，认为秦败亡的重要原因之一，就是"子弟为匹夫，内无骨肉本根之辅，外无尺土藩翼之卫"。于是，刘邦"惩戒亡秦孤立之败"，剖裂疆土，"功臣侯者百有余邑，尊王子弟，大启九国"。

在汉人的心目中，刘邦所立"枝辅"曾发挥过积极的作用。所谓"高后女主摄位，而海内晏如（安然），亡狂狡之忧；卒折诸吕之难，成太宗（文帝）之业者，亦赖于诸侯也"。这种看法虽失之偏颇，但还是有某些合理的成分，如铲除诸吕，文帝得以顺利即位等，周勃、陈平等一批元老虽起过重要作用，但刘氏"枝辅"所结"盘石之宗"的威慑作用也是不可忽略的。

但刘邦所封"藩国大者跨州兼郡，连城数十，宫室百官同制京师"，文景之世，随着其势力的膨胀，形成尾大不掉之势，便同中央政权分庭抗礼，甚至公然反叛中央朝廷。"弱枝"之术便应运而生。

贾谊在《治安策》中提出"众建诸侯而少其力"；晁错则上《削藩策》，借诸侯王触犯法网之时而削减其封地。文帝、景帝分别先后采纳贾谊、晁错之计以削诸侯。武帝则用主父偃之策，下"推恩之令"，使诸王裂土分封其子弟，"不用废黜迁徙，而藩国自行分裂"。景帝平定吴楚七国之乱后，"抑损诸侯，减黜其官"，武帝则作"左官之律""附益之法"，进一步加以限制。至此，诸侯王问题才得到妥善的解决。"诸侯只能得到衣食税租，不能参与其政事"，不再对中央王朝构成威胁。

东汉时，分封子弟，采纳汉武帝分封与限制相结合的办法，并进一步加以防范，规定"不得临民干预政事，对相互交往皆有重禁"。封国只供诸侯王"衣食租税"而已。以"枝辅"来维护和加强统治，积极作用和消极因素都是显而易见的。始皇、李斯等君臣以亡周为鉴，恶其消极后果，而不立"枝辅"，未尝不合理。刘邦则"惩戒亡秦孤立之败"而立"枝辅"，文景时因"枝辅"走向其反面，不得不"弱枝"。汉武帝、光武帝及明帝，"枝辅"与"弱枝"并行，较好地解决了诸侯王问题，比起周代只立"枝辅"而不"弱枝"则高明得多。

其三，海内一统与执四方之要。

海内，犹言天下。古人认为我国的疆土四面环海，故称国境以内为海内，或四海。四海之外为外国，简称则为海外。四海之内有九州。按各地风俗习惯则划分为"五方之民"。中原地区为"中国"，环绕四周，东方曰夷、南方曰蛮、西方曰戎、北方曰狄，即所谓"四夷"，海外者则称"外夷"。

古语"奄有四海为天下君"，"无怠无荒，四夷来王"，以及"普天之下，无地不是国王土地；海滨之内，无人不是国王臣民"，皆为历代帝王所津津乐道。"四海之内若一家，通达之属，莫不从服"，则是主张大一统的各家学者所最推崇的事业。故秦代的臣僚们大都以"平定海内，放逐蛮夷，日月所照，莫不宾服"，以及"海内一统"等语来歌颂始皇。董仲舒以"并有天下，海内莫不率服"，"四海之内闻盛德而皆来臣服"，来赞美汉武帝的伟业。

然而，天下、海内的守比取在某种意义上更为不易。故高祖刘邦取天下以后探望故乡，在父老子弟面前纵情歌舞，流露出深深的愁绪："大风起兮云飞扬，威加海内兮归故乡，安得猛士兮守四方！"守四方不仅要靠猛士，更重要的还在于执四方之要。韩非说："事在四方，要在中央，圣人执要，四方来效。"其所言四方，就是指"四海"或"海内"，也就是指地方并包括边远少数民族地区。整个意思是说，地方虽有行政办事的权力，但权要在中央，圣明的君主只要执掌权要，四方的臣民都会来臣服并效劳。也就是说帝王通过掌握要害来实现权力的一统化。

执四方之要，这是秦汉帝王最为用力之处。始皇"并兼四海，以为周朝因分封制导致微弱，终为诸侯所丧，故不立尺土之封，分天下为郡县"。两汉虽郡国并行，但郡县基本上继承了秦人的制度。

秦汉郡守、郡尉分管行政和武事，均直接对朝廷、皇上负责。郡丞则为郡守的助手。郡守、尉、丞均为朝廷命官。县的长官为令、长。县丞仅管文书和监狱，县尉专管武事。县虽属郡的下级，但县令（长）、丞、尉皆为朝廷命官。县以下设乡、里两级基层组织，层层负责；另有亭长直属县尉，加强县内治安邮传事务。

在郡县制确立的同时，中央通过考课和监察以加强对地方政权的监控。上计是考课的主要形式，每年秋冬，县向郡上计，郡则向朝廷和皇帝上计书，主要包括租赋、刑狱、选举等，皇帝、朝廷据以掌握各地动态和考核地方官的政绩，有功者受赏或升迁，有过则受罚。郡对县的考课亦类似。与此同时，对地方实行监察制。秦代以郡为监察区，立监御史，掌监郡，汉初废监御史，常由丞相史巡察郡县。从汉武帝开始将全国划分十三州部，设刺史（西汉末年一度改名州牧）专门监察郡县，直到东汉末灵帝改刺史为州牧，州正式成为郡的上一级地方组织为止。刺史只监察到县丞、尉为止。郡县属官督邮或廷掾则继之督察县丞、尉以下官吏，直至乡亭微职。刺史、督邮等可随时查验弹劾有罪赃的官吏。这些自上而下的层层考课和监督，保证了政令的顺利贯彻，加强了中央集权。

边远少数民族地区，比较落后，且风俗习惯大异于内地，秦代采取移民置郡县的办法。两汉从武帝开始，特设行署以加强统治。一是在对于降附或内属的少数民族，设立"属国"，如武帝置五属国安置降汉的四万众的匈奴人，属国最高长官为属国都尉，民政武事兼治。二是在"叛服无常"的更边远的少数民族地区设立临时加官性的"持节领护"诸官。如西汉中后期到东汉时期的"使匈奴中郎将""西域都护""护乌桓校尉""护羌校尉"等分别监护塞北的匈奴、东北的乌桓、河西的羌人。这些"持节领护"，开始都带有临时差遣的性质，后来才逐渐变成常设职官。无论是"持节领护"还是属国都尉，这些特设官职或行署，其地位相当于内地郡廷，亦有些类似今日的自治区。特设这些职官或行置就是执边远地区之要，适合于边远少数民族地区的特点，既加强了边疆的开发、民族的融合，也促进了统一多民族国家的形成和发展，更进一步地完善了权力结构的一统化。

四、理性兵谋

兵谋是关涉战争和军队管理的谋略。随着历史的进展，秦汉已进入理性兵谋时代，人们不仅传承孙武、孙膑等先秦兵法，而且还产生了像《黄石公三略》偏重战略的著作。战争目的与战略目标、战略与战术，以及驾驭将领与弱夺功臣，凡此等等，想见成效，都需要理性的把握和宏观的掌控。

其一，兵谋与"合利"。

是否进行战争，以及战争总略（即战略）的制定，都决定于一定的阶级、民族、国家、政治集团的政治和经济利益。所谓"战争是政治的继续"，讲的就是这个道理。秦汉时期中央王朝与匈奴等族的战争、三次大的农民革命战争、楚汉战争、平定吴楚七国之乱的战争以及东汉初年的统一战争，无不决定于帝王的和战争主持者的政治目的和总的战略目标。

始皇灭六国后，不顾十余年长久征战的疲困，继续进军边疆，统一百越、西南夷；北收河南地，筑长城而御匈奴。无不是为了建立"日月所照，莫不宾服"的大一统帝国。汉武帝耗尽国库，大举进攻匈奴，甚至不顾沙漠、盐泽的阻隔，不惜亿万之费，兴师动众两度进攻万里之遥、葱岭之外的小国大宛，其最终目的也无不是要实现"海内莫不率服""四海之内皆来臣"。

西汉初年和东汉前期，由于战争的创伤，社会经济有待于恢复，人民需要休养生息。如果轻易劳师动众，就会导致"国虚"，"国虚则民贫，民贫则上下不亲。敌攻其外，民盗其内，是谓必溃"。息众、强国是头等政治。故任性的吕后，接到匈奴单于下流傲慢的国书后，强忍怒火，取消一度产生的"斩其使者，发兵而击之"的念头，卑辞复书、献马，与匈奴和亲。而号称中兴之主的光武帝刘秀，"知天下疲耗，都向往安乐和休养生息。自从陇、蜀两地平定后，非紧急，就不再言征战之事"。甚至于一度"闭玉门以谢西域之质，卑词币以礼匈奴之使"以及严辞拒绝宠臣臧宫和杨虚侯马武伐匈奴（指北匈奴）的请战书，也都是为了服从于与民休息、强壮国力的头等政治。

秦末陈胜、吴广起义，"王侯将相宁有种乎""大楚兴，陈胜王"，其奋斗目标就是要以"大楚"取代"暴秦"。项羽在吴中见到巡视郡县的始皇时，就暗言："彼可取而代之。"也就是要取代秦皇。西汉末年农民政权成立时"建元曰更始元年"，"更始"，意即要取代新莽政权。东汉末年张角在组织黄巾起义时，明确提出"苍天已死，黄天当立"，就是要取代黑暗腐朽的东汉王朝。这些大起义从一开始就不同于一般"劫富济贫"的"流寇"，他们发动战争的打击目标都指向秦、汉王朝的都城，即长安和洛阳。楚汉之争，项羽的目标似乎只是做西楚霸王和维持其霸王共主的地位，谋士范增认为刘邦有当"天子"的野心，劝项羽"急击勿失"，但是，当刘邦在表示屈服之意后，项羽不但不击灭刘邦，还在"鸿门宴"上放了刘邦。事后范增十分气恼地叹道："竖子不足与谋，夺项王天下者，必为沛公刘邦。"这不仅仅只是因为项羽的"妇人之仁"，而是因为当初他的目标只是想当"霸王"，刘邦向他臣服，他就比较满足了。然而刘邦如范增所云，从一开始就想当"天子"，楚汉战争中，双方讲和，划鸿沟为界，项羽视鸿沟为巩固霸主地位的天使，于是，便东归做他的西楚霸王去了。而鸿沟在刘邦心目中并没有什么意义，他不但没有西归，而是"宜将剩勇追穷寇"，直到项羽自刎乌江，汉王朝建立为止。

吴楚七国之乱，以吴王濞为首的叛军皆以"诛晁错、清君侧"为名，出军进攻中央朝廷。其意本不在晁错，景帝腰斩晁错，叛军不但没有退兵，吴王濞反而公开自称"东帝"。结果叛乱还是靠太尉周亚夫所平定，景帝后悔不该杀晁错，然人死不能复生，只有"喟然长叹"而已。

东汉初年称帝者并非刘秀一人，然而，一般称帝者只是割据自守而已，刘秀称帝则志在天下，他的整个战略部署和一切军事活动（包括外交和战争）无不是围绕实现"取天下"这一政治目的和战略目标的，一些割据者，如陇西的隗嚣之辈看不清这一点，为其所用，终为其所灭。

总之，秦皇、汉武出击匈奴，吕后、刘秀与匈奴妥协不战，三次大的农民革命的矛头皆直指帝国心腹要害的首都，刘邦"宜将剩勇追穷寇"，项羽的"妇人之仁"，吴王濞的清君侧，刘秀的统一战争等，都无不决定于他们的政治目的和战略目标。这些皆能给人以丰富的启示：决策是否战争以及具体战役及外交策略时，既要明确己方的政治目的和战略目标，也要了解对方的政治目的和战略目标，"知己知彼"，因势决断，要像吕后节怒那样，不感情用事，"合于利而动，不合于利而止"，要"慎战"，要以"不战而屈人之兵"为谋攻策略的"善之善者"，即战争所希冀达到的最理想的境界。

其二，理性、战略与因势制敌。

秦汉时代是军事行为理性化的时代。晚周的《太公兵法》《孙子兵法》《孙膑兵法》等不少兵书，为秦汉兵家和军事指挥者提供了理论参考。著名的军事谋略家张良，曾深精《太公兵法》，晚年隐退时还著有《黄石公三略》；光武帝刘秀是位精通《黄石公记》（即《黄石公三略》）的名家，他不仅把兵法理论运用于战争，而且还用以指导他的治国实践。韩信的背水之战、东汉虞诩的增灶进兵之术，分别据《孙子兵法》和《孙膑兵法》，因时因地制宜，灵活运用等等，均表明秦汉是一个军事理性化的时代。

战争，尤其是规模较大、旷日持久的战争，宏观控制至关重要。秦汉时期战略控制作用最为显著的战争是刘邦还定三秦之战、刘邦同项羽的成皋争夺战及刘秀的统一战争。

韩信是位兼有统兵作战和运筹大计之长的军事家和战略家。当刘邦困在汉中一隅之地时，韩信的《汉中对》，坚定了刘邦决心打败项羽的信心。当时项羽虽然强大无比，但韩信分析比较刘、项双方优劣条件，以及三秦（关中）形势，制订了袭取三秦的战略计划，并据以一举攻占三秦，建立了战略大后方。

成皋争夺战，从汉王二年（前205），彭城失利退守成皋荥阳起，至汉王四年（前203）楚汉划鸿沟为界而中分天下为止，前后持续了两年多的时间。刘邦鉴于汉弱楚强的劣势，采纳张良、韩信、陈平等人的建议，制定以关中、巴蜀为战略后方，正面坚守、南北两翼牵制、敌后骚扰和在敌军中分化离间的战略方针。即在荥阳、成皋一带正面阻击楚军；令萧何留守关中和巴蜀，不断补充汉军的人力和物力；派隋何争取江淮一带的九江王英布，从南面游击楚军；派韩信到黄河以北消灭魏、代、赵、燕，绕到东面三齐，从侧背切断楚军粮道，形成战略大包围；又派彭越到梁地，武力骚扰楚军后方；还派遣大量间谍分化离间楚军。这一战略的实施，使楚军陷于多面作战，顾此失彼的困境，从而使汉军由劣势转为优势，由被动转入主动。项羽在成皋之战中，缺乏战略头脑，虽然局部上打了不少胜仗，但因陷入刘邦的战略围击之中，穷于应付，导致力量削弱，以致最终失败。

刘秀的统一战争则不同，他的主要敌手不是一个，其称帝时尚处于河北一隅之地，也只是十来个割据势力中的一支。如称帝于睢阳（今河南商丘）的刘永，因与汉宗室血统较近，号召力比刘秀还略胜一筹。当时刘秀实行统一战争一个最突出的问题，就是容易导致其他割据势力的围攻，战略控制尤其重要。他采取了三部曲的战略方针，即抢先占领两京（洛阳与长安），"处乎中土"，取得统一天下的有利地位；继而联陇（甘肃陇西的隗嚣）制蜀（即称帝于成都的公孙述），"释关陇之忧，专精东伐"，重点消灭竞争力最强的刘永及其势力。然后回头"招融（甘肃河西的窦融）逼嚣、述"，兼之以分化瓦解的策略平定西土。经十余年之久，最终统一全国。凡此，皆表明战略是整个战争的宏观把握，尤其是规模大而持续久的战争，具体战役的胜败固然重要，而战略的胜败则事关前途命运，不可等闲视之。至于具体的战术，则变化无常，如同水一般，"水因地而制流，兵因敌而制胜。故兵无常势，水无常形。能因敌变化而取胜者谓之神"。讲的就是"因势制敌"，因势的势，包括人势（民、敌、我）和地势诸种：就是要因人势、地势设谋以制敌。

人心的背向关系到战争的成败。顺人心，尊民意，"察众心，施百务"，因势制胜。秦末、西汉末以及东汉末三次大的农民战争的领袖，借用人们"复楚""思汉"、祈求"黄天"的心理，以诛暴政为号召，发动起义，都曾得到过人民的普遍响应。楚汉战争中，项羽迁杀义帝后，刘邦为了与项羽争天下，打着为义帝发丧的旗号讨伐项羽时，一度有一半以上诸侯归顺刘邦，结成反楚联盟，使其一度占领西楚霸王之都彭城。光武帝刘秀在统一战争中多次宣布释放奴婢、刑徒，减免赋税、刑法，在瓦解敌军斗志、壮大自己势力的方面发挥了作用。

敌我士气的问题是战争成败一大关键因素。在激发将士的勇气方面，项羽的"破釜沉舟"则别具特色。巨鹿之战，秦军围赵而凶悍，各路援赵军队畏惧不前，项羽据此破釜（炊具）沉舟，持三日粮，"以示士卒必死，无一还心"，士卒有进无退，拼死陷阵，大破秦军主力。楚汉之争时，韩信北伐赵国，泜水之战，赵军众，汉军少，又远道疲惫，韩信背水列阵，生擒赵王歇。诸将不解其术，韩信回答说："此也在兵法里，只是诸君没留心罢了，兵法不是说'陷之死地而后生，置之亡地而后存'吗？况且我平时没得到机会训练诸位将士，此所谓'驱市人而战之'，当时的形势非置之死地，使人人为自己而拼战；如果给予生路，就都会逃走，怎么可能用来打胜仗呢？"此语道出了"破釜沉舟""背水一战"的内在精髓，就是让"置之死地"的将士"人人为自己而拼战"，即为争取本人的生存而全力奋战。昆阳之战，农民军为了配合主力进攻宛城而攻克昆阳，王莽派遣大军将昆阳围困，刘秀调集援军至昆阳，为了鼓舞昆阳守军士气，动摇敌人军心，制造了攻克宛城的战报，射入城中，又故意将一些战报丢落，让新莽军拾去，消息一经传开，城内义军士气高涨，而新莽军士气大为沮丧。再加上刘秀等人直捣敌军大本营等策略，结果大败莽军。东汉初年统一战争中，将军吴汉在大敌当前，忍痛裹创而起，激发将士冲锋陷阵，获得了广乐之役的胜利。

秦、汉兵家在因势制敌时，还贯彻了以柔克刚，避实击虚，以及谋兵"诡道"的原则。如刘邦从汉中起兵时，明修栈道，暗度陈仓，还定三秦。韩信在楚汉战争北伐时，临晋设疑，阳夏偷渡，生擒魏王豹；在三齐襄沙决堤，诱敌渡河，大破龙且军。东汉初年统一战争中，将军耿弇佯攻西安暗袭临淄，击一得二，继而平定齐地。班超与随从三十六人，以"不入虎穴，焉得虎子"的智谋，袭击匈奴使者，降服鄯善；东汉安帝时，派虞诩镇抚起义的羌人，羌人在陈仓、崤谷一带封锁去路，虞诩以"增灶进兵"，终于摆脱险境。凡此等等都体现着这些原则和精神。

其三，"将将"术与"弱夺"法。

刘邦称帝后，曾与韩信谈论将领的才能。韩信说刘邦打仗只不过能统率十万人马，而说他自己统率军队则多多益善。刘邦笑着说："多多益善，怎么你反被我所擒？"韩信回答说："陛下不能将兵，而善将将，此乃信之所以为陛下所擒。""将兵"指打仗统率军队；"将将"指驾驭将领。"将兵"的才能与"将将"的才能固然都很重要，但作为将将者，将将的才能则是最重要的。《黄石公三略·上略》曰："驾驭将领之法，务揽英雄之心。把禄位赏赐有功的人，使众人理解自己的志向……《军谶》说：'军以赏为表，以罚为里。'赏罚明，则将领威信立；选官用人得当，则士卒服；所任贤，则敌国震……《军谶》说：'香饵之下，必有上钩的鱼；重赏之下，必有死夫。'所以，使士衷心归附的是礼，乐于效死的是赏。"礼、刑、重赏、揽心、任贤，当是将将的重要法则。

秦汉时的将将者中刘邦是位"善将将"者。汉初的三杰：子房（张良），善于运筹帷幄之中，决胜千里之外；萧何，善于镇守国家，安抚百姓，供给粮饷，不被断绝运粮通道；韩信，率领百万之军，战必胜，攻必取。此外，刘邦还重用跟随起义的曹参、周勃、樊哙；英布、陈平等（包括韩信）先事项羽，后来投奔刘邦，刘邦均能委以重任。刘邦将这些将领，一是充分发挥他们个人的特长并善于听取他们的意见；二是能与诸将共利，即善于封赏。故依靠这批将领在楚汉之争中取得胜利。项羽不善将将，不能与天下人共利，刚愎自用，仅一谋臣范增的正确意见也听不进，容不下，以致决策失误，众叛亲离，最后失败。汉武帝征匈奴，先前用卫青、霍去病，连连取胜，甚能"将将"。晚年所用李广利本非将才，不但常败兵损将，最后乃至投降匈奴，所用非人。光武帝刘秀，亦善于"将将"。中兴二十八将大都拔擢自小吏、布衣、行伍之中，刘秀对将领"开心见诚"，赏罚严明，不念旧恶，如朱鲔曾参与杀害其兄刘缜，又曾劝刘玄不令刘秀率兵北伐。刘秀在统一战争中，朱鲔以洛阳投降，刘秀不计小怨，还封朱鲔为平狄将军、扶沟侯。

战争结束后，昔日的良将已为功臣。《黄石公三略·中略》说："高鸟死，良弓藏；敌国灭，谋臣亡。亡者，非丧其身，谓夺其威废其权。朝廷再另给封赏，使其爵位在群臣之上，以显其功；赐给中原肥沃的封地，以富其家；赐给美女珍玩，以悦其心。"

又说："军队一旦聚众组成，不可仓促解散；兵权一经授予，不可仓促收回。战争结束将帅班师回朝，是君主权位存亡的关键时刻。故以封爵来削弱将帅的实力，以封地来剥夺他的兵权，这就叫霸者之略。霸者这种行为，动机是不纯正的……故历代君主对此都秘而不宣。"

这两段引文基本上概括性地指明了安置功臣的策略。第一段引文是讲消灭敌国实现统一后，对有功的谋臣武将的处置；第二段引言是讲战争结束后，对在战争中树立了权威并掌有军权的将帅的处置。对这两种情况的将帅的处理方式，基本相同，即"夺其威废其权"。主要以封爵削弱其实权、以封地来夺取其兵权。用财富、美女、珍玩加以引诱，以悦其心。但因为聚众而成的军队，不能仓促解除，已经授予兵权，不可仓促收回，要利用时机和措施得当，不可操之过急。

在具体运作中，高祖刘邦与光武帝刘秀采取的策略是颇具特色的。此二人皆起于垄亩之间，亦均为开国之君，性格则迥异，刘邦豁达以大度，光武谨细，各擅其美。刘邦灭项羽后，封韩信（楚王）、彭越（梁王）、黥布（先为九江王后改为淮南王）等功臣为异姓七王；萧何、曹参、周勃、樊哙等功臣百余人为列侯。异姓诸侯王据有大片土地，俨然独立王国，刘邦对他们时刻加以戒备，而韩信等诸侯王亦多怀自危之心。双方实际上处于对立心态。这表明以"王国"的形式来安置功臣显然不妥。后来刘邦、吕后寻衅找茬消灭了韩信等异姓诸王。并规定"非刘氏而王者天下共诛之"。光武帝刘秀深通《黄石公记》（即《黄石公三略》），汲取刘邦的教训，参照《黄石公记》的基本精神，妥善安置功臣。采取了"退功臣而进文吏"的总原则，对大小功臣均给其优厚礼遇。尤其功勋卓著的如"云台廿八将"，各个封侯，宠赏有加。大多数功臣都以列侯奉朝请。刘秀还常与功臣宴饮欢笑无所拘束。这样，既避免了"敌国破，谋臣亡"的问题，也没有功臣危及皇权之忧，还解决了功臣任吏职不能胜任和蔽塞进贤之路的难题。东汉功臣"莫不完其封禄，莫不终以功名延庆于后"。刘秀对功臣的安置甚为妥当。

五、谋士和谋略文化的基本特点

秦汉"大一统"，促进了谋士职务的职官化与团体化，以及谋士的入仕途径的制度化。同时，也构成了秦汉谋略文化的基本特点。

其一，谋士职务的职官化与团体化。

晚周时，随着政治、军事斗争的加剧、合纵连横斗争的需要，便产生了大量的策士谋臣。这些人"入楚楚重，出齐齐轻，为赵赵完，叛魏魏伤"。"一怒而诸侯惧，安居而天下熄"。因此，深受各国君主的重视。但那时的谋士职务还未能职官化和团体化，还显得比较松散。

从秦代开始，随着一统天下的出现和皇权的强化，朝廷开始设立较多的谋臣专职，主要是博士官及议郎。博士"掌通古今"，以备顾问。始皇时有博士七十人，特别受到信赖，甚至不离左右，随时问对。不仅如此而且还参加朝议，与丞相、御史大夫等一起讨论军国大事。始皇焚书，唯博士所掌图书不在之列。二世时尚有"博士儒生"三十余人，参与廷议，问对左右。汉承秦制，博士还常奉使巡视民间风俗。直到汉武帝立五经博士以后，其性质才由顾问转为教学。侯生、卢生诽谤始皇设博士官"特备员弗用"。事实上当博士官，本身就是在用，只是他们不明白博士官为谋士专职而已。庞大的博士团体，就是皇帝的智囊团。

汉武帝时代皇帝的智囊团发生了重要转变，逐渐形成的一个更加稳定的决策集团，即内朝（中朝）。尚书则是这个决策集团的办事机关。内朝的主要谋臣是皇帝所网罗的足智多谋的士人，他们以侍中、常侍、给事中等头衔侍从皇帝左右，顾问应对，参与国政的谋议。武帝时的严助、朱买臣、吾丘寿王、司马相如、主父偃、徐乐、严安、东方朔、枚皋、胶仓、终军、严葱奇等类士人，就是内朝的主要成员。大臣们朝见皇帝，上奏议事，商谈国家大事，武帝常要严助等人与大臣们辩论，大臣多次被严助等人所折服。当然，这些作为"天子之宾客"的谋臣的活动更多地是在内朝。

另外，还有一些有职有爵者，如列侯、将军、卿大夫、都尉、尚书、太医、太官令，至于郎中授予侍中、中常侍等加官；大夫、博士、议郎等授予给事中的加官头衔，亦均参与内朝决策。但他们都不是以本身职官，而是以加官谋臣身份出现在内朝的。

秦汉时代，除皇帝拥有内朝决策集团外，以丞相为首的外朝也不定期地召集谋士，商议国事。如武帝时公孙弘为丞相，"开东阁以招请贤人，让其参与谋议"。昭帝时，著名的盐铁会议，就是丞相田千秋主持的。

其他，如掌征伐的将军，东汉就有明确规定，大将出征，置中护军一人；将军置从事中郎二人，"职参谋议"，也就是军队参谋官。

秦汉时期，谋士职业的职官化、团体化既是大一统国家事业的需求，也是谋略文明进步的一个标志。

其二，谋士的仕途及谋士群体的人格。

谋士出身于士人，即知识分子阶层。秦汉时主要是通过征辟、察举以及其他方式选拔录用。征辟，指皇帝征召，公府和州郡辟除。秦代，叔孙通以文学（经学）征，即以经学被始皇所征召为博士。武帝即位之初，遣使以安车蒲轮，迎接德高望重的老儒生申公，任为太中大夫。

察举即由下而上的推选。东汉应劭《汉官仪》记述察举标准时云："一曰德行高尚，志节清白；二曰学通行修，能以经学中博士；三曰明达法令，足以决疑，能按章审案，文才可充任御史；四曰刚毅多略，遇事不惑，明足以决，才干能任三辅的县令。皆有孝、悌、廉、公之行。"这既是整个选官的标准，自然也是谋士的选择标准。标准虽只四条，科目则颇多，其中与谋士关系密切的有孝廉（孝子、廉吏）、贤良方正与文学诸科。孝廉科初中举时，多为郎官，再晋升则为尚书、侍御史、侍中、中郎将等官，在皇帝身边侍从问对。贤良方正与文学科所举最初也都为皇帝侍从官，武帝时的晁错、董仲舒、公孙弘、严助等就是如此。此外，还有毛遂自荐，上书拜官的。高祖刘邦刚即帝位时，齐人娄（刘）敬戍守陇西，挽车过洛阳，求其虞将军引见"上言"，被刘邦拜为郎中，取得"谋士"资格。武帝时的东方朔、主父偃、终军等都是通过"上书言事"而初获侍从官的。

秦代和汉初的博士，秦汉时的侍中、中常侍、给事中大夫、议郎等都是皇帝近臣，侍从官，顾问应对，参与议政，汉武帝时为内朝主要成员。甚至于参与朝议，"辩于然否"，供皇帝决断参考。但其地位均不高，俸禄均在千石以下（东汉末中常侍多为宦官充任，增至二千石），论级别至多相当于县令，因侍从皇帝，参与机要所发挥的作用则是很大的。而且，他们也可由此得到皇帝信任而晋迁高官，如武帝时的公孙弘由此官至丞相。

作为谋士，不论是皇帝身边的侍从官甚或丞相所招"贤人"，以至将军府的参谋官，都是替人，即替皇帝、丞相、将军出谋划策，并由此而获得相应职官和生活来源，即官俸。其谋划是否被采取，不取决于谋士，而决定权在于谋主。所谓"智囊纵然多妙计，主人不用也枉然"，讲的就是这个道理。若是遇上昏暴之君，非但不能施展其智囊妙计，甚至连谋者本身还会遭到贬斥和无辜获罪。秦二世时，陈胜、吴广起义，二世召博士诸儒生问起义情况，博士诸生三十余人如实讲了当时局势，并请二世急发兵击之。二世恶闻有反叛大逆之事，于是令御史把讲有反叛的人治罪，说只是一般"强盗"的就放过。这些都表明了谋士群体人格的非独立性。当然也可以离去，二世问陈胜吴广情况时，叔孙通在列，他心知二世为人，尽量佯言：四方都归顺朝廷，没有反叛之人，陈胜、吴广起义只是"鼠窃狗盗"之辈，不足挂齿。叔孙通因此获得奖赏和晋升，事后便逃回老家去了。又如董仲舒，知公孙弘因妒忌而有害他之意，恐日久获罪，称病辞职，以修学著书为事。可见，秦汉时的谋士虽没有完整的人格，但却有一定的离退自由。

其三，谋略文化的基本特点。

统言谋略，既包括专职谋臣的，也包括非专职谋臣的谋略。若以事分类，则又有政治的、军事的、外交的、思想文化的、经济管理的、乃至于为人处世等等。这些内容在以上各节及本书各章均有论述，此不赘述。

谋略本身就是文化的一个重要组成部分。秦汉时代，"大一统"，是秦汉谋略文化的内核和主体精神。巩固和发展"大一统"则是秦汉谋略的基本特点。无论是治国安邦还是乱世征战的谋略以及相关的为人处世之法大都体现了这一主体精神和基本特点。

罗运环

二○二二年十月

目录

第
一
章

CHAPTER 1

始皇的统治策略与赵高的篡权阴谋

秦王朝是中国第一个集权大一统的专制王朝，也是个短命的王朝。其成可见始皇的统治策略，其败可见赵高的篡权阴谋。而李斯的处世哲学则俱见于秦王朝的成败之中。

始皇的统治策略

公元前三世纪初，秦始皇兼并六国，终于结束了长达数百年诸侯割据称雄的局面，建立起一个空前强大、统一、专制的秦王朝，在治理这个没有先例的帝国时，始皇实行了一些重要的统治策略。

◇给"皇帝"加上神秘的光圈

兼并天下以后，沉浸在胜利喜悦中的秦王政，想到的头一件大事，就是要改变自己的称号。在此以前的夏、商、周三代，实行的是分封制，"王"为最高统治者的称号。《诗经·小雅·北山》说："溥天之下，莫非王土；率土之滨，莫非王臣。"三代的国王虽拥有普天之下的疆土与臣民，但只是称王而已，却把"帝"的称号交给了想象中主宰万物的天神。后来人们又将"帝"的称号加到黄帝、尧、舜等祖先身上，是为"五帝"。然而，真正居于权力之尊的，还是实实在在的国王。在周代，周王才是天下最高权力的拥有者。到了战国中期，周天子的权力已经丧失到微不足道的地步，出现了七雄并立的局面，于是，中原地区的几个大的诸侯国最终抛弃了"尊王攘夷"的旗号，也学着"蛮夷"楚国的样子纷纷称王。都称王了，"王"的称号也就不那么尊贵了。于是，强盛的秦国与齐国的国君便相约并称为"西帝"和"东帝"。然而，这时毕竟还是群雄并立，称"帝"还为时尚早，因此，他们的行为遭到了各国的一致谴责，不到两个月，秦、齐不得不取消了帝号。

统一六国以后，秦王政自以为功过五帝，地广三王，名号不更，无以称成功，传后世。朝议中，秦王政对臣下所上的尊号"泰皇"进行了斟酌，决定去"泰"用"皇"并采上古帝的帝号，称为"皇帝"。自此，"皇帝"便被正式确立为国家最高统治者的称号，秦王政便是中国第一任皇帝。

"皇帝"称谓的出现，看似一场简单的名号变更，实际上是一种愚民统治术。商周时代的君主称为"天子"就已表明：君主是上天之子，具有人神结合的性质。而秦王政把上古对祖先及天神的尊称结合在一起，说明他认为仅仅用人间最高统治者的权威还不足以震慑臣民，必须借助于神的力量为他的权威再涂上一层神秘的光环。"皇帝"作为神在人间的化身，神的代表而统治人间，与神同享尊荣，共执权柄，区别不过是一个在虚无的天上，一个在现实的人间罢了。"皇帝"的统治就是神的统治，如此，谁还敢藐视"皇帝"的权威，谁又敢违背"皇帝"的意志。这是一种借助于民众的神圣信仰来束缚民众的统治手段。

同时，始皇还追尊其父庄襄王为太上皇，又规定皇帝的母亲称皇太后，祖母称太皇太后，妻称皇后，妾皆称夫人，以此与臣民的父亲、母亲、祖母、妻妾的称谓严格区别开来。

自周初以降，通行谥法，即国君死后，继位者与臣下据已故国君事迹功过，议论谥号，有大的德行得到好的名号，德行小的得到差的名号。始皇对此很不满意，认为子议父，臣议君，有失皇帝尊严，于是下令废除谥法（汉代又恢复）。并正式规定：自己生称皇帝，死后则号曰始皇帝，后世子孙依序数号曰"二世三世至于万世"传之无穷，无需死后再议谥号，其意在维持皇帝尊严。

避讳制度起源于周代，秦统一后渐趋完备。避讳，就是规定对当代君主以及其所尊者不得直称其名，凡遇与这些人的名字相同的字眼，都要通过改字等方法来回避。始皇的父亲名子楚，而改楚国的楚为荆；始皇出生于正月名叫政，为避始皇讳，改"正月"为"端月"。其他用语中凡遇"正"字也要改为"端"。

与"我"这个意义相同的"朕"字，以前是一般人均可使用的，按始皇的规定，只限定皇帝自称时所用；皇帝的命令称为"制"或"诏"，行文的文字中不准提及皇帝的名字，文件中逢有"皇帝""始皇帝"等字句时，均需抬头，顶格书写。此外，还有一些限制，如以前一般人所用的印章皆可称为"玺"，秦始皇规定只有皇帝所用的大印方能称为"玺"；皇帝的住所称为"宫"；皇帝的坟墓称为"陵"；皇帝死亡称为"崩"；皇帝有权享用最高等级的器物和服饰。

秦始皇的这些规定，目的无非是要强调皇帝与众不同，用以加强皇帝在人们心目中的神秘感，使得皇帝与臣民之间隔着不可逾越的鸿沟。这些细密的形式上的规定，严格地划清了皇帝与普通臣民之间的界限，皇帝的一切其他人不得僭用。而皇帝人身的神秘色彩越是浓厚，也就越容易引起人们的敬畏与尊崇。

为了说明秦朝取代周朝的合理性，始皇还借助了阴阳五行的学说。阴阳五行的学说为战国末年齐人邹衍所创立，其主要内容为"五德终始"，即赋予金、木、水、火、土五行以道德的属性，以比附历史上王朝的兴替，各个王朝按照五行相克的顺序，互相更替，周而复始，而每一个王朝所属的"德"，通为"天"所授。秦始皇采纳五德终始说用以解释秦王朝的建立，称秦代周是水德代替火德，还煞有其事地举出秦文公获"黑龙"来证明早有"符应"预兆。并规定以十月为岁首（但不改十月为正月）。黑色象征水，故色尚黑，衣服、旌旗等以黑色为尊贵。黔、黎二字有黑色之义，故又称老百姓为"黔首"或"黎民"。改黄河为德水，皆用以表明水德的开始。"水主阴"，六在八卦中属阴，故数目尚六；"阴主刑杀"，自然可以严刑酷法了。这样，始皇不仅从五德终始那里找到了秦王朝诞生的天理，也为其严刑酷法找到了理论依据。也就是君权既然神授，臣民只能俯首听命，才合天意天理。

◇分权制衡，驾驭群臣

在废除了世卿世禄制的秦王朝，一切官吏都由任命而产生，只有作为最高统治者的一国之君仍沿用着父死子继的世袭制。为了维护国君一姓的长久统治，防止其大权的旁落和"王土"的分裂，始皇在中央和地方实行了分权制衡的统治策略，以驾驭其群臣。

在全部官吏中，最容易也最有可能侵犯皇权的就是在国君一人之下、万众之上的丞相。一方面，管理众多的百姓，辽阔的国土，国君不能不依靠丞相的帮助，给予其"助理万机"的权力；另一方面丞相所拥有的权力过重时，有野心者就会产生觊觎皇位的念头。因而，如何处理好君权与相权既依赖又对立的关系是国君驾驭群臣首先要解决好的问题。

丞相，秦时称为相邦。秦武王时任命甘茂为左丞相、里疾为右丞相是设置这一官职的开始，以后丞相"掌丞天子，助理万机"，成为国君之下最显赫的官职，总揽军事与行政一切大权。秦始皇统一全国后，从各个方面对相权加以削弱。首先，在统一初期，在丞相的设置上继续沿用以前的一官二职之制，以隗状与王绾分别担任左、右相。设立二相，丞相的权力被分散了，而且左、右二相也可互相牵制，国君易于对他们进行控制。其次，设立太尉，从制度上把丞相对军事的管理权分割出来。统一前的秦国，丞相既是最高行政长官，又是最高军事首领，平时理政，战时出征，出将入相。统一后，秦始皇则以丞相为文官之长，把军事的管理权分割出来由太尉掌握。而太尉与丞相一样是"金印紫绶"，地位平等。第三，设立御史大夫，以制约丞相。御史大夫地位低于丞相，"掌副丞相"协助丞相处理政务并负责监察事务。但凡是丞相有权受理之事，御史大夫也均可过问，而御史大夫的许多职权，却为丞相所无。

丞相、太尉、御史大夫合称为秦代的"三公"，其下为九卿，分别是奉常、太仆、少府、郎中令、治粟内史、典客、卫尉、廷尉、宗正，他们负责朝廷与皇室的具体事务，是日常政务的执行者。

秦始皇设太尉一职以分割丞相领导军事的权力，但秦始皇为人"粗而不信人"，不愿把军权轻易交到臣下手里，所以整个秦朝一代，虽设太尉一职却无人得任，而是秦始皇亲自控制着兵权，他取代"太尉"执行"掌武事"的任务，太尉的职位形同虚设。

在始皇分权制衡的策略下，丞相虽为百官之首，地位最高，却要受位低的御史大夫的制衡，其军权又为太尉所分割，太尉有职而不任人。这样，朝廷重要官员各有分工，在地位、职责和权力方面都处于相互牵制的状态，改变了以往执政大臣平时治民，战时带兵，军国大权统由一人掌握的传统，从体制上防止了权臣专横，军国大权从而由皇帝一人操纵。

在地方权力上，秦始皇强化了郡县制度。郡置守、丞、尉各一名。郡守是一郡的最高长官，下设郡丞辅佐郡守管理全郡的行政及刑狱，郡尉负责全郡的军事与治安。郡以下的行政机构是县或道（内地设县，边远少数民族地区设道，道与县是平行的，其官制大略同）。秦制县置令（万户以下为长）、丞、尉。县令（长）是一县之首，县丞、尉的地位、职能基本同于郡丞和郡尉。县下有乡、里，以及亭两种不同的政权系统，乡和里是行政机构，亭是治安组织。乡设三老负责宣讲法令教化民众，啬夫负责征收，赋税审理诉讼，游缴负责巡逻治安。乡下设里，由里正负责组织生产。亭与乡、里并无隶属关系，是属于治安系统的基层组织，为郡尉、县尉的派出机构，亭有亭长，其主要职能是管理治安。

先秦时受封的诸侯之所以能割据称雄，互相攻击，是因为他们集行政权、军权等各种权力于一身，随着周天子地位的下降，以及他们势力的膨胀，周天子无法控制形成尾大不掉之势。实行郡县制度，作为一郡最高长官的郡守，权力受到限制，不能大权独揽。郡丞作为郡守的助手，把郡守对刑狱的管理权分割出来，而郡尉负责治安与军事，郡守实际上又被剥夺了军事权力，而郡尉的军权又直接受到皇帝的控制。在郡守与郡尉已就民政与军事的职责有了明确分工的基础上，监御史又负责考察他们对中央政令的执行情况及是否守法。

在普通百姓中则继续推广以往的"什伍连坐制"，即以五家为"伍"，十家为"什"，同为一"伍"或一"什"的百姓负有相互间检举、监督的义务。

秦始皇还通过"上计"制、俸禄制等对各级官吏进行监控。"上计"是每年地方官预先将赋税的预算收入写在木"券"上，送交中央。年终时，地方官将实际情况如实向上汇报，中央根据预算与年终情况的考察，以决定官吏的政绩及升迁。秦时官吏任职的凭证是"官印"、任官时授印，被免官后则要交还官印。而官吏的酬劳是按月发给以粟为标准的俸禄，官吏犯法，要削减其俸禄作为惩罚，而如有一定政绩，则增加其俸禄进行鼓励。

秦始皇是以武力取得天下的，故特别重视对军权的控制。他不仅亲自担当了最高军事首领的职责，而且还直接掌握着军队的调动权。"兴士被甲，用兵五十人以上"，都必须有虎符才可调动，而虎符则由皇帝掌管，阳陵虎符的铭文"甲兵之符，右在皇帝，左在阳陵（地名）"就表明了这一点。平时即使是调动地方军队到中央戍守，也需要皇帝的虎符，或是盖有御玺的圣旨方行。而战时，皇帝临时将左半虎符交给委派的大将，命其统兵，战后仍需交还皇帝。其控制军权严格的程度，不仅充分体现了秦帝国的军事性质，而且显示了秦始皇统御军事的才能和手段。

秦始皇的这种分权制衡驾驭群臣的统治策略，使秦王朝把百姓牢牢地控制在国家手中，把地方的权力牢牢地控制在中央，而中央的权力又集中于皇帝一身，即所谓"事无大小，皆决于皇帝"。这样做在很大程度上消除了昔日的那种吕不韦的权重之患和两周的那种分裂割据之忧。

◇斩草除根，清除六国复辟的隐患

秦的统一，虽然有着深厚的历史基础，但是，这种统一基本上是十年之内用军事手段取得的，带有极大的强制性。被推翻的六国旧贵族因其权力的丧失、生活的落魄，与秦王朝政权有着不共戴天的国恨家仇。他们无时无刻不在处心积虑地图谋着颠覆秦王朝的政权，以重现昔日的富贵与尊荣。"楚虽三户，亡秦必楚"便是楚国旧贵族们的誓言；在博浪沙以一百二十斤重的铁锤袭击始皇者，也正是韩国旧贵族张良所派。秦始皇在惊恐之余意识到了"斩草不除根，春风吹又生"，要想"二世至于万世，传之无穷"，必须对被灭六国的旧贵族采取措施，把可能复辟的隐患进行清除。

六国政权原扎根于东方，延续了数百年之久，根基甚深。而且贵族人数众多，他们的食邑便是其势力范围，在世袭的领地上有着绝对的影响。秦王朝推广郡县制于全国，想以中央任命的官吏临土治民，把对东方百姓的控制权从原六国贵族手里夺过来。但强龙不一定压得过地头蛇，六国旧贵族势力庞大，影响深广，他们与秦王朝政权的那些郡守、县令谁才是地方上的真正统治者，并不完全是由新政权的一纸任命书可以决定的。秦王朝要消灭六国旧贵族的反扑，牢牢控制住地方，当务之急便是清除旧贵族对地方上根深蒂固的影响，使他们与累世统治的百姓相互脱离。秦始皇采取了流放与迁徙的策略来达到这个目的。

流放主要是针对原六国政权的首脑人物采取的，如灭韩后，将韩之王室流放至下邑，灭赵后，赵王室被流放到房陵，灭楚后，流放楚之大姓于陇西。而迁徙则针对原六国中的中小贵族而实施的。仅秦统一全国的当年，始皇就下令将全国各地的豪富之家十二万户迁徙咸阳；九年后，又"徙三万家云阳，五万家丽邑"。

秦始皇对六国旧贵族中首脑人物的流放，使得他们与原来的臣属相隔离，中小贵族群龙无首，无法有组织地与新政权进行对抗。而对中小旧贵族的大规模迁徙，一方面剥夺了他们的财产，削弱了其经济力量，如赵国的卓氏原来靠冶铁致富，后来被迁往蜀地，离开旧居时，"只有他们夫妻二人推着车子，去往迁徙的地方"，可见其被强制迁徙的同时也丧失了原有的财产。而即使新政权不强制没收其财产，远途迁徙，豪富能带走的财产也是少之又少。另一方面，中小贵族们被迫离开累世居作之地，直接受到强大的中央政权监控，人生地不熟，自然不易兴乱。对极少数拒绝迁徙而公开与新政权唱对台戏的六国旧贵族，秦始皇毫不犹豫下令消灭他们，"杀豪俊"，杀一儆百，对其他人起震慑的作用，使他们畏惧服从。

从后来反秦斗争的形势来看，六国旧贵族投入到反秦起义行列的虽有一定数量，但真正的显要人物却极少。可见，秦始皇对六国旧贵族的控制虽有疏漏之处，但从总体上看这种防范与控制还是严格而有效的。

战国时期，各诸侯国都在各地修筑堡垒险隘，以阻挡敌国的进攻。而且，不同国家的道路也故意修筑得宽窄不一致，使对方的战车不能轻易进入境内。秦始皇统一全国后，马上下令挖掉不必要的堤防，平毁险隘的地带，还拆毁了东方六国名城大都的城墙。并在第二年开工修筑了名为"驰道"的战略大路，从首都咸阳东北到燕齐（今河北、山东一带），东南到吴、楚（今江苏、湖北一带）。这些大路据说宽五十步（约合今 69 米），道路两旁每隔三丈种一棵青松，路基也筑得很厚实。秦始皇在征服六国后，还下令将私人拥有的武器收集上来，连同战争中缴获的大量武器，一同集中到首都咸阳销毁，改铸为铜钟和十二个铜人。据说，这些铜钟与铜人都是几十万斤重的庞然大物，陈列在宫廷中。这样，六国旧贵族如果想以军事手段来推翻新政权，一无兵器可使，二无据点可依，实是心有余而力不足。而即使他们不顾一切地反秦，集中驻扎在各战略要地的秦军也能迅速调往需要的地方，控制住局势。

"田地异亩制，车路异轨迹，律令异规定，衣帽异样式，言语异声音，文字异形体"是春秋战国时代诸侯割据称雄的产物。这些异制如果继续沿用下去，旧贵族们在百姓中的影响便难以根除，而六国百姓对新政权的依附感也很难产生。所以，秦始皇推行了统一度量衡、文字、货币等一系列化异制为同制的措施。其中，统一度量衡，就是以原秦国通行的标准，取代六国地区通行的各种度量衡；统一货币，主要是以铜质的秦"半两"方孔圆钱取代各国流行的刀币、布币、蚁鼻钱等；统一文字，则规定用简化的秦文"小篆"为标准文字，废除六国地区通行的各种文字。这一系列消灭异制措施的实行，不仅有益于社会经济文化的发展，同时也进一步排除了六国旧贵族对东方臣民的影响。

春秋战国之际，兴起了"百家争鸣"，诸子从不同角度提出了自己的为政主张，其中影响较大的有儒家、墨家、道家、法家、纵横家、杂家等。商鞅变法以后，法家思想确立了其在秦国的统治地位。但在东方六国，法家与其他学派是处于同样的地位，即仅仅是一个学派而已，法家思想也并不是特别受重视。统一全国以后，秦始皇便下令把法家思想推广到全国，实行思想上的专制，以排斥异己思想，具体措施便是"焚书坑儒"。

在一次宫廷宴会上，丞相李斯驳斥博士淳于越要恢复分封建议的时候，指出：现在天下已定，法令统一，老百姓理当努力从事工农业生产，读书人只该学习官府的法律政令。可是，现在一些读书人都不学今而师古，反对时政，扰乱人心。像这样下去不加禁止，皇帝的权威就会下降，民间的反对派就要形成，应当禁止才好。李斯还提出了解决的办法：除去秦国的本国历史记载以外，各地所有的藏书全部交到当地官府烧毁；命令下达三十天内不烧毁，判处服劳役；只有农书、医书和求神问卦的书方允许保留；此后还有人敢于议论诗书的要判处死刑，以古非今的全族处死；官吏知情而不揭发的要同样治罪；如有要求学习法令的以官吏为师。秦始皇批准照办，此为"焚书"。

"坑儒"是焚书后一年发生的：有秦始皇求长生仙药的方士侯生和卢生，心知仙药不得终究难逃一死，于是数说了秦始皇一系列独裁的过失，借口不能给这样的人求仙药而溜之大吉。秦始皇听到消息极为恼怒，求仙药的方士都是花费巨万而"终不得药"，得过厚赏的卢生如今却敢大肆诽谤，就连首都咸阳的学士，其中也有人散布谣言迷惑民众。于是秦始皇派御史审问，学士们相互告发，得四百六十余人坑杀于咸阳，并通告天下以警后世。这件事是方士闯祸，殃及读书人，有儒生，也有其他学派的学士，"坑儒"是后世笼统的概括。

秦始皇以法家学派为统治思想，唯恐其他学派思想被反对派用作与秦王朝对抗的工具。淳于越、卢生、侯生等人的反对言辞更使他意识到这种威胁，秦始皇果断地下令"焚书"以明法，"坑儒"以打击、限制反对言论。这种手段虽也收到了一定的效果，却破坏了文化，枉杀了无辜，开了中国历史上文化专制的先河。

秦始皇过分执着于斩草除根，尤其在消灭六国后，时刻没有忘记清除六国的影响，他以行政的强制手段，在短时间内流放、迁徙并控制了六国旧贵族，甚至从政治、经济、文化各方面清除了六国旧的"异制"和复辟基础，取得了极大的成功。秦末农民起义中六国旧势力死灰复燃，固然是由秦始皇的残暴统治所导致，但六国旧势力的推波助澜，使斩草除根在策略上的偏失暴露出来。

◇根深蒂固，治理边疆

秦始皇灭六国，统一的只是华夏地区，其四周仍星罗棋布地分布着一些少数民族政权。其中，匈奴是建立在北方蒙古高原上的游牧民族的政权，它趁中原各诸侯国战事方酣，无暇北顾之机，占据了河套地区，即所谓的"河南地"，并以之为据点不断南下袭扰，对统一后的秦帝国而言如同针芒在背。此外，南方有东越、西瓯、南越等"百越之民"，西南部有滇、邛都、笮都等所谓的"西南夷"。秦始皇统一六国以后，马上把目光投向四周的边疆。他派大将蒙恬率领三十万大军北击匈奴，于始皇三十二年（前215）从匈奴手里"悉收河南地",即夺回了河套地区。与此同时,始皇还派屠睢率领灭楚的部队"南征百越之民",进军东南与岭南地区,经过七年的战斗,于始皇三十三年(前214)最终征服了"百越"之地。"西南夷"由于无强大的政权与秦对抗,所以自"西南夷"与汉中的道路打通后,"西南夷"也划归秦帝国的版图。边疆少数民族地区不同于内地,如何防止分裂,巩固其统一的局面,确实是一大难题,始皇在匈奴、百越和西南夷地区进行了一些开创性的工作,采取了一些重要的统治策略。

首先,始皇在新统一的地区推广郡县制以加强对边地的控制。打退匈奴后,秦王朝就在收复的河套及其以北、阴山一带地区,置四十四县,设置九原郡(今内蒙古包头一带)。在灭楚以后征服的那些越族地区则设立了会稽郡(今浙江一带)。在征服闽越后,设立闽中郡(今福建一带)。征服南越与西瓯后,又在那里设置南海(今广东境内)、桂林(今广西境内)、象郡(越南中部)等三郡。同样,对"西南夷"也以郡县制派官吏进行管理,汉司马相如曾说:"邛、笮、冉、駹近蜀,道亦易通,秦时尝通为郡县矣,至汉兴而罢。"

秦始皇把郡县管理制推广到边远少数民族地区,使它们与中原一样纳入秦王朝的正式版图。以中央政权任命的官吏统治少数民族地区,这些官吏的权威来自于中央的任命。对于这些毫无地方威望的汉族官吏来说,要维护其个人的权威必须听命于中央。这样,边远地区于中央有较强的向心力,消除了某些分裂割据的可能。

新征服的地区,多是处于边远之地,距离秦王朝统治中心咸阳遥远。秦始皇为了加强中央对边地的控制,加强了水陆交通建设,把边地与中央连成一片。

始皇三十五年(前212),秦始皇令人修筑了一条由咸阳直向北延伸的"直道"。这条"直道"从咸阳以北的军事重镇云阳出发,沿途开山填谷,经陕西子午岭,沿其主脉北行,到定远后,转而向东北,进入鄂尔多斯草原,渡过黄河,一直向北直到今包头附近秦九原郡的治所,全长700多千米。

为了加强与"西南夷"的联系,秦始皇派常颇在原李冰所凿僰道的基础上,修了一条从今宜宾直通云南曲靖附近的道路,因其较中原驰道窄得多,故名"五尺道"。此外，秦始皇还派人在今湖南、江西、广东、广西进行了大规模的道路交通建设。统称为"新道"。主要有四条干线，第一条自今湖南郴州逾岭入广东连州，第二条自今江西之南逾大庾岭入广东南雄，第三条自湖南之道州入广西贺州，第四条自湖南全州入广西静江。

水运方面，秦始皇在征伐南越时，派史禄负责，在今广西的兴安县境内开凿了一条连接湘水和漓水的运河，称为"灵渠"。它全长约 30 千米，把珠江水系与长江水系连接起来。

大规模的交通建设，使秦军随时可以调往需要的地方。匈奴骑旅如果南下袭扰，秦军可由云阳出发，循"直道"达九原郡迅速给予反击。而"新道""五尺道"的修筑及"灵渠"的开凿，把中原与岭南紧密联系起来。秦军可从咸阳出发，沿"驰道"东出武关，顺汉水下长江，即可分溯湘水或赣水而至五岭，逾岭后，沿湘水南下可达漓水或贺州，出赣水或西取江东，或沿北江南下可抵番禺。这样，越地如有变乱，秦军都可抵达予以解决。

秦始皇对边远地区的武力征服是与种种开发措施结合在一起的。征服南越后，秦始皇立即征纳内地的逋亡人（犯有逃避兵役徭役等罪的人）、赘婿、贾人（商人）略取（占领）陆梁地（岭南地区），即把"逋亡人"等移民至今日广东、广西地区。始皇三十四年（前 213），秦政府又将五十万罪犯谪戍南越，与越人杂处。把汉族人移民至边地，与少数民族杂居相处，一方面可以起到开发岭南，与越人融合的作用；另一方面可以增强越地人民与内地人民的交往联系，以及对中央王朝的向心力。在北疆，把匈奴赶出河套地区以后，秦始皇迁内地三万户百姓到北河、榆中（皆在今内蒙古境内）屯垦。这是一种实边性质的移民，因为逃离"河南地"的匈奴很可能会重整旗鼓，奔袭秦的北部边境。内地人于此屯垦，一方面可以开发肥沃的河套地区，不仅军事上占领它，而且在经济上把它利用起来，实现"占即有之"的策略。另一方面，边地屯垦地带有军事戍边的性质，内地居民到这里边垦荒边修武备，边生产边练兵，成为一支入则为民、出则为兵的队伍。

移民屯垦的策略用以治理南方刀耕火种，渔猎巢居的越人是可行的。但单靠这种方法来防御匈奴则远远不够。

匈奴人是北方的一支游牧民族。匈奴人不修城堡，没有固定的定居点，

"逐水草迁徙"。由于长期的游牧狩猎，匈奴人有一支强大的骑兵队伍，"儿能骑羊，引弓射鸟鼠；少子则射狐兔，用为食；士力能弯弓，尽为甲骑"。在浩瀚的沙漠和草原上，昼夜之间匈奴骑旅可以奔袭千里。在被秦军以优势兵力驱逐出"河南地"以后，匈奴暂时退守戈壁，但他们不甘心就此失去水草肥美的河套地区，虎视眈眈地注视着秦的北边，一有机会他们便会卷土重来。

针对匈奴的部队以骑兵为主，而骑兵具有冲击力强、飘忽不定的特点，秦始皇下令修筑长城以抵御之。战国时期，北方的燕、赵、秦三国都曾修筑城墙抵御匈奴的侵扰，秦代的长城便是把原北方各诸侯国所修的城墙连接起来，并加以延伸，成为一条西起临洮、东至辽东，横亘万余里的城墙——万里长城。同时，秦始皇还以长子扶苏为监军，派大将蒙恬率领三十万大军长年驻扎在北部边线。秦始皇着眼于防御的军事策略，使匈奴人找不到任何破绽。他们虽有强大的骑兵队伍，奈何长城墙高线长，他们的优势发挥不出来。一旦匈奴攻破长城的一角，三十万秦军必当给以迎头痛击。所以匈奴人不敢轻举妄动，只能于"地固泽卤"的戈壁滩上徘徊巡视，待机而动。

秦始皇治理边地之道可以用"根深蒂固、治理边疆"来概括。首先是军事征讨与占领，在南征北讨、开拓边地成功以后，又通过移民、屯垦的办法在新占领的地区扎下根来，使之成为中央能够有效管理与控制的统治区域。与此同时，又积极采取改善交通、修筑工事、屯兵守卫等策略抵御与防止可能的变乱，达到占领与开发利用相结合的目的。

◇繁法严刑治天下

秦统一后的第三年，即始皇二十八年（前 219），始皇东巡郡县，封泰山、禅梁父，东游海上，南登琅琊（今山东胶南南境）。在此期间，始皇与列侯武城侯王离、通武侯王贲、伦侯建成侯赵亥、昌武侯成、武信侯冯毋择、丞相隗状、王绾、卿李斯、王戊、五大夫赵婴、杨樛等十二人，开了一个会议，即"海上之议"。这个会议以往为史家所忽略，其实非常重要，它是秦代最高层次的一次重要会议，其决议关涉整个朝代的治国大略。

　　其中决定始皇君臣以"明法"治国的原因，同传统的赞美五帝（黄帝、颛顼、帝喾、尧、舜）三王（大禹、商汤王、周文王）的德治相反，始皇君臣在决议中一致持否定态度。认为五帝三王只知道教化，而"法度不明"，又借助鬼神威力，欺骗远处方国，实与名不相称。尤其是对背叛的诸侯，法令不能推行，五帝三王因此而不能将国家永远传子孙。

　　故始皇登基伊始，端正法度，作为万物纲纪，"普施明法，治理天下，永为法则"。"士则学习法令避禁"。天下有"若欲学法令，以吏为师"，"专任狱吏"，不重视教化，"以刑杀为威"，诚如贾谊《过秦论》所言：秦朝盛时，繁法严刑而天下振作服从，产生一定效果。但由于没有教化的基础，等到它衰弱的时候，百姓怨恨，天下就会背叛。

赵高的篡权阴谋

历史不以人的意志为转移，秦朝在始皇驾崩之后，衰败之势日益加剧，不可逆转，最终成为短命的王朝。其中的原因虽可列举很多，然历史表明，这一进程恰与赵高在始皇驾崩后的种种阴谋息息相关。

◇矫旨篡权

在君主专制条件下，君主的个人意志就是具有最高效力的"圣旨"，在位皇帝的诏令，可以决定储君的置立与废黜。即便是驾崩了的皇帝，其临终遗诏对于皇位的继承，仍然具有至高无上的权威。皇位觊觎者们的命运，往往系于一纸神秘的皇帝遗诏。命运攸关，诱使多少阴谋家在遗诏问题上大做手脚。秦始皇死时，由宦官赵高主谋的沙丘政变就是如此。

赵高祖辈世世代代地位卑贱，因此做了宦官。由于精通狱法，被秦始皇选拔担任中车府令，专管宫廷车舆并兼掌符玺文书，受到秦始皇的宠幸。赵高还受诏教育少子胡亥，教他学习律令和审判案件。胡亥也很信任赵高，两人的关系十分密切。赵高曾犯大罪，被上卿蒙毅依法判处死刑，并除去他的宦官籍。秦始皇认为赵高很能办事，就赦免了他。赵高因此对蒙毅怀恨在心，暗暗寻机报复。

始皇三十七年（前210），秦始皇第五次巡游全国。丞相李斯，少子胡亥和赵高等人随同出巡。归途中秦始皇病重，自知将不久于人世，便要赵高按他的意思给正在北方边境抵御匈奴的长子扶苏写了一封信，主要内容："以兵属蒙恬，与丧会咸阳而葬。"意思是要扶苏把兵权交给大将蒙恬，从速赶回咸阳继承皇位，主持他的丧礼。然而这封信尚未交给使者，行至沙丘（今河北广宗境内），始皇便驾崩了。这样，秦中央最高权力层一时出现真空，一场政变阴谋也随之酝酿。

秦始皇病死沙丘时，身边的随行大臣本来就不多，而丞相李斯认为皇上在都城外去世，朝廷又没有正式确定太子，恐怕贸然公布消息会引起秦始皇诸位公子的争议和社会上的动荡。因而，封锁了皇帝去世的消息。秦始皇的尸体被放在既通风又隐蔽的"辒辌车"中。车子由秦始皇生前宠幸的几个宦官陪着驾驶，百官报告政事和进献食物都像平常一样。如此周全的隐秘措施，使得知道秦始皇已死真情的只有李斯、胡亥及赵高等五六个人。

面对秦始皇死后即将出现的权力重新分配的时机，赵高决定抢先下手，设法拥立一向信任自己的胡亥当皇帝，从而取得分配权力的有利地位。对赵高而言，他不愿立扶苏还有另外一个原因，那就是扶苏同蒙氏兄弟的关系相当密切，倘若扶苏继位，深受扶苏信任的蒙氏兄弟必然要更加得势显贵。这当然是与蒙氏有怨恨的赵高所不愿看到的结果。为实现自己的野心和防止自己所不愿看到的结果发生，赵高决心孤注一掷。

赵高先以权位为诱惑怂恿胡亥篡位。胡亥认为依赵高的劝说会使自己的行为违背道德，天下人心不服，自身危险，国家也会动荡，因而加以拒绝，但赵高并不死心，经过他的一再"谆谆教导和启发"，胡亥终于接受了赵高的阴谋。然而，赵高深知没有大权在握又详知内情的丞相李斯的同意和支持，他的政变阴谋是无法实现的，因此又不得不设法拉拢李斯。

此时的李斯正处于一个新的转折关头，他曾因秦始皇的赏识和信任，而官至丞相，现在随着秦始皇的死去，他的政治前景再度面临何去何从的选择。赵高也因此敢去拉拢李斯。

赵高找到李斯，对他说皇上临终的时候，给长子扶苏的信，是要扶苏继承皇位并主持丧事。如今皇上已经去世了，这事还没有别人知道，给扶苏的信和玉玺都在胡亥那儿，确定太子的事，就是靠他赵高与李斯来决定了。李斯听罢，力斥赵高所说为"亡国之言"。赵高见李斯不从，便紧接着对李斯晓以利害，他让李斯把自己同蒙恬在才能、功绩、谋略、威望和与扶苏的关系这五个方面进行比较，看哪方面能胜过蒙恬。李斯不得不承认都不能胜过对方，赵高接着指出：秦国历史上的丞相大都不能封及二世，大公子扶苏刚毅果敢，又曾坚决反对过李斯所主张的法治和始皇帝焚书，扶苏一旦即位，蒙恬必为丞相，而李斯的下场也将不妙。显然赵高是以此要挟李斯，迫使李斯在胡亥和扶苏之间做出选择。也许是良知尚未丧尽，也许是出于对始皇的忠心，李斯怕胡亥即位会祸乱国家，因此他态度坚决，表示自己奉遗诏辅助扶苏，当尽职尽责、不能辜负先帝。他慷慨陈词道：我李斯原是上蔡街道里的平民，皇上之所以提拔我为丞相，封我为通侯，让我的子孙都得到高贵的地位和丰厚的俸禄，是为了将国家存亡安危的重担交托给我。我难道能辜负皇上吗！忠臣不避死，不勤勉操劳难以成为孝子，做臣下的理应各守其职，不得胡作非为。赵高见劝诱不成，便抬出胡亥这个靠山公然对李斯进行威胁，他指出现在天下的权力和命运都掌握在胡亥手中，他赵高能揣摩出胡亥的意向，倘若李斯听从他的计谋即能长有封侯，世代称王，必有"乔（王子乔）松（赤松子）之寿"，会被赞为"孔（孔子）墨（墨子）之智"。倘若李斯放弃现在这个好机会而不肯听从，就会"祸及子孙"。这一番充满杀机的话语，彻底冲垮了李斯的心理防线。为了保住自己既得权贵，他终于放弃了最初的原则，也抛弃了气节，做出了错误的选择。李斯最后仰天长叹，听从了赵高，从而踏进了赵高所设的陷阱。

赵高就这样通过利诱、威胁的攻心战术迫使李斯就范。此后，经过一番密谋策划，赵高等人将遗诏改成斥责扶苏抚边"无尺寸之功""为人子不孝，其赐剑以自裁"的内容。同时又责命蒙恬与扶苏居外，"为人臣不忠，其赐死"。接到伪诏，扶苏在"父赐子死，尚安复请"的封建孝道思想支配下毫不怀疑地自杀而亡。蒙恬不肯自杀而遭囚禁，后来也被赵高所害死。

为了掩人耳目，也为了等候扶苏那边的消息，赵高一行故意从北边转一大圈向咸阳进发。时值暑热时期，秦始皇的尸体在车上发出了臭气，为了不让随行的士兵闻到尸体臭味而发觉实情，于是诏令随从的官吏在车中载上一担能发出奇臭的鲍鱼，以掩盖尸体臭气。为了篡权夺位，赵高、胡亥之流可谓煞费苦心。当赵高一行抵达咸阳时，扶苏自杀的消息亦传了回来。顾虑已除，胡亥在赵高的扶持下，顺利地登上了皇帝的宝座，是为秦二世。赵高因拥立有功，被任命为郎中令。从此，赵高常在宫中侍奉皇帝，掌握了大权。

✿诛杀立威权

胡亥即皇位，是赵高梦寐以求和一手造成的，但得宠揽权的赵高并未因此高枕而卧，他深知自己无功无勋，"素小贱"，众大臣及诸将心里对他官居高位一定不服，于是一个更恶毒的阴谋在他脑中形成。他煽动二世诛杀大臣，上可以振威天下，下可以除去皇上平时所不满意的人。平庸却残暴之至的胡亥对赵高的夺嫡而立之举感恩不尽，凡赵高所请，无不依从。而且靠矫旨登位的胡亥其内心深处也是恐惧不安的，他深感"大臣不服，官吏尚强"，自己的其他众兄弟还有争夺皇位的威胁。对权力强烈的占有欲使二人不谋而合，赵高的建议正中胡亥下怀，他决意采纳赵高"诛大臣及诸公子"的建议，以巩固自己的皇位。结果以蒙恬、蒙毅为首的前朝旧臣及秦始皇的二十多个子女被诬杀殆尽，血腥的屠杀使得"群臣人人自危"，"宗室振恐"，整个咸阳城笼罩在一片恐怖的气氛中。

恃仗二世胡亥对自己的信任，假借胡亥手上的皇权，利用胡亥急需巩固皇位的心理，赵高通过这场空前残酷的杀戮成功地为自己、并帮助胡亥建立了一时的威权。然而，这威权建立的背后是多少冤屈之魂的呻吟？为什么传统的君臣之义，手足之情在阴谋家那里，在权力争斗场上显得如此苍白和虚伪？

✿借刀杀人，排除政敌

赵高、胡亥和李斯三人本是因为互相利用而暂时勾结在一起的，这就决定了他们之间的矛盾和斗争不可避免。赵高利用自己的职权，常侍禁中的特殊地位，处心积虑进一步控制胡亥和朝政。被赵高所杀及因报私怨而伤害者众多，赵高深恐朝臣入朝奏事对自己不利，便借胡亥恶闻农民起义情况而对胡亥说："天子之所以尊贵，是由于群臣只能听到他的声音而不能见到他的容貌，所以称为'朕'。而且陛下年纪还轻，未必什么事都懂，如果上朝理政，一旦处事出现不当的地方，就会在大臣们面前暴露短处。陛下不如拱手深居宫中，跟我学习法令，大臣们把公事呈奏上来，您和我就一起处理。如此一来，大臣们就不敢再上奏一些混淆是非的事情，而天下的人就都会称颂陛下为圣主了。"昏庸的胡亥不仅没能识破赵高的阴谋，反而依其计，"常居禁中，与高决事"，结果朝中大臣"希得朝见"，朝中一切大事遂"皆决于赵高"。赵高就这样通过哄骗的伎俩架空胡亥，堵塞了群臣的进谏之路，由此，赵高窃据了朝中的实权。

赵高权势的迅速膨胀，使他和李斯的矛盾尖锐起来。对赵高而言，贵为丞相的李斯，无论地位还是名分都是自己独揽大权的严重障碍，而且也是他和胡亥沙丘矫旨篡位的唯一知情者，因此在赵高眼里李斯始终是一块非除去不可的心病。于是赵高设下圈套，让李斯不知不觉中一步步踏入死地。当时，陈胜、吴广领导的农民起义在关东地区轰轰烈烈地兴起，并迅速向关中地区挺进，秦帝国面临严重的威胁，利用这一事实，诡计多端的赵高装出一副忧国忧民的样子请身为丞相的李斯对胡亥有所劝谏，并自告奋勇地说等他看见胡亥有空就来告诉李斯以便其进宫劝谏。随后，赵高接连三次在胡亥正与宫女宴饮作乐的时候让李斯前来劝谏，结果胡亥认为这是李斯有意为难他而大为不满。赵高见阴谋得逞，便趁机在旁进谗言说李斯有"裂地而王"的野心，又诬告李斯担任三川郡守的长子李由在所辖境区任起义军公行，李由不仅不出击，而且与起义军有书信来往。这样，李斯以谋反和背叛朝廷的嫌疑被捕入狱。

为了置李斯这个篡权道路上的绊脚石于万劫不生之地，赵高对狱中的李斯颇费了一番心思。置李斯这个政敌于死地，就必须让李斯承认其"谋反"的罪行。于是赵高令人对李斯刑讯逼供，迫其承认。李斯在酷刑之下只好招供，但李斯并不甘心就此冤死，他在狱中暗暗向胡亥上书辩解，希望得到饶恕。然而李斯的上书被赵高扣压了。为使李斯彻底屈服，不再翻案，赵高又令人假扮御史、谒者、侍中等官员反复审讯李斯，只要李斯稍有否认谋反之词，就加以严刑拷打。通过这种以假乱真、刑讯逼供的手段，终于使李斯不敢翻案了。当最后胡亥派人向李斯验证口供时，李斯以为又同前几次一样，不敢再改变口供而承认了自己的谋反之罪。于是，二世二年（前208）7月，李斯具五刑，腰斩咸阳，夷三族。

如果说利令智昏的话，那么从李斯的悲剧下场中我们是否也可说"权"令智昏？由于贪恋手中的权贵，李斯首先是在确立嗣君这一重大问题上做出了错误的选择，充当了赵高、胡亥矫旨篡位的帮凶，继而又甘愿与昏君、奸佞沆瀣一气，从而一步步走向灭亡的深渊，故尔，无私方能智清。

◇指鹿为马，阴谋政变

李斯死后，赵高取代了他担任丞相职务，事无大小皆由他来裁决，朝中的一些重要官职一概换上他的亲信：女婿阎乐当上了咸阳令，弟弟赵成是皇帝卫队的统帅即郎中令。秦朝的天下被赵氏掌其大半。然而，欲壑难填，野心勃勃的赵高又开始谋划如何取代胡亥了。为了先试探一下自己手中的权力有多大，以及朝中文武官员到底有多少站在自己一边，赵高做了一次"民意测验"，他在朝见时当众将一头鹿献给胡亥，并故意说是一匹马。胡亥说赵高错把鹿称作马，还问左右的群臣到底是鹿是马。一些阿谀顺从赵高的人说是马，也有人说是鹿或者沉默不语。事后，赵高对言鹿者都加以迫害、打击。

"指鹿为马"使赵高弄清了自己在群臣中的地位，它反映了赵高的权势和凶横几达无以复加的程度，同时也完成了下一次政变的预演。

糊涂可笑的胡亥到此时竟仍没觉察到赵高的阴谋和威胁，反而怀疑自己出了什么毛病。随后，在赵高的恐吓和欺骗下，他隐居到与外界隔绝的望夷宫去避灾了。

胡亥避走望夷宫，赵高更可以放心大胆地实施政变计划了，他让弟弟赵成做内应，谎称望夷宫内有盗贼进入，随后就令阎乐率兵追进宫内，宫内顿时一片混乱。惊慌失措的胡亥这时才大梦方醒，知道不是起义军来了而是赵高发动叛乱，他责备身边的一个宦官为何不早告诉他实情，宦官如实回答说正因为他没敢告诉胡亥实情才能活到今天，倘若早告知了也就早已被赵高诛杀了。阎乐率兵来到胡亥面前，历数他的罪恶，"足下骄恣，诛杀无道，天下共叛足下"，自知大祸临头的胡亥抖着身子问他能否见一下赵高，遭到阎乐一口回绝。胡亥接着说他情愿"得一郡为王"，阎乐不答应。胡亥又说他情愿做一个万户侯，仍旧没有得到允许。胡亥急了，他哀求说情愿和妻儿一起去做平民百姓，阎乐早就不耐烦了，他明确告诉胡亥"臣受丞相命，为天下诛足下。足下虽多言，臣不敢报"。胡亥绝望了，他看看孤零零的自己，又最后看了一眼豪华的宫殿，带着对皇位的留恋，对赵高的怨恨，对自己偏信奸佞，枉杀贤良的悔恨，极不情愿地被迫拔剑自杀了。

◇子婴称病，诱诛赵高

逼死胡亥后，赵高另立胡亥的侄子子婴为王，实际却独揽了一切大权。由于当时全国一片混乱，秦所控制的地区大为缩小，赵高没给子婴以皇帝的称号而称他为王。赵高先让子婴斋戒，说是在斋戒完毕之后，再到宗庙中去拜见祖先，接受国王的玉玺。

处于严密监控之下的子婴深知自己不过是赵高玩弄技巧而暂时利用的一个傀儡而已，时间一长，必像胡亥那样被赵高除去。与其坐以待毙，不如先下手为强。斋戒期间，子婴和他的两个儿子秘密商议除掉赵高的计谋，子婴认为赵高杀害二世后，因害怕群臣诛杀才假意扶立他，听说赵高已暗地里和楚国（指率军攻入关中的刘邦）订立了盟约，待灭掉秦的宗室后就在关中称王。如今让他斋戒后去朝见宗庙，无非是想借机来杀害他，于是，子婴假托有病以诱杀赵高。赵高多次派人来请子婴，子婴都托病不去。果然赵高最后亲自来见子婴，早已埋伏好的宦官韩谈依子婴之令，一举擒杀了赵高，随后又"夷其三族"。作恶多端的赵高就这样在自己专权的美梦中结束了其肮脏的一生。

历史似乎太爱嘲弄人。赵高、胡亥、李斯之流为了权，曾耗尽了心机，然而他们最终不仅没能保住自己所苦苦追逐的权，反倒一个个落得丢权丧命的可悲下场。他们弄权揽权，并不是利用手中的权力之便去为国为民谋福利、推动历史的发展，而仅仅是为了一己之私，在他们身上看不到正义、良知、气节。相反，从他们身上体现出来的是狡诈、残忍、无耻的行为方式。玩弄权术者最终被权术所玩弄，这是不是也是一种报应？

李斯的处世哲学与秦朝的兴亡

公元前 208 年秋，风雨飘摇的秦都咸阳，气氛肃杀。当朝丞相李斯被腰斩于中市并夷灭三族，结束了他在咸阳整整四十年之久的政治生涯。

李斯被以谋反的罪名陷害。当他向这个与他半世功业相伴的城市诀别，内心的悔恨与不平更甚于对死的恐惧。临刑前，李斯回头对与他一起被押赴刑场的儿子感叹道："我多想像你小时候那样，我们父子一同牵着黄狗，出故乡上蔡城的东门外，追猎狡兔啊！如今是不可能了。"说完，父子俩相对痛哭。李斯被腰斩，灭三族。常言道，鸟之将死其鸣也哀，人之将亡其言也善。李斯临刑前的善言不仅生动地道出了"做官，不要忘记做人"这样一个道理，而且也吐露出他四十年来政坛上夹缝中求生存而丧失常人生趣的苦衷。

命运往往和人们开玩笑，你想走向一个地方，可是费尽了全力之后，猛然发现自己来到了相反的地方。李斯便是这样。

◇ "厕中鼠""仓中鼠"与李斯"择处"

李斯原是楚国上蔡人，初为郡小吏，不甘于碌碌无为，便投到著名学者荀况门下去学"帝王之术"，企望能够学以致用，以自己的才智学识辅助有为的君王成就帝业而出人头地。他曾以"厕中鼠"与"仓中鼠"比喻，前者食污秽之物，而人犬一近则恐惧四散，后者安然食仓中之积粟，既无风吹日晒之苦，又无人犬惊扰之忧。一个人能否成为贤者，关键在于"自处"的环境如何，即能否替自己找到一个合适的生存环境。李斯从师学习的目的便是为日后"自处"于好的环境打基础。学成之后，便向其师告辞道：一个人地位卑贱而不图有所进取，那就等于禽兽只能享受到自然界现成的食物，而永远陷于穷困，这将是最大的耻辱和悲哀。长久地处在这种境地，一味地埋怨世道，鄙薄功利而自己又无所作为，这绝不是士人所希望的。于是，李斯以一种政客式的投机心理瞄准了秦国，便西入咸阳，向秦王游说，推行自己的帝王之术。

李斯入秦那年（前247），正好秦国庄襄王病死，秦王政（秦始皇）即位。李斯初为相国吕不韦门下的舍人，因得到吕的信任，被荐为郎官，由此得以当面向秦王进说。

面对少年气盛的秦王政，李斯进献利用"万世之一时"的时机，"灭诸侯，成帝业，为天下一统"的大计，深得秦王的重视，并因此任为长史，直接参与谋划吞并六国事宜。

此后，李斯的仕途也曾两度遭遇危机。第一次吕不韦罢相治罪事，与吕不韦有牵连的人都受影响，而曾经为吕不韦舍人的李斯，却意外地未受到牵连，渡过了一次仕途危机。另一次是韩国人郑国以修渠为名在秦的间谍行为被发现后，秦宗室贵族乘机攻击客卿并建议逐客，李斯在被逐之列，这是一次较大的仕途危机。李斯不甘沦为"厕中鼠"和"不肖"之辈，以《谏逐客书》说服了秦王。秦王派人一直追到骊邑，李斯得以重返咸阳，继续实践其政治理想。

李斯能渡过仕途危机，既是统一事业的大局把他的政治命运同秦王连在了一起的缘故，也是他为改变"厕中鼠"命运而努力的结果。

李斯由侍从秦王的郎官升为长吏，后又由郎官晋升为客卿、并官至廷尉，为秦王出谋划策，并实施离间各国君臣之计，以配合武力消灭六国。李斯为秦的统一做出了重大贡献。为其日后位极人臣奠定了基础。

◇ "阿顺苟合""不务明政以补主上之缺"

秦王朝建立后，李斯倍受重用，爵至通侯官至丞相，万人之上，一人之下，极人臣之位。若说"择处"，这是李斯起初所料未及的，可以说达到了李斯所谓"仓中鼠"的最佳境地。但新的问题是保位全身与忠于职守、尽人臣之道的矛盾，而李斯的天平则偏向了前者。

当初，与李斯一起从荀况学"帝王之术"的还有一位后来成为战国法家学说集大成者韩非，他的思想对李斯以至秦王都曾产生了很大影响。公元前236年，韩非以韩国公子的身份来到秦国，意欲说服秦王暂时放弃灭韩的打算。于是，在各为其主的两位老同学间发生了一场不同寻常的斗争。李斯对于韩非的才学和为人比秦王对韩的了解更清楚，这位老同学的到来使他本能地产生了一种不祥的预感。他既怕韩非得到秦王的任用而影响自己的飞黄腾达，更担心韩非为保存韩国而进行的种种谋划一旦成功，将使秦国实现统一的进程受到阻碍。无论从哪方面讲，韩非的存在都构成了对李斯政治命运的威胁，这当然是李斯所不能容忍的。于是他在秦王面前除力斥韩非所献"存韩伐赵"之计外，尤其着重攻击韩非入秦的动机。他说，韩非在本国一直不受重用，这次前来秦国不过是为了捞取政治资本，如果能使秦韩交亲，那么他在韩国的地位就显得重要起来，这完全是韩非的"自便之计"，然而又用惑乱人心的辩说和漂亮的辞藻来掩盖自己的野心，因此，希望秦王千万不要被韩的辩才所迷惑。秦王在李斯的劝说下，下令把韩非关进了云阳大狱。韩非献计不成，报国无门，在狱中又被剥夺了文书申辩的权利，在极端苦闷、失望的情绪中悲愤地吃下了老同学李斯送来的毒药，以一死来表明对祖国的心迹。李斯便这样除去了一个劲敌。

秦始皇在全国统一后全盘接受了韩非专制主义的法治理论，李斯则成为具体执行的最合适人选。杀其人而用其学说。从杀韩非到废除分封、焚书，这君臣二人在推行"帝王之术"的配合中已达到了心照不宣、自然默契的地步。

尽管秦始皇为人以"少恩而虎狼心"见称于史籍，尉缭甚至说他"一旦得志就要吃人"，因而不能长久共事，但李斯却能在他手下安然无恙，长期深得信任。从公元前219年起，秦始皇四次到东方各地巡游，李斯亦多次随行，而所到之处留下的众多颂扬秦王朝盛德和始皇本人功业的刻石赞辞，也大都出于李斯笔下。他们之间那种特殊密切的关系可见一斑。

当然，要说秦始皇对李斯完全没有戒心也未必真实。秦始皇三十五年（前212），始皇由甬道游幸咸阳郊外的梁山宫，从山上望见山下一支车队仪仗经过，十分气派。经向随从打听，方知是丞相李斯的车驾，脸上顿时露出不快的神情。事后有人向李斯提起此事，李斯忙知趣地缩减了自己的车队。后来秦始皇觉察到了这一变化，认定随从中有人在李斯面前通风报信，再三追问，无人承认，于是便把那次在身边的人全抓起来杀了。这虽是一件小事，但至少说明了秦始皇对于李斯的信任是有限度的。作为一个专制君主，他绝不可能把身居高位的李斯视为真正的心腹之臣。只不过李斯自有一套对付君主的办法。他善于揣摩秦始皇的思想，煞费苦心地去极力迎合而又不露痕迹，因而君臣双方能在相当长的时间内相安无事。

始皇创建第一个统一的大帝国，虽有不少李斯的功绩，但是，始皇专任刑罚，其统治术的片面性，李斯显然不是不清楚，李斯师从儒学大师，知道儒家六经的要旨，而不以儒学王道来弥补秦统治术的危机，其自私心理显而易见，李斯怕影响到其所择之处，怕危及他"仓中鼠"的根本利益。司马迁批评也云："李斯位居三公，可谓受到重用了；李斯懂得六艺的要旨，不务明政以补主上之缺，把爵位、俸禄看得太重，对上阿顺苟合，对下严威酷刑。"一针见血又十分中肯。同时，也如汉初王卫尉与高祖刘邦谈到李斯为主上"分过"时指出：李斯作为秦皇帝丞相，有善行就归于主上，有过错归于自己，与主上分过。从而使秦皇帝听不到其过错而亡天下，凡此皆为李斯"阿顺苟合"的过错。

◇ "就变""求容"，误国丧身

公元前210年，秦始皇在出巡途中病逝于沙丘平台。李斯自入秦以来，始终追随在始皇左右，一步步超越群臣，取得显赫的地位。随着始皇的逝去，李斯的政治命运再度面临挑战。由于日益膨胀的私心，他一开始就在确立嗣君这样重大的问题上做出了错误的抉择，被赵高牵着鼻子走进死胡同，无可推脱地成了赵高和胡亥的帮凶。

然而，李斯与赵高之流毕竟有所不同，眼看秦始皇奠定的基业由于自己的过错而分崩离析，李斯不能不感到于心有愧，因而试图在力所能及的范围内做一些"亡羊补牢"的努力。秦二世元年（前209），他在随胡亥东巡途中带头提议在秦始皇先前所立石碑上一一刻明"始皇帝"称号，"以彰先帝之成功盛德"，无非是想以此使内心的愧疚得到一些宽慰，同时也改变一点世人对自己的看法。

尽管李斯从内心不甘与赵高为伍，然而既然屈节投靠了二世这样一个无道昏庸之主，那么他的一切作为便不能不受制于人。在这种情况下，虽然李斯也曾不止一次对胡亥即位后严法苛刑、重徭厚赋、穷奢极欲等做法提出劝谏，但终究无法改变由此引起的社会矛盾激化的局面。公元前209年7月，关东兴起了轰轰烈烈的农民大起义，并迅速向西推进，庞大的帝国面临生死存亡。

当时，李斯的长子李由在三川郡任郡守，因未能阻挡吴广大军西进，有失土之责而被查究，李斯也因此受到牵连。李斯既不能平息农民起义，又想要停建秦始皇时所开始的阿房宫工程。当他听到胡亥斥责自己这样做"上不能报答先帝，下不能为主尽忠效力，凭什么占据高位"的时候，感到由衷的畏惧，为了避免可能出现的灭顶之灾，尽可能保全到手的爵禄，李斯再也没有勇气坚持为人臣者所应有的立场，于是一反常态，在二世面前百般迎合，还主动上书进献所谓"君主独自专制天下而不受任何约束"的"督责之术"。

李斯曾说君主如果不善于督责，那就势必要像唐尧、夏禹那样使自己比天下的人民还要辛苦，这样就等于给自己套上了桎梏。所以他主张国君应在"督责"二字上多下功夫：一方面实行轻罪重罚，以严刑酷法威慑百姓；一方面实行大权独揽，通过"独视独听"以进一步驾驭群臣。这样做的结果可以使所有的臣民整日处于担惊受怕之中而自顾不暇，唯有竭尽所能以服从国君，天下也就太平无事了。这种"督责之术"实际上反映了法家思想中极其阴暗的一面，在本质上同赵高之流的阴谋权术并无区别。

秦二世十分赞赏李斯的献策，于是雷厉风行地加以推行，以向人民收税重的为贤明官吏、杀人多的为忠臣，给广大人民带来了愈加深重的灾难。数十年政治斗争的风云变幻，使李斯日益信奉法家薄恩寡义的统治学术，觉得这才是秦王朝统治者所需要的，就连他原先从老师那里学来的一点"帝王之术"也在实践中被逐步改造成为"督责之术"，比起韩非的术治理论更有过之而无不及。然而正是这套极端专制独裁的统治思想，不但把二世统治下的秦王朝推上了火山，同时也最终铸成了他自己的政治悲剧。

由于李斯是赵高和胡亥阴谋篡位的唯一知情者，所以不管李斯如何费尽心机对二世阿谀逢迎，他在赵高眼里始终是一块必除的心病。于是赵高设下了圈套，陷害李斯。后来李斯察觉到赵高的阴谋，在不得已的情况下决心与之决裂，并"上书言赵高之短"时，才发现事情已无可挽回，赵高早已为他准备好了一切。"谋反罪"显然是强加的，但李斯经不住严刑拷打，竟然"自诬服"，按照刑律的规定，处以腰斩、夷三族。

汉代人总结亡秦的教训，虽也指责始皇，但更多的是斥责"二世"，说"秦二世尚刑而亡"。二世"尚刑"，除了始皇、赵高的因素外，是与李斯所进"督责之术"有着重大关系的。李斯身为丞相，在始皇死后，为了个人得失，上了赵高的圈套，制造宫廷政变。后来又为了保位全身，竟然置国家存亡而不顾，以进"督责之术"，来"阿二世意，欲求容"。二世行督责，向人民收税重的为贤明官吏、杀人多的为忠臣，致使路上的行人有一半受过刑，死人的尸体每天都成堆地陈列于街市，将秦朝推到了死亡线上。同时，李斯不仅自身遭腰斩，而且连及三族遭灭亡。结果反倒不如牵黄狗逐狡兔，不如"厕中鼠"活得自在。司马迁不赞成人们说李斯是"极忠而被五刑死"，显然是公允的。

第
二
章

CHAPTER 2

秦汉之际的军事谋略

秦汉之际数年间，是一个由乱到治的过渡时期。陈胜、吴广，项羽、刘邦，韩信、张良，英雄辈出。战略战术变化无穷，谋略种种，登峰造极，蔚为大观。

秦末起义军的智谋

　　秦始皇在以武力结束诸侯分裂割据的局面以后，建立了统一的中央集权的封建国家，这对中国历史的发展，无疑是具有进步意义的。但他为巩固"万世一系"的统治，又横征暴敛，严刑峻法，弄得民不聊生，危机四伏。秦二世胡亥继位后，一味骄奢淫逸，任用群小，大权落入宦官赵高手中，其统治较秦始皇更为残暴、黑暗，使王朝的危机愈益加剧，终于导致秦末农民大起义。农民军在起义推翻秦王朝的战斗中充分施展了他们的聪明才智和军事谋略。

◇陈涉首义，巧取民心

　　陈胜、吴广都是穷苦人家的子弟，陈胜曾以"庸耕"为生，雇农一个。二人被征发当兵，也只是戍守队伍中的小头目，即屯长。起义举大事，没有太大的号召力，不得不假借名人效应和神力来佐助。

　　1. "诈称扶苏、项燕为天下倡"

　　秦二世元年（前209年）七月，秦朝征发一批贫民去渔阳（今河北密云）戍边。陈胜、吴广亦在这九百人之列，并担任了屯长。这支队伍因途中遇雨，不能前进，无法如期赶到渔阳。按秦的法律，误期当处死刑。陈胜、吴广等九百贫民面临死亡的威胁。在这生死关头，久怀"鸿鹄之志"的陈胜与吴广暗中商量说：现在逃跑是死，举行起义也是死，同样是死，不如拼着一死，干一番大事业。陈胜还分析了当时的形势，认为天下劳动人民苦于秦的残暴统治已很久了，只要有人首义，一定会有很多人响应。

要发动起义，必须争取民心。陈胜、吴广决定用扶苏和项燕的名义为口号来争取民心，举行起义。为什么要选用这两人做号召呢？原来扶苏虽被赵高、二世等矫旨杀害，但"百姓多闻其贤，未知其死"，可见扶苏在百姓中有较高声望。项燕，楚国名将，曾在楚地反抗过秦军，屡建战功，爱惜士卒，在秦灭楚时虽英勇战死，但楚人有的认为他已死，有的认为他逃走了，由此反映了楚人对其怀念的心情。

陈胜、吴广的这一谋略是高明的：打出本应继承皇位的扶苏的旗号，可以分裂统治阶级的内部，对矫旨篡位而不得人心的二世造成威胁，用项燕作号召则可以得到楚地人民群众的支持。为了发动和团结广大群众，把统治阶级中有影响力的人推出来作号召，体现了陈胜对当时社会的深刻了解和洞察。因为农民在残暴统治和压榨下，对"暴君""昏主""贪官"抱有强烈的仇恨，而希望"好皇帝""清官"的出现，陈胜的这一策略无疑迎合了广大人民的这一愿望。

2. 鱼腹丹书，篝火狐鸣

要使起义在自己的领导下进行，就必须先确立自己在众人中的威信。陈胜、吴广利用当时人们的迷信思想，在戍卒中大造舆论。他们暗暗地在帛书上写"陈胜王"三个字，并把它塞在渔翁刚捕的鱼肚子里。戍卒们买了鱼，拿回去剖时发现帛书后，感到非常惊异。于是他们对陈胜开始刮目相看了。晚上，陈胜又让吴广偷偷躲到营房附近草林丛生的神祠中，燃起篝火并模仿狐狸的声音，大呼"大楚兴，陈胜王"。戍卒们听了，更是惊诧不已。白天他们不时交头接耳，暗中指点，注视陈胜。

显然，陈胜、吴广通过"鱼腹丹书"和"篝火狐鸣"的计谋达到了预期目的，它树立了陈胜在众人中的威望。在封建社会里，像陈胜、吴广这样用瓮作窗户，绳当门闩的穷家子弟，出身低微，要发动众多的人举行起义，能够想到并利用这些方法，充分表现了他们的聪明智慧，组织才能和首创精神。

3. 智激众卒，杀尉举义

吴广一向爱护兵士，戍卒中多数人愿意为他效力，为进一步激起大家心中早已对两个骄横的押送将尉存在的怒火，吴广在两个将尉喝醉的时候，故意多次扬言要逃跑，以激怒将尉，招惹他俩侮辱自己，从而借此激怒广大戍卒。将尉果然用鞭子狠狠抽打他，抽打还嫌不解恨，将尉竟要拔剑杀人，吴广奋起，夺剑杀死了将尉，陈胜亦帮助杀死另一将尉。接着陈胜召集众人，向他们分析摆在面前的残酷现实并鼓动大家说："公等遇雨，皆已失期，失期当斩。假使不被斩首，而去戍边死的肯定也有十分之六七。且壮士不死则已，死则要举世扬名！王侯将相难道是天生的贵种吗？"

陈胜这番话说得众人热血沸腾，群情激昂，大家同声响应，霎时，"敬应命"的应答声响彻云霄，久久飘荡在大泽乡的上空。中国历史上第一次大规模农民起义的熊熊烈火，便从这里蔓延开来。

◇ 以陈为都，扩大影响

起义爆发后，陈胜、吴广率领这支斗志昂扬、士气高涨的队伍很快攻占大泽乡所在的蕲县，然后兵分东西两路发展。在十天左右的时间里，起义军横扫数百里，所到之处，广大人民踊跃投军。当抵达并攻占陈时，起义军已有战车六七百乘，骑兵千余人，步兵数万人，成为一支浩浩荡荡的大军。而且，攻占陈，对起义军有重大意义。因为一方面这里地理位置重要，处于鸿沟和颍水汇合处，是南北交通的要冲；另一方面，陈曾是楚国旧都，是秦的一个重要城市，占领它，使起义军名声大振，影响猛增。

起义军占领陈后，陈胜召集地方三老、豪杰会商大计，会上大家认为陈胜"身被坚执锐，伐无道，诛暴秦，复立楚国之社稷，功宜为王"，于是，陈胜乃自立为王，建立革命政权"张楚"（张大楚国的意思）。"张楚"政权的建立不仅显示了农民抗秦的坚定意志，而且树立了众望所归的起义领导中心，更加扩大了起义军的政治影响，从而有利于组织力量、统一行动，继续与秦王朝进行斗争。从此陈便成为起义军的根据地和中心。

各地久已苦于秦朝暴政的民众听到起义的消息纷纷奋起响应，出现了"天下从之如流水"的局势。当时较大的起义军有英布、彭越、秦嘉、项羽、刘邦等十余支。他们杀死秦地方官吏，接受陈胜的号令，汇集成波澜壮阔的革命洪流。尤其是在楚国旧境，几千人一伙的起义军简直不可胜数。但一些旧贵族、官吏、游士如张耳、陈余、魏咎、武臣、朱房、蔡赐等亦抱着不同的目的和个人野心，混入了农民起义军的阵营，这就使起义队伍成分庞杂，潜伏着难以驾驭和分裂的威胁。

◇主攻咸阳的策略与陈胜的败亡

起义军在蓬勃发展时，秦朝三四十万主力军正扼守长城一带，戍守咸阳的部队只有五万人，且秦二世恶闻农民起义的事，当有人向他报告农民起义的消息时，他竟将报告之人关进监牢中。从此再也没有人敢讲真情实话了。

趁此良机，起义军迅速部署了击秦的战略：一面派主力西进，乘虚入关，以期占领咸阳，号召天下；一面分兵略地，消灭关东秦军，发展壮大自己的力量。为实现既定战略，起义军具体的军事部署是：

西进的主力军分三路，一路由吴广指挥进攻荥阳，以打开通往秦都咸阳的大道。一路由宋留率领，从南阳直叩武关，以从南面迂回包围进攻咸阳，一路由周文率领，绕过荥阳、洛阳，直捣咸阳。

分兵略地：北路以武臣为将军，邵骚为护军，张耳、陈余为左、右校尉，率兵三千进攻赵地（今山西大部，河北西部），同时以周市为将领，进攻魏地；南路派邓宗率军进攻九江郡；东路派召平率兵进攻广陵郡。

从以上的部署可以看出，陈胜以主力西攻咸阳，把矛头指向秦王朝统治中心，进攻目标非常明确，这一战略部署和方针无疑是正确的。因为，如前面所分析，咸阳守备力量薄弱，二世昏庸无备，加之各郡慑于起义军的声威，各自为守，所有这些都为这一战略意图的实现提供了可能。而分兵略地除可以打击秦王朝在东方的统治，壮大起义军的实力外，还可以与西进的主力军相互呼应，使秦陷入手忙脚乱的窘境。

在广大人民的积极支持和热烈拥护下，各路义军进展神速，"攻城略地，莫不降下"。

吴广率军直抵荥阳。荥阳是中原重镇，附近有秦的贮粮基地敖仓。秦以李斯之子李由为三川守，死守荥阳和敖仓。起义军久攻不下，战局呈胶着状态。荥阳虽未攻下，但却使秦军主力被牵制在城内，为周文的顺利进军创造了条件。周文一路收兵，打到函谷关时，已成为一支有战车千乘、卒数十万人的大军。九月，周文军攻占了戏水（今陕西临潼东），距秦都咸阳不到百里。

二世元年（前209）九月，当周文所部的几十万大军逼近咸阳时，秦二世才如大梦初醒，他惊恐万状，赶紧召集群臣商议对策，少府章邯认为"盗贼"已迫近京畿，而且为数众多，征调附近郡县的兵力，恐怕来不及了，建议赦免在骊山营建宫室的刑徒，授以兵器。秦二世采纳了章邯的建议，令他率几十万由刑徒武装起来的队伍向周文军出击。同时，还调令防御匈奴的王离部作为援军，向起义军疯狂反扑。

然而，就在这关键时刻，起义军内部的形势急转直下。奉陈胜之命北攻赵地的武臣在攻下邯郸后，在张耳、陈余的煽动下武臣自立为王。他们置陈胜要其"引兵西击秦"的命令于不顾，坐观周文、吴广军和秦军在关中苦战而不发兵援助。同时，北攻魏地的周市也进行了类似的分裂活动。

内部的分裂活动给起义军造成了严重的恶果，它导致在关中的周文军陷入孤立无援的境地，吴广军亦失掉了策应。因此在章邯大军的进攻下，周文军大败，被迫退出关中，在曹阳顽强坚守两三个月，仍得不到援军，败退渑池。章邯追至，周文战败自杀、全军覆没。

歼灭周文军后，章邯立即乘势挥师东进，欲一举内外夹击消灭围攻荥阳的吴广军。吴广长期围攻坚城，未能及时改变策略，从而贻误了战机陷入被动，副将田臧假称奉陈胜令，杀吴广取而代之，虽改变吴广死困荥阳的战术，但已强敌压境腹背受敌，结果全军大败，起义军的主力至此损失殆尽。

章邯解荥阳之围后，秦都咸阳的威胁也就基本消除，于是章邯率兵南进，猛扑起义军的中心陈邑，同时秦二世又增派司马欣、董翳率大军出关，协助章邯作战，企图一举剿灭起义军的大本营。由于西进主力军的失败，加之张耳、陈余、周市之流坐视不救，召平和邓宗远在广陵和九江来不及回救，西边的宋留军又被切断在南阳附近。因此，这时的起义中心陈邑，实际上处于孤立无援的境地。在秦军的凶猛进攻下，陈胜兵败，退至城父（今安徽蒙城西北），为背叛他的御者庄贾所杀，陈胜败亡。

◇召平矫诏，重振军威

陈胜、吴广领导的农民起义虽失败了，但由他们燃起的反秦烈火并没有熄灭，且日益呈现出燎原之势，残暴的秦王朝距最后灭亡的日子已为时不远了。

陈胜、吴广首义时所假托的楚国名将项燕虽早已为秦所杀，但他的儿子项梁和孙子项羽（项梁的侄子）却在积极图谋复仇，二世元年（前209）九月，项氏叔侄得知陈胜、吴广起义的消息后，也杀秦会稽郡守殷通起兵反秦，很快聚集到八千余人。

二世二年（前208）一月，奉陈胜之命进攻广陵的将领召平，听说陈胜兵败，秦军快要到来，便渡江去假传陈胜的命令，封项梁为"上柱国"，令他立即率兵西进迎击秦军，于是项梁率八千江东子弟渡江西上。途中，在东阳得陈婴部二万人，渡过淮河后，又有英布、吕臣和蒲将军率部归属，众至六七万人，进至下邳。随后击败秦嘉收编了他的部队，引兵至薛。在此，又得到刘邦的归顺，部队发展到十余万人。

项梁在薛才确知陈胜牺牲的消息，他召集项羽、陈婴、吕臣、英布、范增、张良等商议今后的行动大计，深谋远虑的范增对项梁说：现在您起兵江东，楚国各地的将领都争先归附您，是因为您家世世代代做过楚国大将，能够扶立楚王的后代。其意思是要项梁立楚王的后代，重建政权。项梁采纳了这个建议，拥立为人牧羊的楚怀王的孙子熊心为王，并仍称楚怀王，以从民望，号召群众，争取支持，项梁自称武信君。从此，秦末农民起义又进入了有组织、有统一号令的新阶段。

重新树立起对抗秦王朝的政权中心后，项梁领导的楚军与秦军多次激战并屡获胜利。继斩秦三川守李由，击破凶悍的章邯军，并占领秦的东方重镇定陶。

矫诏，常令人想到一些玩弄权术的阴谋家，然而召平矫诏则不同，他是为了农民革命事业的需要而采用的。也正是他的矫诏谋略，给已经受挫溃败的农民起义军赐予了新的凝聚力，使义军各部得以迅速地重新聚集并重振军威。

◇破釜沉舟，歼灭秦军主力

一系列的胜利，尤其是攻占定陶这座大城后，项梁产生了骄傲轻敌情绪。见到这一危险的端倪，部将宋义提醒他说，打了胜仗之后将骄卒惰的必败，如今士兵已有些懈怠，而秦军却在不断增加，我很替你担心啊。然而，被胜利冲昏头脑的项梁根本听不进规劝，失败的祸根由此埋下了。九月，章邯在得到关中大批援军后，指挥秦军趁项梁麻痹轻敌之际，在夜间发动偷袭，大败楚军于定陶，项梁战死。

定陶大败，项梁战死，形势十分危急。为避免被秦军各个击破，正在进攻陈留的项羽、刘邦立即改变原作战计划，主动回师东撤退保彭城。一时各部起义军集结于彭城，并进行了重新部署：吕臣率部驻城东，项羽率部驻城西，刘邦部驻砀郡，成掎角之势，互相呼应，严阵待敌，不久，楚怀王亦从盱眙迁至彭城。从此，彭城就成为起义军的指挥中心。经过这次调整，义军克服了项梁死后出现的危机，各路义军重整旗鼓，统一在以彭城为中心的大本营的号令之下，继续向秦王朝展开进攻。

章邯在定陶大破楚军后，对形势的认识产生错觉，认为南方的义军主力已被消灭，"楚地兵不足忧"，放弃对彭城一带义军的进攻，而率秦军渡河北上进攻赵地，楚地起义军因而得到休整的机会。章邯军很快攻占赵的国都邯郸，章邯夷其城墙，迁其人民。赵王歇与赵相张耳仓皇北逃，退守巨鹿，赵将陈余则收集常山一带的数万人驻在城北。章邯命王离、涉间率军包围巨鹿，自己率大军驻在巨鹿南面的棘原，并修甬道以供王离部粮草，做好长期围困的准备。王离部兵多粮足，勇猛攻城，巨鹿城内粮尽兵少，形势非常危急，尽管如此，驻在巨鹿北边的陈余却畏惧秦军势盛，不敢出兵击秦以缓解城内压力。燕国、齐国派来的援兵，以及张耳的儿子张敖率领的援兵也驻在陈余旁，但全都害怕兵强势盛的秦军，谁也不敢带头进攻。赵王歇无奈，只好遣使到楚求援。

义军领导集团分析当时的形势是：如果秦军灭赵，则必然掉转兵锋再次南下攻打彭城，如果北上救赵，一方面可将秦主力吸引在河北，另一方面可趁关中地区空虚之机，直捣秦的心腹之地。基于以上分析，楚怀王当即决定：命宋义为上将军，项羽为次将军率主力北上救赵，同时分遣刘邦率军向关中进军，并与诸将约定"先入关者王之"。

宋义率军抵达安阳后，为秦军的优势所震恐，即停留不前，达四十六天之久，项羽劝宋义说："秦军围赵之势紧急，应当立即引兵渡河，与赵内外夹击秦军。"宋义拒绝了项羽的意见，他完全不顾处于生死存亡关头的赵军，认为"今秦军攻赵，秦军战胜则兵疲，我军趁其敝进攻；秦军不胜，则我引兵鼓行而西，必定推翻秦朝了！"采取坐山观虎斗的态度，以图渔人之利，他还很自负地说："被坚执锐，我不如公，坐而运策，公不如我。"他还针对项羽而严令军中：勇猛果敢但不听指挥的一律斩首。当时天气寒冷多雨，将士们忍饥受冻苦不堪言。宋义却亲自到无盐大摆酒席，送他的儿子到齐国任职，以扩展个人势力。项羽忍无可忍，乘宋义离军去无盐之际，对将士们说："我们本是奉命来攻打秦军的，现在却久留此地不能前进。这里由于正当荒年，将士们只能填饱半个肚子。军中已没有多少粮食，上将军仍饮酒作乐，不引兵渡河去赵地搞点粮吃，并与赵合力击秦，反而美其名曰'趁其敝'。秦军强大，赵国新立，坐视不救，赵国必破，赵国灭亡后，秦军气势会更盛，哪里还有什么疲敝的机会可乘？国家安危就在这一战，不料上将军如此不体恤将士，只顾徇私，实在不是个社稷之臣。"项羽的这番义愤陈词，立刻在军中引起共鸣。十一月初，宋义返回安阳，项羽利用见面的机会将其杀掉，为稳定全军，项羽号令部队说："宋义与齐密谋反楚，楚王令我将其诛杀。"诸将莫不服从项羽，共推项羽为代理上将军，楚怀王接到报告后，于十一月正式封项羽为上将军，派他率军救赵。

项羽取得指挥权后，立即命英布与蒲将军率两万人先渡漳河，破坏秦军运粮的甬道，分割章邯与王离的军队。随后，项羽亲率全部人马渡河击秦，渡河之后，为表示与秦军决一死战，有进无退，项羽下令将所有的渡船凿沉，打碎全部做饭用的釜、甑，烧掉军营，每人只携带三天的干粮。这样做的目的是鞭策将士勇往直前，断绝后退之念。果然，"无一还心"的楚军将士无不以一当十，作战奇勇，九战九捷，秦军大将苏角被杀，王离被俘，涉间自杀。诸侯援军结成十几处营垒驻扎在巨鹿城边，却都不敢出战。当项羽亲率楚军冲锋陷阵时，他们都躲在营垒上"作壁上观"，等到打败了秦军，项羽召见诸侯援军将领，他们进入营门，个个跪下膝行而前，不敢抬头观望。从此项羽便成为诸侯联军统帅。

章邯在巨鹿战败后，虽仍有兵力二十余万，但士气低落，无心再战。项羽不给章邯以喘息的机会，乘胜追至漳水南岸，并屡次大败秦军。秦二世胡亥闻讯，派人责备章邯不肯效命。章邯为释嫌疑，派专史司马欣回咸阳请事，但专权的赵高却故意不见，吓得司马欣抄小路逃回军中对章邯说，现在赵高在朝中擅权，下面的人谁也别想有所作为。就算打了胜仗，赵高必然嫉恨，打了败仗便免不了受惩罚，希望将军慎重考虑。陈余亦写信给章邯，指出白起、蒙恬都是秦名将，有大功于秦，结果都遭到杀害。你为将不过三年，损兵几十万，赵高、二世责难，必将诿罪于你来推卸自己的罪责，将军领兵在外日久，朝内多敌对之人，有功也会被杀掉，无功也会被杀掉，既是这样，为什么不与诸侯联合攻秦而分地为王呢？章邯此时外受强敌紧逼，内受二世、赵高猜忌。在走投无路的情况下，一再派人向项羽乞降，项羽因军粮不足，终允其所请。于是，在二世三年（前207）七月，章邯率二十多万秦军投降项羽，至此，秦军主力已丧失殆尽，秦朝灭亡的丧钟已敲响。

总之，定陶失败后，义军采用了一系列的兵谋来扭转战局。起初，义军新败，收缩战线，退保彭城，以彭城为中心，将军队一分为三，分驻三处，形成掎角之势以应变。秦军主力北上击赵，将赵军围困巨鹿时，各路诸侯纷纷派兵遣将前往救赵，但都畏缩不前，楚军主帅宋义则存观望态度。项羽以先斩后奏的策略杀了宋义，然后奉命进军，又以破釜沉舟的策略激励将士，勇猛杀敌，一举击败凶悍的秦兵主力，继而又以攻心术诱降，秦将章邯率二十多万人马投降，彻底解决了秦军主力。在一系列的兵谋中，尤以破釜沉舟最为关键，它不仅消灭了秦军主力，而且还使各路起义大军都聚会于项羽的旗帜之下，得以统一行动。

◇稳扎稳打，乘虚灭秦

秦军主力的消灭，为刘邦乘虚入关创造了有利条件。

　　如前所述，在宋义、项羽北上救赵的同时，刘邦亦受命率一部分义军向西进攻。由于刘邦所部不过万人，因此，西入关中困难仍然是很大的。

　　为了尽快入关，刘邦采取了边进军边发展的战略。他在栗县（今河南夏邑）编了刚武侯的反秦部队四千余人，并联合魏将皇欣、武蒲共同行动，声势渐大。二世三年（前207）二月，刘邦乘巨鹿决战的时机，由砀率军北上，联合彭越领导的起义军，攻昌邑不克，于是折而向西。过高阳时，采纳高阳监门（守城门的小吏）郦食其的建议，攻下储粮甚多的陈留，使部队得到充分补给，并收编郦食其弟弟郦商的四千多人。三月，进攻开封受挫，便绕道西进，在曲遇大败秦将杨熊，刘邦率军长驱直入，一直进军到洛阳东，与秦军交战再失利。于是刘邦改变原来由函谷关进入关中的战略意图，折而向南采取大迂回，出轩辕关险道（在今河南偃师市东南），准备由武关（今陕西商洛市西南丹江北岸）进入关中。这种避实击虚机动灵活的战略决策，充分体现了刘邦的军事指挥才能。

　　六月，刘邦在犨东（今河南鲁山县东南）大破南阳郡守吕齮的部队，吕齮退保宛城，刘邦急于入武关，欲绕过宛城西进，张良劝阻说："沛公（刘邦）您虽欲急入关，但秦兵尚众，必定凭险拒守。今不攻下宛城，宛城秦军从后攻击、强大秦军在前面阻击，此道就成危险的道路了。"刘邦听后，连夜偃旗息鼓，绕道回师，黎明时将宛城重重包围，逼迫吕齮投降，齮欲自尽，其舍人陈恢出城游说刘邦，晓以利害，指出宛是大郡都会，人众粮足，若拼死守城，一时难得攻下，恐延误了"先入咸阳者王"的时机。若弃宛西进，宛军追击，势必前后受敌也不利。于是向刘邦建议："为足下考虑，不如立约招降，仍然封吕齮为郡守，让他留守宛城，您带领他的军队一起西进。那些还没有降服的城邑，会闻声争开城门而待，足下就可通行无阻地西进了。"陈恢的意见正中刘邦的下怀，刘邦接受了他的建议。当南阳守吕齮投降后，封他为侯，继续守宛。宛城的和平解决，反映了刘邦军事手段和政治手段并用的灵活斗争策略，为刘邦以后的快速进军奠定了一个良好的开端，自此之后，各地秦将纷纷效法宛守，不战而降。

　　八月，刘邦攻破关中的东南门户武关，此时，秦在关东的主力军章邯、王离的军队业已被项羽所歼灭，秦王朝统治集团在起义军的沉重打击和威胁下，内部矛盾迅速尖锐并公开化，丞相赵高逼杀二世，立子婴为秦主。九月，子婴又诛杀赵高，而刘邦大军已进抵通往咸阳的最后一关即蓝田关（又名峣关，今陕西蓝田东南），张良献计先使郦食其、陆贾游说秦将，以利益相诱，然后乘其不备引兵出击，大败秦军于蓝田，从而粉碎了秦军最后的抵抗，决定了其灭亡的命运。

汉元年（前206）冬十月，刘邦率军进至霸上，秦王子婴自知无力抵抗，便"乘素车白马，用丝带系着脖子，捧着封好的皇帝玺印符节"，向起义军投降。秦王朝仅经历十五年，便在农民起义的烈火中走完其短暂的历程。

剑拔弩张，刘、项鸿门斗智

按先前"先入关者王之"的约定，刘邦最先进入关中，秦王投降，大功告成，可以顺理成章地称关中王。但刘邦也清楚，项羽虽后入关中，但在消灭秦军主力的巨鹿之战中功劳卓著，业已为诸侯联军统帅，军力是自己的四倍，实力悬殊，不得不委曲求全，鸿门斗智，以避免灭顶之灾。

◇约法三章与新安坑卒

汉元年（前206）冬十月，秦朝灭亡，刘邦进入咸阳。当见到巍峨的宫殿，珍奇的摆设，数以千计的美女时，一贯"好酒及色"的刘邦再也不能自持了，"意欲居留宫中"。部将樊哙提醒道："沛公您是想做个富家翁，还是想据有天下呢？"刘邦回答说想要得到天下，但就是呆呆地坐着不走，樊哙见状厉声指斥，说："秦宫如此奢丽，正是它败亡的原因，请不要滞留宫中！"刘邦不听，樊哙无奈。张良急忙从旁对刘邦晓以利害说："正因为秦朝暴虐无道，所以您才能到这个地步。替天下铲除凶残的暴秦，应以节俭为上。如今刚进入秦都咸阳，就要享受安乐，这正是人们所说的'助纣为虐'，又何苦为一时的安逸而功败垂成呢？况且良药苦口利于病，忠言逆耳利于行。希望沛公您听从樊哙的意见。"刘邦听完张良之言，猛然醒悟，立即"封存秦宫珍宝、财物及府库，还军霸上"。

当然，刘邦并非一无所获地"还军霸上"。在咸阳，当刘邦的一些将领争着进入金帛财物府库分取财物时，刘邦的得力助手萧何却独自收取秦丞相和御史府的"律令、图书"。正是这深谋远虑的一着，才使这些珍贵的档案材料免遭日后项羽的焚毁。同时，刘邦等汉初统治者后来之所以能很快掌握"天下关塞、户口多少，人力物力强弱的地方，民之疾苦等"，也都得益于萧何收藏的那些档案图书。

还军霸上后不久，刘邦便召集关中父老宣告：天下苦秦久矣，我和诸侯有协议，先入关中的应在关中称王，我应为关中王。现在我同大家只约定法律三条："杀人者死，伤人及盗抵罪。"其他苛酷的秦法令全部废除。

值得注意的是，刘邦提出"约法三章"，其目的是维护地主阶级的生命财产。在此之前，农民军杀地主、官吏，夺取地主、官府的财物，这些行为都是合法的，但"约法三章"公布后，这些行为却被认为是"杀人"，是"伤人及盗"，要被处死或抵罪。且原秦地主政权的官吏"皆案堵如故"，因此，"约法三章"的提出是刘邦由农民起义领袖转变为地主阶级代表的标志。

尽管如此，"约法三章"比起秦残酷的刑罚确实轻简了许多。对饱受"秦苛法"折磨的广大劳动人民来说，"约法三章"算得上是"仁政"了。因此，它受到关中人民的欢迎，人们争相奉献牛羊酒食犒劳刘邦的军队。刘邦又有意加以推辞不收，从而使百姓更加欢喜，唯恐刘邦不能留在关中为王。"约法三章"大大收揽了关中地区的民心，为刘邦日后重返关中、立足关中奠定了有利基础。

当刘邦在关中大肆收揽人心时，项羽则率巨鹿城下的得胜之师匆匆向西挺进，急于阻止刘邦在关中称王。项羽所率六十万大军中，有二十万是秦军降卒，当军队到达新安（河南渑池）时，这些降卒忧心忡忡，他们担心：入关后若不能取胜，项羽必"虏吾属而东"，而"秦必尽诛吾父母妻子"。然而对兵法"略知其意，又不肯竟学"的项羽，不懂得"善待抚慰和使用俘虏，是能胜敌而益强"的道理，对秦卒不仅不用心安抚"善以养之"，反而因害怕"秦吏卒尚众，其心不服，至关中不听，事必危"，竟下令将这些降卒全部"击杀之"。于是，一夜之间，秦二十万降卒统统被坑杀殆尽，制造了骇人听闻的大惨案。不错，一声令下，二十万有疑心的士卒便永不可能再"危"其事了，这确实远比耐心细致的安抚工作简便得多，然而，此举使他大失民心，从而给他在政治上造成了不可弥补的损失。同时，新安坑卒也是项羽由农民起义领袖变为地主阶级代表的标志。

◇委曲求全，以待时机

新安坑卒后，项羽率兵抵达函谷关，见刘邦派兵拒守，登时勃然大怒，挥军破关而入，进驻新丰鸿门（今陕西临潼东），以威胁距此不过四十里的霸上的刘邦。

当时，驻兵霸上的刘邦仅有兵十万，而项羽有兵四十万，实力相差悬殊，恰在此时，刘邦的属下曹无伤暗地向项羽报告说，刘邦入关后，任子婴为相，独吞秦宫珍宝，想当关中王。项羽的谋士范增则进言项羽说：刘邦一贯贪念财物美女，今得胜入关却反而"财物无所取，妇女无所幸，此其志不在小"，是想当天子。因此，他力劝项羽"急击勿失"。范增的这些分析显然是很有道理的。项羽接受了范增的意见，便下令犒赏三军，准备第二天清早进击刘邦，咸阳城东一时战云密布。就在项羽紧锣密鼓地部署行动，刘邦面临灭顶之祸时，项羽的叔父项伯因同刘邦军中的张良交情深厚，便连夜跑去找张良，告诉这一消息，要张良跟他离开，以免灭顶之灾。但张良得知这一性命攸关的重大情报后，并未随项伯逃走，而是立即向尚蒙在鼓里的刘邦报告。刘邦被即将来临的横祸惊呆了。张良献策道：请项伯为您说情。刘邦闻计大喜，立即摆酒宴请项伯。席上，刘邦极尽吹捧、拉拢之能事，他捧着卮（盛酒器）向项伯敬酒祝颂，请为儿女约为婚姻。并向项伯说道：我进关中后，什么也没敢动，全都封存起来等候项将军来处理。派兵守关只是为了防止盗贼与意外变故，我日夜盼望将军到来，岂敢反叛，希望你详细转达我的一片忠心。俗话说：拿人的手短，吃人的嘴软。酒足饭饱，且将又是儿女亲家，焉能袖手旁观，于是项伯满口答应刘邦的请托，并为刘邦出主意，让刘邦第二天清早亲自向项王谢罪。接着，项伯又连夜赶回楚营，竭力规劝项羽改变初衷，并鼓吹说：要是没有刘邦先入关中，你也不能这么顺利地进来，如今他立了大功你却要消灭他，这是"不义"，不如好好待他。这番话果将缺乏主见而又具有"妇人之仁"的项羽劝动，他放弃了消灭刘邦的计划，因而也失去了一次全歼刘邦的机会。

次日清晨，刘邦率张良、樊哙等百余骑，依项伯之计亲自到项羽营中谢罪。项羽听说刘邦、张良至，便设宴相待，史称"鸿门宴"。席上，刘邦尽量讨好项羽，说：我和您共同努力攻秦，您在河北激战，我从河南进兵。实在没想到能先破秦入关，得以在此再见到将军。现在有人造谣挑拨，使您对我产生了误会。胸无城府的项羽竟老老实实地回答：这都是你的左司马曹无伤讲的。项羽这句话轻易地把为自己提供情报的人暴露了。但一向深谋远虑的范增可不像项羽那样毫无主张，他焉肯轻易放过送上门来的刘邦。席上，三次以玉玦暗示项羽下手，但项羽都"默然不应"，范增不死心，又叫来项羽三从弟项庄在宴前舞剑，以便趁机刺杀刘邦。项伯一眼看穿"项庄舞剑，意在沛公"的阴谋，于是亦拔剑起舞，并时时注意掩护"亲家"，使项庄无法下手。鸿门宴上顿时剑拔弩张，张良见势不妙，急至军门召来樊哙。樊哙立即带剑拥盾冲入，面对项羽昂然而立，怒目相视。项羽见樊哙如此威勇，便赏他"卮酒一斗，生猪一块，樊哙捧酒一饮而尽"，又"拔剑切而食之"。项羽又问樊哙还能饮酒否？樊哙借题发挥："臣死且不避，一卮酒何足推辞！且沛公先入平定咸阳，露宿霸上，以待大王，大王今日至，听小人之言，与沛公有隙，臣恐天下因此分裂，心疑大王啊！"樊哙的勇敢机智进一步动摇了项羽杀刘邦的决心，他无言以对，只好请樊哙入座。刘邦见气氛稍缓和，即借口如厕离席，樊哙、张良也跟了出来，刘邦想走又觉得还没有告辞，礼节上有些欠缺。樊哙又一次表现了他的明达与果断，说："干大事不拘小节，讲求大节不避小的责备，如今人家正是菜刀和砧板，我们是被宰割的鱼和肉，还告辞干什么！"于是留下张良善后，刘邦在樊哙等四名亲信的保护下，如惊弓之鸟，抄小路赶回霸上军营。张良估计刘邦赶回营中，才进去向项羽道歉说："沛公酒喝多了，不能亲来辞行。叫我献上白璧一对，敬赠大王（项羽），玉斗一双，敬赠大将军（范增）。"项羽见事已至此，无可奈何，只得接受白璧。范增则气愤地将玉斗击碎，并叹道："唉！这班小子无法跟他们图谋大事，夺取项王天下的人，必定是沛公。我们这些人就要成为他的俘虏了！"

不错，范增看得很准确：后来能与项王角逐的确实是沛公。然而，面对有"妇人之仁"、缺谋寡断却又刚愎自用的项羽，范增除了叹息，又能如何呢?

◇分封限制，欲保霸主地位

鸿门宴后数日，实力强大的项羽视据军于霸上的刘邦于无物，率兵入咸阳，杀掉已经投降的秦王子婴，纵兵大肆抢掠财物和妇女，然后放火烧毁秦宫，"火三月不灭"，项羽的这一野蛮行径，后果是严重的，姑且不论这一场大火将劳动人民创造的无数宝贵的物质财富和艺术珍品毁之一炬，就从项羽的烧、杀本身来说也是一个大失策，它使秦民大失所望，必然会进一步引起关中人民对他的敌视，从而埋下了项羽日后失败的种子。

把咸阳烧成一片废墟，表明目光短浅的项羽显然没有准备在关中立足，他拒绝了在"阻山河四塞，地肥饶，可都以霸"的关中建都的正确建议而急于归江东耀武扬威，他认为："富贵不归故乡，如衣绣夜行，谁知之者?"为达成回故乡光宗耀祖的目的，项羽决意恢复秦统一前割据的局面，分封诸侯，割地自据。但如何分封呢? 汉元年（前206）春，项羽派人向当时还是各路义军名义上的首领怀王请示，得到的答复是"如约"，即照原来"先入关中者王"的约定办事。这当然不能为傲慢跋扈的项羽接受。他凭自己拥有的强大兵力和联军统帅的身份，在鸿门召集诸侯将领，发号施令，虚尊怀王为"义帝"，以郴（今湖南郴州）为帝都，随后又密令英布、吴芮等在其迁走的途中将其杀害。同时，项羽自立为"西楚霸王"，定都彭城（今江苏徐州），又分封了其余十八个诸侯王。他蓄意要把刘邦逐出关中，但又不愿公开承担"负约"的罪名，便依范增的计谋，将刘邦封至"蜀道难，难于上青天"的巴蜀及汉中，都南郑（今陕西汉中市），为汉王，并强调说"巴蜀亦关中地也"。项羽这样做的目的显然是为了调虎离山，以防刘邦势力坐大。对此，他还不放心，又把秦的三个降将章邯、司马欣、董翳封在关中，以阻止刘邦的汉军东进。

鸿门斗智，表面看来，似乎刘邦失败项羽得势，实际上，真正的失败者应是项羽。当时，项羽本可以凭楚军强大的实力，挟巨鹿大战后的余威，借联军统帅的名义，一举荡平包括刘邦在内的所有敌手，统一全国，开创帝王之业，然刚愎自用，有"妇人之仁"的项羽，偏又"名"令智昏，急着要回故乡光宗耀祖，以致一次次失去消灭最强敌手，一统江山的大好机会。刘邦则深知实力不够，鸿门斗智，委曲求全，避免了灭顶之灾，保存了日后与项羽争夺天下的基本力量，是实际的胜者。

韬光养晦，还定三秦

违背先前的约定，封至偏僻的巴蜀及汉中为汉王，这实际上是项羽对刘邦的贬谪和限制。刘邦对此恼怒异常，曾几乎失去理智，准备立即同项羽拼命，以泄一时之愤，幸得萧何晓以利害，极力劝阻，才不得不接受既成事实。刘邦不是安于做汉中王的那种人，志向在于夺取天下。重返关中，才是他实现志向的基点，这一步难度甚大，就靠智慧和机遇了。

◇火烧栈道，示无还心

夺取天下，重返关中，首先必须消除项羽的疑虑，即要使项羽感觉刘邦无东向争天下之意。刘邦的谋臣张良以一个政治家的敏锐，军事家的洞察力，一眼看穿项羽封刘邦到巴蜀为汉王的用心，他建议刘邦将计就计，西进巴蜀。当时进军巴蜀十分艰难，唯有栈道通往。张良劝刘邦"烧绝所过栈道，示天下无还心，以固项王意"，张良计谋的实质是：巴蜀虽是僻壤之地，但成都平原有沃野千里，物产丰富，军粮充足，可以养精蓄锐，加之地势险峻，进可攻，退可守，而且秦灭之后，东方各诸侯国又多复起，拥兵自雄，它们是项羽称霸的肉中刺，项羽必铲除而后安。汉军入蜀既可在实力悬殊的情况下暂避如日中天的楚军锋锐，以求得生存，又可麻痹项羽，让楚军无西患之虑，只顾东向拼杀，待其鹬蚌相争之机，坐享渔翁之利。而且烧掉栈道除可以麻痹项王，表示汉王刘邦没有再进关中的打算外，还可以断绝追兵或防止外敌来攻。

　　然而，这种深谋远虑的将计就计的策略，士兵不知其所以。汉军将士多数是随刘邦起义于沛的东方人，他们心里认为这次西进巴蜀，且又烧毁栈道，只好老死在那里了。因此，汉军士兵牵衣顿足，阻力甚大。可幸的是刘邦深明其理，已下定决心，严明军法，向巴蜀进军。

　　刘邦率军西进的同时，派遣张良游说项羽，向项羽表明"汉王烧绝栈道，无还心矣"。项羽虽有范增那样的谋士，但未能识破张良将计就计之意。

　　俗话说"惹不起躲得起"，意思是说人在实力不如别人的时候，不得不低头退让。但对此情况，不同的人会采取不同的态度：韬光养晦者将此当作磨炼自己的机会，借以取得休养生息的时间，以图积蓄力量，东山再起。平庸无谋者，往往将此当作是事业的尽头，或是逞匹夫之勇，图一时痛快，或是怨天尤人，萎靡不振。刘邦选定前者，韬光养晦，待机而动，力量日益强大起来。

◇ 韩信《汉中对》

　　在汉中养精蓄锐的过程中，刘邦在谋臣萧何的帮助下，得到并重用了一位对以后楚汉战争胜负有决定性影响的杰出军事将领——韩信。韩信曾在项羽营中任郎中，他多次献策，但均未被重用。当刘邦由关中入蜀时，韩信弃楚投汉，但汉王仅让他做了个接待宾客的连敖，仍未被重用。后来因军中的犯法事件受牵连被定为死罪。行刑时，同案犯法的十三人皆已斩首，就要轮到韩信时，恰巧遇到滕公夏侯婴，韩信便急中生智大叫："汉王不是想取得天下吗？为什么要斩壮士？"夏侯婴听了很诧异，见其气貌不凡，便把他释放了。

　　经过交谈，夏侯婴很赏识韩信，就把他推荐给刘邦，而且萧何也多次在刘邦面前推荐韩信，但刘邦都不以为然，没有重用韩信。韩信见自己满腹才能得不到重用，便同一些汉兵一样也寻机逃走。萧何听说韩信逃走，来不及报告就连夜亲自去追赶，有人不知内情，便向刘邦报告萧何也逃走了。刘邦很是生气，犹如失去了左右手一样一筹莫展。过了两天，萧何回来了，刘邦一见，又喜又怒，责问萧何为什么要逃走？萧何解释说他是去追逃跑的韩信。堂堂的汉王丞相竟亲自去追赶一个小小的逃兵，此时，刘邦方才意识到萧何这样做绝非一般。萧何乘机忠言相劝说：韩信是天下第一位人才，您如果愿意长住汉中，那倒用不着他。您要是还想争天下，除了韩信就再也找不到人商量大计了。刘邦见萧何如此推崇韩信，便接受了萧何的意见，一改过去"拜大将如呼小儿"的轻率做法，他选择良辰吉日，设坛集会，以隆重仪式拜韩信为大将，亲授将印，韩信终于受到重用。

封韩信为大将后，刘邦仍然半信半疑，他试探着问韩信：萧何数次推荐将军，将军有何远谋大略可向我讲？韩信没有立即正面回答刘邦的问话，而是反问道："大王志取天下，对手岂不是项王吗？"又接着说：论勇、悍、仁、强，您比得过项王吗？刘邦不得不老实回答"不如也"。就这样，韩信用几个直截了当的问题既抑制了刘邦的傲慢心理，又迫使刘邦清楚地认识到自己的弱点。之后，韩信简明透彻地分析了刘、项各自的优劣，继而向刘邦提出变劣势为优势的谋略。在著名的《汉中对》中，他对刘邦分析说：

"我也同意您上面的看法，总的来说，项羽的力量比您强，但是具体地分析，项羽也有很多弱点：项羽个人勇敢善战，是一个叱咤风云的人物，但不善于任用良将，所以虽然一个人可以顶千人，但只是匹夫之勇，此是其一。其二，项羽对部下比较关心和尊敬，说话也和和气气，但是对有功的部下，应该封赏爵位的时候，却很悭吝；刻好的印玺，在手中棱角磨圆了也舍不得给别人，这不过是妇人之仁。其三，项羽虽自封为楚霸王，号令天下诸侯，但他违背了怀王'先入关中王之'的约定，分封亲信，诸侯多怨。其四，项羽为人残暴，军纪败坏，所到之处烧杀抢掠，老百姓都痛恨他，他虽为霸王，但民心不服，得不到百姓支持，因而绝不可能维持长久。其五，项羽在关中分封的三个王，都是秦的降将，他们曾杀害过很多反秦的人民，投降项羽后，部下的二十万降卒，又被项羽活埋了，他们出卖部下而被封为王，关中的人民对这三个人早已恨之入骨。相比之下，您率军进入关中后，纪律严明，没有骚扰百姓，还废除了秦的苛法，与民约法三章，所以得到了关中人民的拥护。本来您应当做关中王，这是百姓都知道的事，项羽却让您做了汉中王，关中的百姓对此也很不满意。因此，项羽目前虽貌似强大，但不能'任贤属将'，大失民心，必将不战自削。如果您能针对项羽的弱点，反其道而行之，重用天下的勇士，什么强大之敌不能被消灭呢？如果再把所取城邑分封给功臣，有谁不为您效力？如果再率仁义之师，利用东方将士思家之心而东征；再强的敌人也会被您打得一败涂地的。"

韩信透过军事的实力、从人心向背方面分析了刘、项双方的优势和短处，并提出扬长避短，充分发挥自己的长处，变弱为强的具体办法。一言而定天下事，充分体现了韩信的政治洞察力和军事才能。刘邦听后大喜，自恨得韩信太晚。于是，从其计筹划东征。

◇明修栈道，暗度陈仓

项羽分封诸侯王使秦统一前的割据局面又重现，这是一次历史的倒退，而且更为主要的是在当时的情况下对自身造成了不可估量的消极后果。首先，他的分封之举是自毁藩篱，将业已形成的强大力量自行瓦解，各诸侯受封就国后，所关心的是如何保持其既得利益和如何发展壮大自己的实力，他们不再关心霸王的利益，也不再听从其调派指挥了，使项羽失去了控制诸侯的权力。其次，项羽的分封是按照亲疏和利害为标准进行的，他厚封亲信，排挤异己，结果项羽"为天下宰不平"的怨声四起，从而埋下纷争的隐患。因此，项羽通过分封所建立的统治秩序根本不可能维持下去。汉元年（前206）五月，本应封王却因与项羽不和而未封的田荣起兵赶走齐王田都，自立为齐王，接着，不满项羽分封的彭越、陈余悉反，项羽急忙发兵东进平叛。

当项羽无暇西顾之际，在汉中待机而动的刘邦正打算乘隙东进。刘邦东进的第一道障碍就是关中"三秦王"，如果贸然东进，势必遭"三秦王"的拼命抵抗。这样一来既会损兵折将，又会拖延时间，再若让项羽平定东方的叛乱后面调头西进，其结果都是不堪设想的。于是，韩信向刘邦献了一条"明修栈道，暗度陈仓"的计谋。刘邦按计行事，一面派兵卒大张旗鼓地修理被烧毁的栈道，以麻痹三秦王，同时暗地里率领大军绕道陈仓（今陕西宝鸡市东）进入关中。章邯得知一些汉兵在修栈道，笑着说："那么长的栈道，烧毁它是很容易的，现在要修好它就难了，这么几个汉兵怎能济事？"然而，八月中旬，汉兵如从天而降，突然出现在陈仓，"三秦王"慌了手脚。汉军一举击溃了雍王章邯，兵至咸阳。接着趁势向东、向北进击，塞王欣、翟王翳望风而降。项羽所封秦地三王遂被汉军击灭，关中之地几乎全部为刘邦占有。正在东方与诸侯鏖战的项羽，闻关中失守，心急如焚，忙派故吴令郑昌拒汉。在韩地的张良闻讯急忙向项羽上书为刘邦解脱，说刘邦的目的无非是想做关中王，现在目的已达到，绝不敢再向东进兵。又特意给项羽送去田荣、彭越"欲与赵并灭楚"的书信。项羽经张良的迷惑，加之齐地田荣未定，他无心西顾，只好任其发展。

刘邦抓住田荣反楚的机会，采取突然行动，迅速夺取关中，为其日后的帝业奠定了坚实的基础。而项羽对刘邦当时的实力和关中三秦王不足以阻止刘邦东出这一点，似乎估计得不足，这在战略准备上已先输一着，特别是当刘邦夺占关中后继续东进的企图已经很明显时，仍未能引起足够的重视，没有抓住刘邦进攻三秦的口实，调整主攻方向，以致再一次失去了扼杀刘邦势力的机会。

◇定都栎阳，志在关东

刘邦在关中立定脚跟以后，迅速巩固基地，建立和健全汉政权的组织机构，为与项羽的楚军直接作战做好准备。

公元前205年10月，刘邦将栎阳定为国都，这里是由关中东出函谷关的战略要地。汉建都于此，反映了其旨不在于"王关中"，而是把战略目标放在关东的广大地区。此后，刘邦又发布一系列瓦解敌军、稳定根据地的政令。如1. 宣布率一万人或一郡来降者，封万户；2. 开放故秦园囿池苑让民耕地；3. 蜀汉民由于军役负担较重，免除二年租税，关中从军的士兵，免除其家一年负担；4. 大赦罪人。以上政令的颁布，实施，使刘邦的汉政权更得到关中人民的拥护。

在政权建设的同时，刘邦继续向东、西、北三个方向出击。公元前205年10月，刘邦派兵占令陇西，同时进攻北地，又亲自率兵至陕（今河南陕县），招抚项羽所封的河南王申阳投降，还利用韩国旧王族的内部矛盾，命韩襄王之孙信以武力迫使项羽所封之韩王郑昌投降，并封信为韩王。

　　刘邦在进袭三秦成功后的几个月里，不论是在政治上还是在军事上都取得了显著的成就，为东进与项羽逐鹿中原做了重要的准备。

正面守势，斗智不斗力

刘邦在关中稳定下来以后，打算与项羽争天下。项羽为霸王，刘邦只是一封国之王，地位悬殊，实力薄弱，不是项羽的对手。不能与项羽硬拼，斗智不斗力是刘邦最明智的选择。

◇为义帝发丧，联盟伐楚

当刘邦在关中巩固其根据地的时候，项羽却在东方以暴自绝。汉二年（前205）冬十月，项羽派人逼杀义帝，终于将可用以号召各路诸侯的傀儡偶像也抛弃了，这更加速了项羽大分封的分裂。汉二年（前205）正月，项羽打败田荣后，在田荣所占故地坑杀降卒、烧毁城郭、掳掠妇女，从而激起当地人民的强烈反抗。其中田荣之弟田横收拢齐散兵万人，在阳城与项羽军顽强对抗，使项羽军陷入齐人抗战的泥沼之中而不得脱身。

汉二年（前205）三月，刘邦趁项羽军被牵制在东方之机，率兵大举东进，从临晋渡河，以锐不可当的攻势，先后迫使魏王豹和殷王司马印投降。项羽不反省自己对刘邦东出估计不足的失误，反而归罪于平定殷地和荐举殷王的将吏，项羽身边的重要谋士陈平因此觉得项羽不能成大事，又恐被诛，便派人归还项王赐予的黄金和官印而投奔刘邦。刘邦经与陈平交谈后，知他是个人才，便立即授予都尉官职，并让他当陪乘官，特意加以笼络。

汉军东进不断获胜，在短时间内占领了今河南、山西中南部的广大地区，并把这些地区的分封体制改为郡县，以便直接控制。之后，汉军继续进军到达洛阳新城，三老董公向刘邦献策道："臣听说'顺德者昌，逆德者亡'，'兵出无名，其事不成'。所以说：'揭露敌人的罪恶，敌人才可征服。'项羽素来无道，逐放并谋杀其君主义帝，是天下的逆贼。仁爱不靠武勇，正义不靠暴力，让三军都为义帝穿上孝服，告谕诸侯，为义帝被杀而东讨逆贼，四海之内莫不仰戴您的德行。这是效法夏、商、周三王的义举啊。"意思是要刘邦以项羽杀楚怀王为口实，置项羽于不义的被动地位，然后大张旗鼓地举行"正义"的讨伐。刘邦觉得这一计策可行，便马上下令公开为义帝发丧，他自己则脱衣袒臂，装腔作势地号啕大哭，临哀三日，其伤悲之情不亚于死了他自己的亲老子。同时，刘邦又派出使者出使各诸侯王国，号召各路诸侯王出兵讨伐，宣称："寡人亲自为义帝发丧，诸侯也都应该穿白戴素。寡人将出动关中全部军队，聚集河南、河东、河内三郡的士兵，向南沿长江、汉水而下，希望与各诸侯王一起去攻打楚国那个杀害义帝的罪人！"这样，刘邦打着"讨逆"的旗帜，在政治上争得了主动，从而为向项羽的开战找到一个堂而皇之的理由并创造了有利条件。

与此同时，项羽的专横暴戾使得众叛亲离，许多人叛楚归汉。先后集聚到刘邦周围的有陈余、彭越等武将，还有一半以上的诸侯王归顺了刘邦。其中，在争取陈余的过程中，刘邦颇费心机，使了一个"移花接木"之计才收服了陈余。原来刘邦派人联络陈余共同击楚，但陈余对已投靠刘邦的宿敌张耳仇恨未消，提出"汉杀张耳乃从"的条件，刘邦当然不能在大敌当前时干这种背信弃义的事情，但为了笼络陈余，刘邦便好不容易找到一个貌似张耳的人，斩其首送给陈余，陈余果然中计，遂派兵助汉攻楚。

以上现象表明，形势是朝着有利于汉军方面发展的。公元前205年4月，刘邦率五路诸侯联兵共五十六万人，乘项羽主力被牵制于齐地而不得脱身之机，一举攻占了项羽的老巢彭城。

刘邦轻易获胜，使他忘记楚、汉两军实力悬殊，楚军的兵员和战斗力远远超过汉军的实际情况。因此，入彭城后，刘邦的"好酒及色"的本性又膨胀起来，只顾收罗宫中财宝和美女，寻欢作乐，沉醉于胜利之中。轻敌、麻痹、斗志松懈的气氛笼罩整个部队，如此骄兵岂能不败。

当刘邦陶醉于彭城之际，项羽见都城陷落，决心洗耻雪辱，亲率精兵三万从鲁南下，与汉军激战于彭城，楚军复仇心切，越战越勇，半天时间内不仅收复彭城而且将汉军的一部分追逼到彭城东北的泗水，使汉军前有水阻，后有追兵，淹死、战死十余万，另一部分汉军随刘邦向南撤退，楚军又追至睢水，使汉军处于绝境，十余万汉军或被斩杀或挤落水中，一时间竟使"睢水为之不流"。刘邦的主力全军覆没，仅以数十骑乘大风突围西逃。当时其妻吕雉之兄在下邑驻兵，刘邦至此获救，并在这里收拾余众，整顿兵马，略事喘息后西归至荥阳。

彭城之役，刘邦的胜利如昙花一现，顷刻之间落得大败，其主要原因首先是刘邦进袭彭城后，以为项羽的根据地已破，项羽失去凭借，却不知项羽力量的重心在其所率的军队，而不在彭城，若不能击灭项羽的军队，就不能决定最后的胜利；其次是刘邦入彭城后满足于眼前的胜利，恣意享乐，放松戒备，他没想到联军部队虽多，却都是临时凑合而成，政治态度亦不坚定，多是一些见风使舵的政治投机之辈，战斗力不强。一遇勇猛善战，报仇心切的楚军回师反击，便一触即溃，遭到歼灭性的打击。

◇正面坚守，斗智不斗力

彭城惨败后，刘邦面临的形势极为严峻：原先弃楚附汉的诸侯王见汉军惨败，不少人又纷纷降楚，与楚联合击汉，此时的项羽已逐渐认识到刘邦是其主要对手，因此，他决定不给刘邦喘息的时间，亲率大军追击至荥阳。楚军强大，汉军势单力薄，刘邦的处境岌岌可危。

为了扭转危局，刘邦问计张良："我打算将函谷关以东的一些地方作为封赏，谁可以与我一起建功立业呢？"他企图以出让关东地区来争取反楚势力，联合对付楚军。张良向他献策："九江王英布，楚枭将，与项王有矛盾，彭越与齐王田荣反梁地，此两人可急使。而汉王之将独韩信可属大事，当一面。即欲捐之，捐之此三人，则楚可破也。"也就是建议刘邦，争取英布、田荣、彭越，重用韩信，从各方面结成反楚的联合力量。刘邦采纳了张良的献策，他以所剩全部兵力，在荥阳、成皋一线，扼守险要，深沟高垒，进行持久防御，以争取时间发展自己，消耗对方，待机再战。这样，汉军逐步形成了一个正面坚守，敌后扰袭和南北两翼牵制的战略格局。其具体部署是：刘邦亲率汉军主力在正面坚守成皋、荥阳地区，阻遏项羽的攻势；在敌后令彭越在梁地积极活动，牵制和疲困楚军；在北方，命韩信率一部分兵力，逐次歼灭黄河以北的割据势力，向楚军侧背发展；在南方，争取九江王英布，使其进攻楚军侧背，从南面牵制楚军；在后方，命萧何坐镇关中，做好支前工作，保障汉军的粮草供给和兵力补充。

正是依靠这一正确的战略部署，刘邦的荥阳、成皋防线在兵微将寡的劣势下苦苦支撑了近一年之久。然项羽这次对刘邦的关中地区是志在必得。公元前204年初，项羽大举攻击荥阳，并派骑兵数次切断汉军运粮的通道，使汉军在补给上多次发生困难。刘邦为了缓兵，请求议和，提出"割荥阳以西者为汉，以东者为楚"。项羽的谋臣范增马上劝谏项羽"汉军并不难战胜，今不把它彻底战败，将悔之晚矣"。项羽遂拒绝议和，攻势愈益加强。刘邦见缓兵之计不能得逞，便向部属征求破楚策略。郦食其建议立六国的后人以分楚势这一危险的主张，幸而被张良谏阻。深谙楚军内情的陈平认为项羽的得力将相不过范增、钟离昧、龙且、周殷数人，而且项羽为人"意忌信谗，必内相诛"，如进行离间，再继以军事进攻，定能破楚。刘邦采纳了陈平的计谋，给他黄金四万斤，令其实施反间计。陈平先以重金收买楚军内部官兵，让他们散布谣言："楚将钟离昧、龙且、周殷等作为项王的将领，功劳多，然而始终不能划地封王，他们打算跟汉王联合，以灭项氏，瓜分楚国的土地而各自为王。"项羽果然产生疑心，不再信任钟离昧等。为离间项羽的重要谋臣范增，刘邦大动脑筋。一次，项羽的使者见刘邦，刘邦依陈平之计设丰宴招待，当使者赴宴时，刘邦故意表现十分惊异："我以为贵使是亚夫（范增）所遣，不料是项王所派。"于是将丰宴撤去，改换粗茶淡饭，使者回去后，将此事汇报项羽，项羽怀疑范增与刘邦暗中勾结，因而稍夺其权柄，范增察觉到这种情况后大怒，随即辞职还乡，未至彭城便因背上发疽病而死在途中。

刘邦的反间计，虽使项羽丧失了不少重要的文臣武将，但这并未从根本上改变汉军的劣势，在楚军步步紧逼的强大攻势下，汉三年（前204）五月，荥阳危在旦夕，汉将纪信对刘邦说："情况万分危急了，请允许我假扮汉王您投降，您寻找机会逃走。"刘邦依计而行，当夜深人静时，荥阳城东门突然大开，两千多名妇女从城门一拥而出，盛大的仪仗队紧随其后，其中一辆车上悬挂着"汉王刘邦"的旗帜。有人喊道：城里没粮，汉王投降了。围城的楚军大为欢喜，都跑到东门来看汉王投降。此刻，西城门却悄悄打开，刘邦乘机带上几十名轻骑从西门溜走，逃回关中。

刘邦逃回关中后，收集关中兵马，想再次东出与楚军争夺荥阳。谋士袁生认为这不是善策，便向刘邦献计：汉军与楚军在荥阳相拒数载，汉军常遭危困，希望大王东出武关，从南面出击，项羽必然引兵向南。大王深筑壁垒不与他作战。这样，可使荥阳、成皋间的紧张形势得到缓解，同时也可让韩信平定赵地和联结燕齐。之后，大王再杀回荥阳。这样，楚军所要防备之地增多，力量必然分散，汉军却得到休息，再与之交战，一定能打败楚军。刘邦采纳了这一意见，率兵东出武关，进至宛、叶之间，果然调动项羽军南下。这时，彭越的部队正在黄河沿岸积极活动，绝楚粮道，后受刘邦之命破下邳，威胁楚都彭城。楚军后方遭此严重威胁，使项羽不得不掉过头来反击彭越，刘邦遂乘机北上夺回成皋。

项羽东进击退彭越之敌，解除后方威胁后，于六月回师西线，竭其全力又攻破荥阳、成皋。刘邦与夏侯婴从成皋逃出，北渡黄河至韩信、张耳驻兵地，即小修武，突入其营，收回二人的兵权，接管了这支部队，并调这支军队增援前线阻止楚军继续西进。与此同时，刘邦听从郎中郑忠建议，进一步避免正面与楚作战，采用从后方和侧翼打击敌人的策略。刘邦派刘贾、卢绾率两万人马从白马津（今河南滑县北）渡河，深入楚地与彭越配合，焚烧楚军积贮、断其粮道，骚扰楚军后方，彭越又连拔睢阳、外黄等十七城，使楚后方遭到极大损失，造成严重混乱。项羽不得不停止西方战场的攻势，留下大将曹咎和司马欣共守成皋，自己再次率军东攻彭越。临行前，项羽指示二人："汉王来挑战，慎勿与战，不要让他们往东即可。我十五日必能平定彭越，还军此处。"项羽东进虽击退彭越，将十七城收复，但未能消灭彭越的游击军。这支军队仍在梁、楚间进行游击战争，一直威胁着楚后方。

由于曹咎、司马欣死守成皋，成皋难以攻拔，刘邦想弃成皋，屯守巩县、洛阳。谋士郦食其深知成皋、敖仓地位重要，他对刘邦说："做帝王的人以民为天，而民以食为天。敖仓是天下粮食的转输中心，其藏粟甚多。项羽攻克荥阳后，不派重兵坚守敖仓，却引兵向东，只派部分兵力扼守成皋，这真是上天在资助我们。现在留在这里的楚军很容易击破，大王却想放弃进攻的机会，实在是不明智。况且两雄不俱立，楚汉长期相持不决，百姓骚动，海内动荡，农夫不种田了，农妇不织布了，就是因为天下归谁所有尚未确定，希望大王立即进兵，收取荥阳，控制住敖仓的粮食，阻塞住成皋的险要，然后夺占飞狐口，扼守白马津，向各地诸侯显示我们所据的战略形势，让他们知道天下应该归谁。"刘邦认为他讲得很有道理，于汉四年（前203）十月，指挥汉军乘楚军东调、兵力薄弱之机，再度反攻成皋。曹咎最初牢记项羽的告诫，坚守不出，于是汉军派人到阵前百般辱骂曹咎，一连几天，骂得曹咎暴怒，遂丧失理智，领兵横渡汜水出战，这正中汉军的"以怒误敌"之计。楚军刚渡过一半，汉军立即发起进攻，大败楚军，曹咎和司马欣均自刎身亡，汉军再次收复成皋，乘胜推进至广武（荥阳西北），并包围楚将钟离眛于荥阳以东，后占领"藏粟甚多"的敖仓。

项羽听到成皋再次失守，急忙回师救援。汉军依据险要地形，坚守不战，两军相持不下。加上敖仓已落入汉军之手，楚军后方常有汉军同盟的威胁，其粮道又不断被袭击，项羽急于求战，但汉军却避而不战。项羽急中生智，将囚禁的刘邦生父太公置于阵前，向刘邦宣告："若不投降，我就把你的父亲煮了。"刘邦则成竹在胸，毫不犹豫地回答道："我们俩曾经结拜为兄弟，我爸爸就是你爸爸，你若真要把你爸爸煮了，请把肉汤分一杯给我喝。"项羽见此策仍不能激刘邦与之决战，只好依项伯之议将太公押了下去。后来，项羽又向刘邦说："愿与汉王挑战决雌雄。"刘邦笑着回答："吾宁斗智，不能斗力。"并在阵前历数项羽"十大罪状"，以涣散其军心士气，项羽大怒，伏弩齐发，一箭正中刘邦胸口。刘邦倒也机警，恐怕自己内部军心动摇，便弯腰摸脚趾说：狗强盗射伤我的脚趾了。刘邦退回营中养伤，张良请他忍痛到各部巡视慰劳以定军心。

项羽欲战不得，欲退不能，与汉军僵持在广武，这时彭越的游军又不断袭扰楚军的后方，汉四年（前203）八月，楚军粮尽，而且韩信破齐后将向楚地进攻。项羽感到形势严重，被迫与刘邦订立和约，划鸿沟为界，"中分天下"，以西属汉，以东属楚。

刘邦在广武、成皋的全局战争中，及时采纳郦食其、张良、袁生等人的建议，根据战局的发展变化，制定出正面避免同楚军交战，而在侧翼削弱敌军的战略方针。事实证明，这一战略的变化是正确的。它首先保住了荥阳、成皋这一战略要地，护卫了战略后方关中和巴蜀，使汉军能在人力物力上获得源源不断的补充，有利于持久战争。其次，使强大的楚军陷入多面作战，疲于奔命的困境，而使汉军得到休整和发展。反观项羽则既不能知人善任、团结内部，又不善于争取、利用同盟力量，而且又不注意战略基地的建立和巩固，在作战指导上，缺乏战略头脑，没有通盘考虑，没有主要的打击方向，只知道东奔西跑，穷于应付，虽打了一些胜仗，但在战略上是失策的，致使楚军日益成为强弩之末，战斗力不断削弱。

汉军战略的变化和楚军的失策，使楚汉双方的力量对比终于发生根本转变。

战略包抄，出奇制胜

楚汉两军主力在荥阳、成皋一带相持争夺战阶段，如何从根本上使汉军由劣势转为优势，由被动转为主动至关重要。韩信的自北而东的战略大包抄起了重要作用。

◇临晋设疑，偷渡夏阳

如前所述，刘邦在荥阳、成皋一线苦苦支撑的时候，为缓解正面坚守的压力，遂派韩信率一部分兵力攻占黄河北部及齐鲁地区，绕到楚军背后，实行战略大包抄。

韩信北征的第一个对象是魏王豹。魏王豹是一个见风使舵的政治投机之辈。彭城战役之前，他背楚附汉；刘邦在彭城遭惨败后，他又借口回去探望父病，叛汉附楚。魏王豹控制的地区在今山西南部，西进可以威胁关中，南下可以截断汉军粮道，造成与楚军夹击荥阳之势。为了拔除侧背的这根芒刺，稳定和巩固荥阳前线，刘邦先礼后兵，初派郦食其劝降，结果无效，便以韩信、曹参、灌婴为将，举兵讨伐。汉二年（前205）八月，魏王豹得知汉军即将进攻的消息，立即派重兵扼守黄河东岸的战略要地蒲板（今山西永济市蒲州），企图阻止汉军渡河攻魏。韩信分析敌情，认为如果强行渡河，魏军必以逸待劳，利用有利地形，居高临下，将乘汉军渡黄河之机发起攻击；若长期相持下去对处于劣势，长途远征的汉军就更是不利。在这危难时刻，韩信根据敌我双方的战略处势，制定了速战速决的策略，决心奇袭魏军。表面上，在黄河渡口临晋集结兵力，旌旗招展，搜罗船只，摆出一副要从此渡河决战的架势，暗中却在临晋之北的夏阳隐蔽主力，砍木造筏，以木罂瓶代舟，顺利地渡过了黄河，并迅速攻占了魏地重镇安邑（今山西运城东）。正在密切注视临晋汉军的魏王豹，听说安邑被占，目瞪口呆，仓皇迎战，结果惨败，魏王豹也被生擒，魏地遂被韩信平定。

接着，韩信乘胜攻破代国，活捉代相夏说，随后，韩信把收编的魏、代降卒补充到荥阳防线，从而有力地增强了刘邦正面防守战线的力量。

韩信凭破魏之战、临晋设疑、阳夏偷渡等策略达到速战速决的目的，在我国古代战争史上创造了声东击西、避实击虚的成功范例。

◇背水列阵，以弱胜强

击灭魏、代后，黄河北岸还有赵、燕以及东面齐地的田齐等几个割据势力，他们虽表面上都投靠项羽，但实际上各自据地自保，互不援助。韩信针对其弱点，向刘邦提出了北举燕、赵，东击齐，南绝楚之粮道，西与大王会于荥阳的战略包围计划。刘邦同意了韩信的这一计划，给他增兵三万，并派熟悉河北情况的张耳去辅助他。

汉三年（前204）初，韩信、张耳率数万汉军击赵。赵王歇，赵相陈余得知汉军来攻，便集结二十万大军于险隘之地的井陉口（今河北井陉），修筑工事，严阵以待。谋臣李左车向陈余献策："韩信横渡黄河，俘虏魏王豹，活捉代相夏说，今又企图长驱进攻赵国，其乘胜进击，势不可当。但我听说千里运送军粮，军队便难免会饿得面黄肌瘦。井陉口道路狭窄，战车不能并行，骑兵不能成列，汉军一定有粮车跟在队伍的后面，请允许我带三万精兵，从小道截击其运粮车辆，你则利用深沟高垒，坚守不战，他们前进没有作战的机会，后退没有回去的道路，加上军粮断绝，不出几天就可以被消灭。"可笑陈余一介儒生，本不懂军事，却偏要恪守什么"义兵不用诈谋奇计"的迂腐信条，并颇自负地说道："一兵法上说，我军十倍于敌军就围攻他们，两倍于他们，就同他们决战。现在韩信号称几万人，其实不过几千人。他不远千里来攻我，已经极度疲劳。面对这样的弱兵都避而不击，若遇上强大的敌人，又用什么办法对付呢？我不能让其他诸侯说我胆怯，从此随便来侵犯赵国。"遂把李左车的良计拒之门外。

韩信派出的密探侦知陈余不采纳李左车的计谋，遂飞报韩信。韩信、张耳得知此消息甚为高兴，更增强了战败赵国的信心。于是率大军迅速进发，在距井陉口三十里处驻扎下来。半夜时分，韩信选轻骑二千人，每人带一面汉旗，命令他们从小路迂回到赵军大营侧翼隐蔽待命，并对这些士卒说：明天我将与赵军交战，双方厮杀一阵，我军佯退。赵军见我军退却，就一定会倾巢出动，追杀我军。那时你们就迅速袭占赵军阵营，拔掉赵军的军旗，插上我们的旗帜。吩咐完后，让部队吃点便饭，并把握十足地宣布：今日破赵会餐。这些将士受命而去。接着韩信又派一万人先出隘路，在绵蔓水东岸背水列阵，其余部队则整队待发。赵军见汉军背水列阵，错以为汉军自置死地，而盲目讥笑汉军。拂晓时分，韩信亲率大军至井陉口诱敌，他对部下说："赵军已占据有利地形，如果没有见到我的帅旗，是不肯出战的，唯恐我军主力撤退。"于是，韩信令竖起帅旗，鸣鼓向赵军杀去。赵军见汉军主力出战，认为决战时刻已到，迅速出击，杀向汉军。经过一番激战，汉军便丢弃战鼓，扔掉军旗，佯作败逃，向其背水阵中退去。赵军将领陈余见汉军败退，大悦，以为活捉韩信、张耳的时刻到了，便倾巢出动，向汉军追去。

汉军退至背水阵中，与先行布阵的军队相会合，将士们认识到背有河水，再无退路，要想活命，只有向前冲杀。因此，汉军将士无不以一当十，以十胜百，赵军死伤惨重。此时，韩信预先所派的两千骑兵驰入赵军空营，尽数拔去赵军的旗帜，换上汉军的旗帜。赵军久战韩信不胜，即欲退军，回头一看，原来自己的营垒尽是汉旗，顿时军心大乱，纷纷逃命。汉军前后夹击，大获全胜，陈余被当场击毙，赵王歇亦被活捉。

战斗结束，将士饱餐言欢，人们思索：为什么占据天时地利的二十万赵军竟为不远千里来袭的数万汉军所败？而且主帅韩信用兵异常，于是有的将士向韩信发问："兵书上写道，部队为阵要右，背靠山，左、前临水，而你却反其道而行之，背水为阵，是何道理？"韩信答道："你们看兵书，只知其一不知其二，君不见兵书上也写道，陷于死地而后生，置之死地而后存吗？我们的军队，新兵居多，平素无暇进行严格训练，战时难以指挥。作战一旦失利，必将溃逃不止。针对我军的实际，特以背水为阵，故意将他们置于死地，只有前进、不能后退，因而才发挥出战场上的威力。"众将士听后，恍然大悟，无不对韩信的军事才能钦佩不已。

韩信苦读兵书，并能灵活地运用于实战之中，根据不同的客观情况，采取不同的谋略，真乃一位杰出的军事谋略家。韩信灭赵之战也再次体现了"兵无常形，以诡谲为道"的用兵精髓。

◇ "先声后实"，不战而敌屈

韩信在破赵战争之前早已探知李左车智谋过人，是个不可多得的人才。因此，在作战之前便下了悬赏活捉的命令。果然，战斗结束后便有将士将生擒的李左车送到韩信帐下，以取奖赏。韩信见到李左车，亲自给予解缚，并让其上座。韩信以师礼相见，虚心请教于李左车。

韩信向李左车说："我与张耳将军，攻魏破赵，想乘胜伐燕，然后攻齐，不知如何是好？望先生指教！"李左车客气了一番，见韩信确实是诚恳请教，便回答说："将军以智勇破魏，生擒魏王豹，又活捉代国相夏说，一天工夫就破赵军二十万于井陉，杀了陈余，活捉赵王歇，名扬海内，威震天下，大家都愿听从你的指挥，这是你的长处。但汉军长途行军，又连续作战，已非常疲惫，很难再进行大的战斗。如果你要用这疲惫不堪的军队，去攻打据城坚守的燕军，万一攻城不下，久暴师于外，粮草供应困难，岂不伤精挫锐。燕国征服不下，齐国更奋力抗争，与燕、齐久战不决，必然影响楚汉胜负的大局，此为将军之所短也。我听说善于用兵的人，不以自己的短去击敌人的长，而应以自己的长去击敌人的短处。"

韩信侧耳细听，连忙问道："以将军之见呢？"李左车说："从你现在的处境看，不如解甲休兵，在赵地收复人心，取得老百姓的支持，厚赏将士，以恢复部队的战斗力，并以一部分军队进驻燕国边境，佯作攻伐之势，然后派遣使者，持信一封，告诉燕国，汉军有战无不胜之势，攻无不克之勇，愿汉、燕免动干戈。燕国在汉军的威压面前，一定不敢反抗，会老老实实地归顺。燕国既降，齐闻讯心惊，很可能不战而降了。这就是兵法上说的先制造舆论，然后再采取实际行动的道理。"

韩信听了李左车的这些建议后，非常佩服。他马上按李左车的建议行事，取消了进攻燕国的计划，派使者去燕国劝降。燕见韩信陈兵于境，有随时进攻之势，果然宣布降汉。

为征服燕国，韩信不耻于求教手下的败将。这正是这位智者的高明之处和风度所在。同时，韩信采纳李左车的谋略，"先声而后实"，一方面"北首燕路"，虚张声势；另一方面"遣辩士奉咫尺之书，暴其所长于燕"，晓以利害，使用了攻心术，不发一兵一卒而下燕地，获得了极大的成功。

◇囊沙决堤，大破龙且军

韩信破赵并迫使燕国降顺后，刘邦便命令他向齐进攻，与此同时，又派郦食其去说服齐王田广降汉。韩信军还在途中，郦食其已说服了齐国。韩信得知齐王田广已降汉，便打算移军南下，与汉王会师击楚。而辩士蒯通对韩信说："将军受令击齐，而汉王又遣郦食其出使说齐，有让将军停止前进的命令吗？为何不进而止！郦食其是一儒生，仅凭三寸不烂之舌降齐七十余城。将军率数万大军，一年来攻下赵国五十余城，且任将军数年，劳苦功高，反而不如一个儒生之功乎？"韩信听了，觉得有道理，在妒忌心的驱使下，接受了他的意见，下令继续向齐国进军。由于郦食其的游说，齐王田广，守备松懈，韩信迅速攻入齐境，直至临淄城下，齐王田广见韩信兵至，以为郦食其有意欺诈，乃将郦食其处以烹刑，然后率兵逃往高密（在胶西），并派人向楚求援。项羽闻讯，即遣大将龙且率二十万大军，由南向北急行救齐。齐王田广也集合军队，准备对韩信进行南北夹击。此时有人向龙且献计："汉兵远斗穷战，一路取得胜利，不可与其当面交锋。齐、楚士卒皆在本地作战，稍有不利就会纷纷逃回自己的老家。现在最好的战法是坚守不战，让齐王派他的亲信到各地告知齐王安然而存，并说明楚国援军旦日即至。他们的精神受到鼓舞，就会起兵抵抗韩信。而韩信的军队奔波两千里，来到不熟悉的齐地，如果齐国各地都反抗，就很难保证粮饷的供应，不用打，他们就得投降。"龙且是一个刚愎自用的武夫，对这个计策很不以为然，他说："我平生了解韩信，此人不难对付，而且我是奉项王命令来救齐国的，如果不经过战斗就迫使韩信投降，我还谈得上有什么功劳？现在如果战而取胜，不但可以败韩信于齐，而且还可占领半个齐地，为什么要坚守不战呢！"于是龙且就在潍河的东岸摆开阵势，准备与在河西扎营的韩信决战。

此时，韩信腹背受敌，十分不利。韩信见龙且在河对岸摆了阵势，急中生智，下令将士连夜赶制万余条口袋，里面装满沙土，堵住潍河上游，下游的水就变浅了。然后派出部分人马，涉河攻击龙且，双方一经交战，汉军佯败而退。龙且更加傲气十足，他得意扬扬地对部下说："我早就知道韩信是一个胆小鬼，你们看，一交战他就要逃跑。"于是下令全军渡河，企图歼灭韩信于潍河对岸。谁知士卒渡水刚到河中间，汉军决开堤坝，大水汹涌而至，龙且的士卒大半没有渡过，韩信立即指挥军队回头掩杀，龙且阵亡。龙且在潍水东岸的军队也都溃散，齐王田广在逃跑中被俘。齐地遂全部被韩信占领。

"用兵打仗，讲究诡诈之术。故能而示之不能，用而示之不用，近而示之远，远而示之近……攻其无备，出其不意。此兵家取胜的奥秘，不可先传。"韩信破齐之战，在知己知彼的明智分析中，通过出奇的手段，将军事谋略的诡秘性、随机性、反常性充分体现出来，从而一举荡平齐地。

◇顺水推舟，笼络韩信

经过两年多的战争，汉军的军事实力和政治影响一天天增大，逐渐超过楚军。但其内部君臣之间也出现了一些矛盾，能否妥善处理好这些矛盾，此时已是影响乃至决定汉军能否取得最后胜利的重大因素。

韩信取得齐地后，自恃功大，就派人请求刘邦封他为"假王"。他借口说："齐国狡诈多变，反复无常，南边又靠近楚国，不设立代理国王来镇抚，其局势不能稳定。现今我的权力很小，不足以安定齐国，臣请自立为代理齐王。"当时刘邦与项羽正在荥阳一带苦战，刘邦看了信，知韩信是借机要挟，震怒异常，忍不住当着韩信的使者大骂："我被困在此，早晚盼他来帮我，现在他反而想自己称王！"张良和陈平听到刘邦骂韩信，怕造成韩信对刘邦的不满，就连忙偷偷地踩刘邦的脚，暗示他不要再骂，并悄悄在刘邦耳边说："现在我们正处于不利局面，能不让韩信当齐王吗？不如顺水推舟立韩信为齐王，妥善对待，否则要出大问题。"刘邦听了，立即醒悟过来，机警地改口继续骂韩信："大丈夫要当就当真王，何必要做个假王呢？"韩信的使者，一开始心里七上八下的，后来再听下去，才知道刘邦骂的是韩信还不够气魄，心里也就踏实了。随后，刘邦便派张良去封韩信为齐王。这样，便弄"假"成"真"了。

　　韩信攻占赵、燕、齐之后，雄踞一方，在楚汉之间的战争中，具有举足轻重的地位。刘邦"顺水推舟"，封韩信为齐王，既是出于无可奈何，更是为了争取他的支持而拉拢他，但这也埋下了日后刘邦杀韩信的种子。

奋勇追穷寇，霸王刎乌江

韩信取得齐地后，由北至东的大包抄战略形成，改变了汉军的被动劣势，两军的力量对比发生了变化。不过，也不可小视，楚军虽腹背受敌，其实力还是比较强的。楚、汉交战已久，都很疲惫，战局的走向，是中分天下以求和解，还是拼命一搏以求最后的胜利？这就要看双方统帅的战略眼光和战斗信心了。

◇四面楚歌的意义

楚、汉达成"中分天下"的协议后，项羽放回刘邦的父亲和妻子，便率兵东归，认为天下可从此太平，一心回彭城做西楚霸王去了。刘邦亦欲西归，但这时张良、陈平向刘邦献策：如今大王已有天下的大半，诸侯纷纷归附，楚军则兵疲食尽，濒临灭亡，不乘此良机彻底消灭他们，可谓养虎遗患。刘邦听了恍然大悟，立即掉头追击项羽，并派人通知韩信、彭越南下，合力歼灭楚军。

汉五年（前202）十月，刘邦率军追至固陵（今河南太康南），预定应到这里会合的韩信和彭越两军却没有到达。项羽得知刘邦背约追击，回军反击，大败汉军，刘邦被迫修筑工事固守。张良向刘邦分析韩信、彭越失约之原因说：楚军眼看就要被消灭了，韩信、彭越却还没有得到自己的地盘，他们自然不肯来，您如果能同他们共享天下，他们马上就会来。如果您不愿意，事情还很难说啊！您要是把陈（今河南睢阳）以东滨海一带封给韩信，睢阳（今河南商丘）以北至谷城（今山东东阿南）封给彭越，使他们各人为自己的利益而战，楚军就容易被打败了。刘邦依计行事，韩、彭二人果然立即进兵。十一月，英布、刘贾也围攻楚军后方寿春，并诱降楚大司马周殷，随后亦率兵向刘邦处集结。十二月，汉各路大军共三十万将项羽团团围于垓下（今安徽灵璧）。

此时，项羽的军队尚有十万。想当初，刘邦率五十六万联军攻克彭城，项羽仅率三万精兵，便把刘邦打得大败，刘邦仅以数十骑突围而去。如今，项羽若斗志旺盛，指挥得力，奋力拼杀，是还能坚持下去的。刘邦与诸将深知项羽之勇猛，楚军之强悍，若死打硬拼，即使取胜，必伤亡惨重。刘邦与诸将又分析：楚军长期奔杀，疲惫不堪，今日又被团团围住，粮草将尽，士气必然低落，如果再采用攻心战术，设法涣散其军心，丧失其将志，战胜楚军会更加顺利。于是，让汉军将士在夜间唱起楚歌。厌战之情句句入心，思乡之意绵绵入耳。楚军听后大惊，以为汉军已经完全占领楚地，所以才有这么多楚人唱楚歌，于是军心更加涣散。项羽听到这些楚歌亦不禁悲从中来。感到大势已去的项羽借酒浇愁，面对自己心爱的名为"骓"的马和虞美人，情知到了生离死别的时候，于是慷慨悲歌："力拔山兮气盖世，时不利兮骓不逝，骓不逝兮可奈何，虞兮虞兮奈若何！"虞美人也依声和唱："汉兵已略地，四方楚歌声；大王意气尽，贱妾何聊生。"然后拔剑自刎。项羽泪流满面，众将士也都泣不成声，抬不起头来。这时，项羽咬了咬牙，骑上骓马，抛下大军，仅率麾下八百余骑，乘夜突围南去。

黎明时分，汉军才发觉项羽已逃，命骑将灌婴率五千骑追击。项羽渡过淮河后，身边仅剩百余人，至东城时只剩二十八人，而汉军已有几千人追到，项羽自料难以逃脱，对随从说："我起兵至今八年，身经七十余战，战无不胜，攻无不克，才霸有天下。但是今天却困在这里，这是天要亡我，不是我打仗的失误。"项羽打算决一死战，便直扑汉军，连斩两员汉将及汉兵数十人。这样几经转折来到了乌江边（安徽和县西北）。乌江亭长正划着一条小船在江边等候。他对项羽说："江东虽小，犹有地方千里、人口数十万，足够独立称王，请大王立即渡江，现在唯我有一条船，汉兵赶到了就无法渡江了。"项羽听到"江东"二字，不禁面红心冷，笑道："天要亡我，我还渡江去干什么？当年我带江东八千子弟渡江西征，如今没有一人生还，我怎么有脸去见江东父老？即便他们不说什么，但我心里能不有愧么？"项羽说完，将战马送给亭长，步行持短剑与追上来的汉兵接战，连杀数人，自己也负伤十多处，最后只好自刎而死。历时四年的楚汉战争，至此告终。

◇刘项成败，在人不在天

楚汉战争结束了，但刘邦的胜利和项羽的失败，给予我们以诸多的思考。尤其是谋略方面。人生常有不如意的时候，一帆风顺，万事如意多数时候恐怕表达的只是人们的美好愿望，而非事实。身处不如意中的表现是显示一个人真本色的试金石。倘若一遇不如意便像项羽那样心灰意冷、万念俱消，绝非真正能成大器者；倘若如此，那刘邦不知该自刎多少次。其受贬巴蜀、彭城惨败、受困成皋都是刘邦不如意甚至几处绝境的时候，但刘邦没有一次想到自刎，而是或韬光养晦、积蓄力量，或慷然让步、争取盟友，或重整旗鼓、积极抗争，终成就帝王之业。

项羽在反秦战争中，屡立奇功，何等的威风，但在楚汉战争却最终失败，落得个自刎乌江的结局。原因何在？项羽直到临死前，仍认为是"天亡我，非战之罪"，果真如此？当然不是，还是人为的因素在起作用。应该承认，项羽确实很会用兵打仗，经常以少胜多，所向披靡。然而他迷信武力，缺乏政治头脑和战略眼光，从来没有把民心向背这个从长远看具有决定作用的因素放在心上，所以他坑降卒，掳妇女，烧城郭，所过皆残，这使他大失民心，激起人民的反对。于是他打了胜仗反而树立更多的敌人，建设不起一个稳定的后方，一旦吃了败仗就无法翻身。此外，他刚愎自用，不善于利用、争取同盟，不善于用人，不注意团结内部，结果众叛亲离，归于失败，曾经，许多重要将领和谋士，如韩信、英布、陈平等都集聚在他的麾下，但最终又都因失意而去，范增亦因受疑忌而愤然离去。

而刘邦则"反项羽之道"而行之，他从入关时就注意收揽民心，并先后采取了一系列取悦于民的措施，如"约法三章""除秦苛法""大赦罪人""秋毫无犯"等都得到了广大人民的欢迎，以至于出现了他们"争持牛羊酒

食，献飨军士"和"唯恐沛公（刘邦）不为秦王"的动人场面。此外，刘邦
善于用人，具有统帅的才能，他的大将每打一次胜仗几乎都会得到一次奖
升。刘邦本人虽无雄才大略，但他重视智谋，也善于采纳他人的献策，并始
终注意争取、利用同盟力量。这样，汉军终于由弱变强，打败项羽，刘邦也
终于成为西汉王朝的开国之君。

第
三
章

CHAPTER 3

汉初的无为而无不为

黄老无为之术是汉初实行的主要统治术，总策略。但无为并不是什么都不去做，无为之术主要是用来治理广大臣民，与民休息，恢复社会元气。无为是达到有为的一种手段，无为乃是无不为。

刘邦登基树威权和吕后的权谋

秦始皇创建皇帝制，使国君之位至高无上，但始皇是王家子弟，血统高贵，与所尊皇帝位正好相适。刘邦则不同，虽然取得皇帝宝座，但他是农家子弟，由布衣而登皇帝位，需要神化和树立威权。吕后原本是位农家村妇，但利用秦始皇所建立的皇后、皇太后的尊位，施展权谋，由插手朝政到侵犯皇权，竟成为第一位皇太后临朝称制者。

◇自导"劝进"，刘邦登基

经过四年的楚汉战争，刘邦终于打败了项羽集团，扫除了他当最高统治者的一切障碍。接下来的问题便是如何把梦寐以求的皇冠戴到自己的头上，于是，刘邦便精心导演了一幕"上皇帝尊号"的喜剧。

高祖五年（前202）正月，以楚王韩信为首的各路诸侯联合上书，劝刘邦称帝。他们说："大王从平民起事，诛伐暴逆，平定四海，有功的分赏土地封为王侯，大王不接受皇帝尊号，都会对大王的封赏疑而不信。臣等以死相请求。"明眼人都可以看得出这次"劝进"的策划者非刘邦莫属，但刘邦还是要"谦逊"地推让一番，说自己无德，不能受"皇帝"的尊号等。诸侯王三次请求，刘邦也三让后，才"迫不得已"地答应："诸侯王幸以为便于天下之民，则可矣。"于是，二月甲午在汜水之阳的定陶，举行了简单的登基仪式，正式建立了汉王朝。刘邦由"汉王"变成汉王朝的"皇帝"后，继续沿用以前的年号，这一年为汉高祖五年。刘邦本想定都洛阳，居华夏之中心，但经娄敬、张良谏，决定迁都关中，即日起驾，定都长安。

高祖五年（前202），在定陶刘邦君臣所表演的一套"劝进"仪式，在中国古代社会很具有典型性。中国社会讲究名正言顺，"名不正则言不顺，言不顺则事不成"。历代王朝在其统治期间无一例外地大肆宣扬自己是承天命以治民，君临人世，至尊人间。这就为后起者制造出一个难题：新的统治者要如何在理论上解释新政权建立的合理性，亦即改朝换代的开国之君如何顺当取代被推翻的统治者的天下，名正言顺地登上宝座。刘邦很好地解决了这一难题：秦行无道，丧失天命，自己起兵推翻无道，绝无意当"皇帝"，只是臣下都以为自己若不登位，是弃民而让刀兵复起，自己多次推让，出于"无奈""为民"，只好坐上皇帝宝座。从此，在中国古代社会历史中，凡是推翻旧王朝建立新王朝的第一代皇帝，多数都采用这种被"劝进"的方式，欲就却退地"推让"一番。刘邦是这类"闹剧"的始作俑者，以后的开国之君或照搬照套，或稍作改变以另一面目出现。曹丕接受汉献帝禅让，赵匡胤陈桥兵变而黄袍加身等都无不与之同出一辙。

◇树威、神化和攀祖，刘邦知为皇帝贵

为了适应所取得的皇帝宝座，以弥补血统的低贱，刘邦采取了树威、神化和攀祖等策略，以满足臣民的视听。

1. 叔孙通定朝仪，刘邦始知皇帝贵

刘邦即位后，功臣被封侯者一百三十七人，加上外戚，共一百四十三人。被封者受爵有誓云："即使黄河变得细如衣带，泰山变得平如磨刀石，国以永宁，爰及苗裔。"与刘邦誓约永保长祚，共享富贵。

然而，汉初君臣多出自社会的下层或底层。例如：梁王彭越是巨野泽旁一渔民；绛侯周勃以织苇席为生，还时常客串当吹鼓手；颍阳侯灌婴则以贩缯为生；而樊哙则在市井间以屠狗为事。他们根本不懂什么朝廷礼仪，一旦富贵而登朝堂，便仍与战时一样，在刘邦面前饮酒争功，大呼小叫，甚至拔剑击柱。刘邦曾羡慕秦始皇的威仪并感叹："大丈夫当如是也！"而如今自己同样是皇帝，却无秦始皇的威严和风度，大为不快。

儒生叔孙通，秦时曾为待诏博士，向以察言观色、迎合上意见长。这时，叔孙通看出了刘邦的心思，不失时机地进言道："夫儒者难与进取，可与守成。臣愿征鲁诸生，与臣弟子共起朝仪。"

叔孙通不顾儒生们骂他"所事者且十主，皆面谀以得亲贵"，勉强征聘来三十名儒生，然后就在长安郊外，用草作人，导演起朝仪来。教了群臣，又教皇帝，一个多月以后，群臣知道如何磕头呼万岁，刘邦也知道当群臣三呼叩首之时，他应该喜怒不形于色，就像没看见一样。高帝七年（前200），适逢长乐宫落成，诸侯群臣朝贺，起用新朝仪。那一天，天还没亮，宫中侍卫、仪仗已罗立于廷中。时辰一到，皇帝示警，群臣按事先排演好的次序，依爵位高低入宫奉贺。礼仪庄严，场面肃穆，显示出皇帝的威严，自诸侯王以下，群臣莫不振恐肃敬。行礼毕，举行朝宴，"诸侍坐殿上皆伏抑首，以尊卑起上寿"。御史执法，举不如仪者辄命令退下，一改以往那种喧哗、混乱的状态。刘邦高兴地叹道："吾乃今日知为皇帝之贵也。"

刘邦采用这套烦琐细密的宫廷仪式礼节，不是做无谓的表演，这一切都是为了体现君主的神秘与尊严，促使臣属产生尊敬、信赖、崇拜、顺从、畏惧皇帝之感。在这种庄严神秘的氛围中，臣属们必然会强烈地感受到一种感染情绪的无形力量，迫使他们肃然起敬。所以，定朝仪乃是刘邦在昔日亲密无间的战友伙伴中树威立尊之术。

2. 宣称神种龙体，神化刘邦出身

刘邦不仅颇费一番周折地拉大了与旧日臣属的距离，而且还神化自己、神化皇权，借助于神的威力，用人们想象中超人间的力量来强化自己的权威。

如说刘邦之母刘媪一日外出至大泽，乏力小憩，梦中与神人交合。其父太公到了大泽时则见到雷电晦暝，有一条蛟龙蜿蜒于云中。此后刘媪有了身孕，生下了刘邦，而刘邦无论走到哪里，总会有一朵云跟随着他。

这个故事无论是刘邦自己编的，还是趋炎附势之徒所杜撰的，其目的都是为了把刘邦的人种神异化，从而否认身为凡夫俗子的刘太公是刘邦的亲身父亲，宣扬他是刘媪与神交合的结果，从而产生一个新的、高贵的、来源于神的君主血统。

又说刘邦生有异相，长颈高鼻，左边大腿上有七十二颗黑痣，更论证了他早已具有上天赐予的非凡人之相，使其显得格外神秘奇特。

3. 攀附帝尧为祖，宣扬刘汉正统

刘邦还宣称自己的祖先是帝尧（号陶唐氏）。刘向颂高祖云："汉帝，出自唐帝，降及于周，在秦作刘，涉魏而东，是为丰公。丰公盖太上皇文父，其迁日浅，坟墓在丰鲜焉……由是推之，汉承尧运，德祚已盛。"帝尧作为一位颇有功德的原始部落酋长，受到了神州大地生生不息人民的崇拜，被尊为华夏民族的祖先之一。而刘邦正是利用了人们的这种崇拜心理，把整个华夏民族对远古祖先的崇拜转化为对自己的崇拜，以表明自己君临天下的正统性。

◇陆贾的长久之术

刘邦本一凡夫俗子，"由一剑之任，五载而成帝业"，取得天下后，究竟如何治理并不用心去考虑。他身边的近臣陆贾还曾因此与他发生马上治天下之争。

陆贾是位理性者，时常在高帝刘邦面前谈论《诗经》《尚书》等儒家经典，听到这些，高帝很不高兴，就对他大骂道："老子的天下是靠骑在马上得之，哪里用得着《诗》《书》！"陆生回答说："骑在马上得之，难道可以马上治之吗？商汤王和周武王的天下，都是逆（以武力）取而以顺（顺应形势以文治）守之，文武并用，长久之术啊。从前吴王夫差、智伯都是因极武而亡；秦王朝也是一味任刑法不变，最后导致灭亡。假使秦朝统一天下之后，行仁义，法先圣，那么，陛下您又怎么能取得天下呢？"高帝听完之后，心情不快，脸上露出惭愧的颜色，就对陆生说："那就请您尝试着总结一下秦朝失去天下，我得到天下原因究竟在哪里，以及古代各王朝成功和失败的原因所在。"

陆生奉旨大略地论述国家兴衰存亡的征兆和原因，一共写了十二篇。每写完一篇就上奏给高帝，高帝无不称赞，左右呼叫万岁，就把这部书称为《新语》。至此，刘邦在治国问题上才获得了理性的深刻认识，接受了陆贾提出的攻守治异说。

◇吕后的权谋

后宫并非乐土，争宠，争立太子，常常会尖锐到白热化的程度。吕后从依子贵保子位到临朝称制，利用皇后、皇太后的尊位，施展种种权谋。

1. 刘邦"绐为谒"，吕雉嫁刘邦

吕后名雉，小名娥姁，原家居单父，其父吕公因与人有仇而避迁到沛县。沛县县令与吕公私交甚深，大摆宴席为其接风。沛地的强族、富豪、县吏们都去祝贺吕公的乔迁之喜，以巴结讨好沛令。祝贺自然免不了要送礼，当时的人更直截了当地送钱。萧何深得沛令欢心，担任宴会的主管，负责收取礼钱，安排礼钱达不到一千的宾客坐到大堂之下，而一千钱以上者才可以与沛令、吕公同坐于大堂之上。

身为泗水亭长的刘邦，虽芝麻小吏，也赶去了。刘邦平日便"好酒及色"，这次又想吃白食。看到那帮平日很神气的县吏"进不满千钱"，只能就席于堂下，为了给这帮县吏们一个难堪，刘邦在觐见的名片上谎称"贺钱万"，其实没带一分钱来。

沛县是个小县，能拿得出万钱作贺礼的人并不多。名片递进去后，吕公见了大吃一惊，急忙起身到大门口迎接。吕公这个人，平常喜欢给人看相，见刘邦"隆准而龙颜，美须髯"，虽然没见到其左腿上七十二颗黑痣，也已看出刘邦是大富大贵之相，急忙拉他上座。素知刘邦为人的萧何怕吕公上刘邦的当，使自己得罪沛令，急忙提醒吕公：刘老三一向喜欢吹牛，办不成什么事。刘邦听了，面无愧色地坐到了上席，吕公非但不为他的大言欺人羞恼，反而因这种"无赖"本色更看重他。

酒宴中，当宾客意兴阑珊之际，吕公几次使眼色示意刘邦留下来。刘邦也是聪明人，哪能不领会吕公的意图，宴后单独留了下来。吕公送走沛令后，对刘邦说："我小时候便会给人看相，阅人无数，还没见过阁下这样的福相，希望你能自爱。我有一个女儿，不知能否高攀得上你？""不事生产作业"的刘邦大喜过望，急忙回去张罗。

旁听的吕媪对丈夫的做法大为不满，对吕公发火道：你一直想让我们的女儿嫁给贵人而荣耀显贵，沛令对你那么好，都没答应，怎么就轻易把她许配给刘季了呢？吕公淡淡地说：这不是你们女人所能理解的。还是把吕雉嫁给了刘邦。

诈术是权谋中重要的一项，英雄有时用以骗人以成大事，强盗有时用以耍手腕，干坏事。刘邦"绐为谒"，以诈术欺人，原只为吃白食、争面子，谁料想却有意外之喜，平白得一妻子，而且还攀上了沛令的好友。而吕公把女儿许配给刘邦，是以女儿的美色为赌注，押刘邦定能发迹，事实证明，他是押对了。

2. 依子贵与保子位

吕雉嫁给刘邦后，生下了一女一男，女的便是日后的鲁元公主，男的则是惠帝刘盈。既然刘邦不事产业，那么只好是吕雉带着两个孩子在田中劳作。一日刘邦告假回家，但仍旧是只有吕雉及两个孩子"居田中"。一位过路的老人向吕雉讨水喝，吕雉赐水，老人给她看相后说："夫人天下贵人也。"又指着刘盈说："夫人贵，皆此男也"。吕雉将这几句话深深地记在心底。

以后刘邦日渐发迹，从沛公到汉王，一直做到了至尊的皇帝，而吕雉一直与其担惊险，共患难，甚至在楚汉相争之际，吕雉与刘邦的父亲都做了项羽的俘虏，直到楚汉相约以鸿沟为界后，项羽计划罢兵东归，吕雉才结束了这段俘虏兼人质的生涯。俘虏的生活是痛苦的，但这同时也磨炼了吕雉，使她坚强起来，对所谓的政治生活有了一定的了解。刘邦登帝位后，虽多置宠姬，但仍封赐这位结发的妻子吕雉为皇后。

吕雉深知自己得以为后，既是因为多年来跟随刘邦历尽艰辛，刘邦尚念夫妻情义，更是因为其所生之子刘盈作为长子，被立为太子。在斗争激烈的宫廷中，吕雉要想保住自己的位置，有两条路可走。一是依靠自己的丈夫，继续讨得刘邦的欢心；二是依靠儿子，让刘盈承继大统，子尊母贵。而后宫佳丽如云，加上刘邦本性"好酒及色"，兴趣绝不会放在年老色衰的吕后身上，前一条路显然是走不通了，那么只好依靠子尊母贵了。设法确保刘盈皇位继承者的地位不动摇，进而确保自己皇后以至太后的位置。直到此时，吕后才真正领悟到多年前那位老人的话，"夫人之所以贵，皆此男也"。

而正在此时，刘邦动了废易太子的念头，想立受宠的戚夫人的儿子如意为太子。如果刘盈真的被废，那吕后的位置势必一落千丈。所以，吕后大为惶恐，对力保刘盈的周昌跪拜以示感激。同时，吕后迅速行动起来，好言相求张良为其策划，并听其计，降尊纡贵请来了"商山四皓"。

商山四皓即东园公、角里先生、绮里季、夏黄公四位老者，隐居商山（陕西商县东）故有此称。刘邦对此四人十分敬重，曾数年求之不得。在一次宫廷宴会上，刘邦突然见到了"商山四皓"跟随太子，大惊，以为其羽翼已成，遂打消了废易太子的念头。宴会结束后，刘邦指着吕后的背影对戚夫人说："我欲易之，彼四人辅之，羽翼已成，难动矣。吕后真而主矣！"这时，刘邦已预感到戚夫人母子将来的命运不测，所以当戚夫人涕泣时，刘邦也伤感起来。戚夫人边哭边舞，刘邦则为戚夫人唱楚歌："鸿鹄高飞，一举千里，羽翮已就，横绝四海，横绝四海，当可奈何！虽有矰缴，尚安所施！"歌数阕罢酒而去，竟不易太子。

中国古代是一个以男性为核心的社会，妇女的地位是从属于男子的。夫在，妇从属于丈夫；夫死，妇则从属于自己的儿子。贵为皇后者也不例外。所以，吕后想要保住自己皇后的位置，必得依靠"母以子贵"，设法保住其儿子的太子地位，吕后以笼络朝臣、为太子培植羽翼的手段使刘邦打消了废易刘盈的念头，从而确保了刘盈储君的位置，自己皇后的地位当然也就稳定巩固下来了。

3. 佐诛功臣，仁中见酷诈

吕后本无政治斗争的经验，但几年的俘虏生活锻炼了她，使她变得工于心计而又奸诈残忍。吕后与刘邦夫妻多年，深晓其日所思、夜所想。所以吕后涉入政治舞台，便是作为刘邦的另一半出现的，替其干了几件想干却又下不了决心的事。既使自己立威于政坛，也培植起一部分势力。

高帝十年（前197），刘邦亲领大军征讨陈豨，上路前把宫廷之外委于萧何，宫廷之内则委于吕后，这便给吕后提供了一个绝好的机会。恰逢这时，韩信的仆人栾说派他弟弟送信给吕后，报称韩信与陈豨通谋，以前已有密约，这次约定乘夜间不备，打开囚牢，放出囚犯，袭击吕后与太子，与陈豨遥相呼应。吕后得信后与萧何商量，商定了诛杀韩信的密谋。吕后于夜间派一心腹，潜出长安，绕到北方，第二日再复入长安，谎报是刘邦得胜归来报捷之人。群臣纷纷进宫朝贺，但韩信却称病不来。不得已，只好萧何亲自出马，将韩信诳到宫中。"信入，吕后使武士缚信，斩之长乐钟室"。韩信被斩以前，依然没有料到自己轻视了吕后是多么严重的错误，长叹"吾悔不听蒯通之计，乃为儿女子所诈，岂非天哉！"

刘邦回到长安，对韩信之死，"且喜且怜之"。怜的是对于这样一个曾为自己夺取江山立过不朽功勋的杰出将领，自不免有一点不忍的怀念之情；喜的则是吕后与萧何深知孤意，帮自己彻底除掉一个威胁帝位的心腹之患。

吕后斩杀韩信后，命夷其五族，已初显其残忍的本性，但同时也表现出其果敢、遇乱不惊的政治才能，这一点在她计杀彭越上体现得更为突出。

梁王彭越本意并不想谋反，但其部将扈辄曾劝其起兵，他虽未采纳实行，却也没有上告朝廷。这时，彭越怒其太仆，欲杀之，太仆逃到长安，彭越与扈辄欲反。刘邦遣使以秘密方式捕彭越，囚禁在洛阳，刑狱官认为其造反的罪状已具备，请求按法处死。刘邦赦其死罪，贬为庶人，流放蜀地。彭越西行至郑县（今陕西华县）恰遇到从长安到洛阳的吕后。彭越以为妇道人家总会仁慈一些，于是向吕后哭诉，自陈无罪，希望改徙到自己的家乡昌邑。吕后满口答应代为说情，并让其随车回到洛阳。但到了洛阳，吕后非但没有将彭越的哭诉之辞转告刘邦，去替他求情，反而向刘邦建议："彭越是个壮士，现在流放到蜀地，这给自己遗留祸患，不如杀了他，我已让他一道来了。"刘邦默然。吕后令彭越的舍人告彭越谋反，将彭越杀于洛阳城外，并夷其三族。

吕后利用韩信对女子的轻视及彭越认为女子必定仁慈的误解，以残酷的手段佐刘邦诛杀两位王侯功臣，平定天下，震惊了朝野。满朝文武对吕后刮目相看，吕后得以立威于政坛并逐渐培植起自己的亲信势力。另一方面，吕后趁刘邦在世时，除掉功高震主的开国大将，也为"仁弱"的惠帝继位以至自己掌权扫平了道路。

4. 除政敌，王诸吕，吕后临朝称制

吕后一向钦服刘邦识人的眼力，高祖十二年（前195）刘邦讨伐英布为流矢所中，病重无法医治，便急忙问其日后将相大臣的安排意见。刘邦已隐知其意，遂告之"曹参可（继萧何）为相"，问其次，刘邦又说："王陵可以，稍嫌憨厚点，陈平可以帮助他。陈平智谋有余，然而难以独任此职。周勃稳重厚道少点文才，然安定刘氏天下者一定是周勃，可委任太尉。"吕后再问其次，刘邦则摇摇头道："此后的也不是你所能知道的了。"刘邦死后，三公的人事安排，基本上是按刘邦所说的去办的。这正是吕后的精明之处。

这一年刘邦驾崩于长乐宫，吕后初与自己的亲信审食其密谋暂不发丧，而尽诛功臣大将，以彻底扫除将来为政的障碍。后经郦商指出利害："果真如此，天下就危险了。陈平、灌婴领十万重兵守荥阳，樊哙、周勃领二十万重兵镇燕、代，要是听到皇上已崩，诸将被杀，必然连兵还京，以攻关中。大臣内叛，诸将外反，败亡只是翘足以待的了。"于是吕后不敢冒天下之大不韪而贸然下手。

吕后虽然对功臣集团触动不大，但对有可能与刘盈争夺帝位的隐患却以残酷的手段彻底加以清除。

吕后要对付的第一个目标便是与刘盈争夺过太子位的赵王如意。刘邦在世时，便担心日后吕后会不利于如意，所以派御史大夫周昌为赵相保护如意。周昌为人坚强正直，从吕后、太子以下及大臣平时都怕他，且周昌在朝中曾力言不可废易太子，对吕后也算有恩。但刘邦驾崩后，吕后马上派使者召赵王入京，周昌知吕后意图，教如意称病不行。使者三返，周昌便直言："高帝把赵王托付给臣，王年纪小，听说太后怨戚夫人，想召赵王杀掉他。臣不敢送走赵王，赵王又有病，不能奉诏前往。"吕后见有周昌的保护，难以加害如意，便先征周昌入京，然后马上召赵王入朝，鸩杀之。在杀如意前，吕后便将其母亲、自己的情敌戚夫人打入了冷宫。吕后先派人剃光了戚夫人的满头乌发，又用铁箍子束住她的头颈，令其穿上赭红色的囚衣，关入永巷内整日舂米。戚夫人满腹心酸，边舂边哭，边哭边唱："子为王，母为虏。终日舂薄暮，常与死为伍。相离三千里，当使谁告汝？"吕后听到后，大怒："你还想依靠儿子吗？"毒杀赵王如意后，吕后对戚夫人的迫害更加肆无忌惮，更加惨无人道地下令砍掉戚夫人的手脚，戳瞎她的双目，毒哑她的嗓子，还在其耳里灌上水银，然后放到厕所里。

吕后随后把迫害的矛头指向了刘邦儿子中最有实力的齐悼惠王肥。在一次宴饮中，吕后让人把放了毒药的鸩酒放到了刘肥的面前。惠帝以家兄礼对待刘肥，与其一同起身为吕后祝寿，吕后打翻了惠帝的酒杯，刘肥一见势头不对，急忙称醉出宫。但他仍不得出京，惠帝护他一时，却不能时时随身护他，吕后只要除他之心不去，总会找到机会。幸得刘肥手下的内史士献策："太后只生了惠帝与鲁元公主。如今大王国内有七十余城，而公主的食邑只有数城。您不如拿出一个郡献给太后，作为公主所增食邑。太后必然高兴，大王也就没有灾祸了。"齐王依其计，献城阳郡给鲁元公主，且尊其为王太后，以母视之。吕后疑虑稍去，放其就国。

接着吕后又将淮阳王友迁为赵王。不久，因后宫失宠吕氏之女诬告其有言"吕氏安得王，太后百岁后，吾必击之"，激怒了吕后，将其活活饿死。再将梁王恢迁为赵王，最后又逼死了刘恢。

惠帝是不同意吕后对诸刘的迫害的，他曾竭力维护他的那些同父异母兄弟，但由于性格"仁弱""仁孝"，都以失败告终。直至有一天，吕后让其来看自己的杰作"人彘"，惠帝吓得大病年余，使人告吕后："此非人所为，臣为太后子，终不能治天下。"于是，日夜为饮乐，不听政。

惠帝七年八月崩，太子即帝位，年幼。吕后以太后身份，临朝称制，完全把持了朝政。

吕后有步骤地使诸吕逐渐登上最高权力层。一次，她试探性地问右丞相王陵封诸吕为王的问题。王陵说："高帝曾杀白马，和大臣们立下誓约，'非刘氏而王，天下共击之。'今封吕氏为王，违背誓约。"吕后又问左丞相陈平与太尉周勃。陈平与周勃相视，齐声回答道："高帝平定天下，封刘氏子弟为王；今太后代行天子之职，封吕氏诸兄弟为王，没有什么不可以的。"吕后一听大喜。几日后，吕后拜王陵为太傅，实际上是免去了王陵的右丞相，而以左丞相陈平为右丞相，以审食其为左丞相，审食其得幸于吕后，居宫中不治事。这样，功臣集团的障碍就扫除了。

为了进一步实现自己的目的，吕后还对刘氏宗族中有功和有影响的人物，封王封侯，以缓和诸刘对吕氏的敌对情绪。吕后封刘邦时功臣刘无择为博城侯，又封刘章为朱虚侯，刘章弟刘兴居为东牟侯，俱令入宫宿卫。她封刘泽为琅琊王，刘泽是刘邦同宗昆弟，为诸刘中年最长者。吕后还令刘、吕互通婚姻，先后以吕产女为赵王恢后，吕产女为赵王友后，又以吕禄女嫁与朱虚侯刘章。吕后希望通过刘、吕联姻来进一步获取刘氏宗族的欢心和信任，减少王诸吕的难度。

吕后封诸吕为王以前，先封诸吕为侯，以作为一个过渡与舆论准备。被封为列侯的有吕种、吕平等六人。然后，吕后召大臣会议并通告各地诸侯王，取得了一致认可，陆续封其侄吕公为楚王，封其弟产为梁王，禄为赵王，嘉为燕王（后因"骄恣"被废）。

在中国，女子掌握了权力，其统治天下大都依靠两种人。一是她身边的亲信侍从，即宦官；二是靠她娘家的人，即任用外戚。而吕后称制期间，也正是外戚专权之时。吕后此举对后世影响甚深，东汉窦太后重用窦宪，梁太后重用梁冀以及武则天提拔武三思，慈禧以荣禄掌禁军等无不如此。

5. "诛不当为王者"，周勃除诸吕而安刘氏

吕后称制八年，病危，临终前告诫诸吕："今吕家人被封为王，大臣心中不平。我死了，皇帝年少，大臣们恐怕要政变。一定要握住兵权，保卫皇宫，不要为我送丧，不要被人所控制。"然而吕产、吕禄虽被封王，却不就国，仍留在中央，被任命为相国、上将军，掌握汉廷军政大权，这就严重侵害了刘氏宗族与功臣集团的利益。

高后八年（前180），齐王刘襄首先起兵，"率兵人诛不当为王者"，矛头直指诸吕。相国吕产、上将军吕禄不敢轻离首都，乃派大将军灌婴率军东征。灌婴到了荥阳，派使者与刘襄联络，拥兵自重，坐观待变。在长安的丞相陈平、太尉周勃让郦寄去欺骗吕禄说：吕氏封王是大臣所知而认可的，不会有什么变动。你不应带兵久居长安，使人怀疑。目前，只有交出相国、上将军印与大臣结盟而回到封国，问题才会解决。诸吕交出印信后，周勃驰入北军，宣布"为吕氏右袒，为刘氏左袒"，全军都左袒。周勃派刘章领千余兵丁以入宫宿卫为名，冲入未央宫，击杀统领南军的吕产、长乐卫尉吕更始，还报周勃。周勃高兴地说："所患独产，今已诛，天下安定了。"又派兵分头捕杀赵王吕禄等吕氏党羽，完全控制住了形势，并通知齐王刘襄罢兵。

陈平、周勃与大臣们合谋，废与吕后关系密切、而非惠帝所生的少帝，

拥立代王刘恒为帝，是为汉文帝。

　　吕后专权十余载，外戚诸吕在朝中已有一定实力。但齐王刘襄"诛不当为王者"只一起兵，朝内朝外纷纷响应，吕后精心构筑的吕氏权力体系马上崩溃。这一方面可以验证刘邦当初大封同姓，并与大臣盟誓"非刘氏而王者，天下共击之"策略的深谋远虑，另一方面也可证明刘邦对三公人事安排的得当。吕氏虽握有重兵却犹豫不决，陈平与周勃将相联合，保全了刘氏政权。

　　事业的成功在于谋划，而善于谋划者且谋划得当，就能使人成功。吕后以一女子，起于田作之中，因能善于权谋终于成功。而受刘邦宠爱的戚夫人的优势并不比吕后低多少，但戚夫人却不会加以利用，只是一味地哀求刘邦，终于失败。而吕后意识到形势不利己时，以皇后之尊，下跪于周昌，软语相求过张良，降尊屈贵于"商山四皓"。而当局势稳定下来后，吕后又不失时机地"佐高帝，诛杀功臣"，树威于朝中，培植自己的亲信势力。一旦无人能动摇自己的位置时，吕后则露出了她残杀奸诈的一面，肆无忌惮地诛杀，铲除那些威胁到她临朝称制的人。吕后能够压服群臣，在全国范围内实现第一位女性专权，是其内、外兼攻，刚、柔并施的必然结果。

无为而治，与民休息

汉初，刘邦刚刚取得天下的时候，陆贾与刘邦发生"马上得之（天下）宁可马上治乎"的争执，也就是攻与守是否异治的问题的辩论。刘邦为陆贾的论说所折服，并令陆贾为他著书（即《新语》），总结秦亡汉兴及古代成败之国的经验教训，写作中"每奏一篇，高帝（刘邦）未尝不称善"。表明刘邦在汉初已接受了陆贾的治国思想，也就是陆贾黄老无为的治国术。

陆贾在《新语》中指出："夫道莫大于无为，行莫大于谨敬"，"寂若无治国之意，漠若无忧天下之心，然而天下大治。""君子之为治也，块（安）然若无事，寂然若无声，官府若无吏，亭落若无民"，"丁男耕耘于野，在朝者忠于君"，从而自然达到"上下有差，强弱相扶，大小相怀，尊卑相承，雁行相随，不言而信，不怒而威"。也就是"事事思顺民情与之休息"，（清人何焯语）并"约法省禁"，以达到天下大治。

这一治国之术不仅对刘邦，对整个汉初统治者都具有重要的影响和作用。

◇ "萧规曹随"

《汉书·循吏传》曰："汉兴之初，反秦之敝，与民休息，凡事简易，禁网疏阔，而相国萧（萧何）、曹（曹参）清静为天下帅（表率）。"

萧何辅佐刘邦，为政务求简约，仅"采集秦法，取其宜于时者，作律九章"。他按照无为思想，"事事思顺民情与之休息"，一切因故事成法，只是遵循客观形势，稍作修正变化，即"谨守如锁钥一样重要的关中，依民众痛恨秦朝苛法，顺应潮流除旧更新"。

曹参是一武夫，刘邦曾任命他为齐相国，辅佐齐王刘肥。齐国民情"伪诈多变"，曹参到任后，尽召齐地的长老儒生，征求"安集百姓"的策略，献策的儒生多达上百人，"言人人殊"，曹参不知所从。后曹参听说胶西盖公善治黄老之言，便厚礼请其至。盖公对曹参说："治理国家的办法贵在清净无为，让百姓自行安定。依此类推具体地讲说了这方面的道理。"曹参深纳盖公之言，用其提供的黄老济世之术，"相齐九年，齐国安集，大称贤相"。

萧何死后，曹参继任汉朝相国。曹参为政，仍以治齐之术治汉，施政办事，一切皆遵循萧何所制之法，不加变更。他择吏以"厚重长者"为标准，对"官吏中那些言辞苛求细节，一味追求声誉的人，就斥退撵走"。下属有小过，曹参也加以掩饰，使朝廷尽量相安无事。而且曹参有意在官吏中造成一种不苛求细务、宽宏大度的政风。他"日夜饮醇酒"，不治事。官吏及宾客皆到相府规劝曹参，但未及言曹参已知其意，凡来者乃以酒堵嘴。再欲言，则复予之酒，直至大醉而归，也终不得言。这样，一段时间后官吏仿效曹参，日夜饮酒高歌呼叫，侍从官吏希望曹参加以制止，曹参不但不加以惩治，反而"叫人取酒陈设座席痛饮起来，并且也高歌呼叫，与那些官吏相应和"。

惠帝以为曹参如此是欺自己年轻，便派曹参之子中大夫曹窋加以劝谏。曹参不但不听曹窋的劝告，反而怒笞其二百。惠帝得知后，有些恼怒，便责问曹参。曹参解释道："高帝与萧何定天下，法令既明。今陛下垂拱，参谨守职，遵而勿失，不亦可乎？"

曹参继承了刘邦及萧何治国的策略，"遵而勿失"，收到了"天下俱称其美"的社会效果。民谣传颂"萧何为法，颛（明确）若画一；曹参代之，守而勿失。载其清净，民以宁一"。"萧规曹随"成为天下美谈。

惠帝到文帝初年，丞相不仅曹参，而且陈平也是力行无为而治的，史称陈平"治黄帝老子之术"。

文景二帝亦无为而治，与民休息，出现了"文景之治"的新气象。

总之，汉初实行的黄老无为之术，主要是用来治理广大臣民，与民休息，恢复社会元气。"无为之治"就是立足于"无为而无不为"的原则，具体表现则是为政要求大略，把握住根本，不去苛求细务，而使得臣属、百姓有较大的自主活动余地，发挥各方面的积极性。

汉初的几任统治者皆能把握住当时自己为政的大略根本。刘邦顺民意，安抚天下，吕后的垂拱之治，文帝及景帝的宽厚、恭俭的政风，甚至对匈奴的退让与对南越的安抚无不是无为之治的体现。同时，无为之治的实行使百姓得以休养生息，社会生产逐步恢复并发展了起来，这何尝不是统治者的"有为"之治。

◇招抚流民，稳定政权

秦末，"民失作业而大饥馑"。许多人被迫离开家园、农田，或逃居山林，成为"盗贼"，或流落异乡，成为流民，也有的自卖势家，成为奴婢。西汉帝国建立后，无论是聚保山泽的"盗贼"，还是背井离乡的流民，都成为社会不稳定的重要因素。而且，大量百姓脱离田地、户籍，也影响到国家的租赋收入。汉高祖刘邦为了使散落在各地的百姓重返家园，颁布了《复故爵田宅诏》。诏令中规定："民前或聚保山泽，不书名数，今天下已定，令各归其县，复故爵田宅"，"民以饥饿自卖为人奴婢者，皆免为庶人。"即招抚流亡，恢复各阶层以往的爵位、家园、田地，让他们重新回到自己的生产岗位，成为国家的编户之民，恢复生产。

对于游离于西汉政权以外的重要人物，刘邦则特别下诏，安抚诱降。

如原项羽的部下田横。项羽败亡之后，"横惧诛，与宾客入海"，从齐地逃到海中一个小岛上以自保。刘邦即位后，马上派使者招降田横。田横因在楚汉相争中烹了汉使郦食其，怕刘邦降罪，更怕郦食其之弟郦商报复，迟迟不愿来长安。刘邦怕时间长了田横会吸引到项羽散亡各地的部属而壮大势力，便再次下诏，赦免田横烹杀汉使之罪，并许诺"横来，大者王，小者侯"，还威胁他"不来，且发兵加诛"。

田横权衡了形势后，决定归降。在前往长安的路上，田横抚今追昔，对自己这样去见刘邦而百感交集。他对随从人员说："横始与汉王俱南面称王，今汉王为天子，而横为亡国俘虏，北面称臣降服于他，实在令人羞愧。况且我又煮了别人的兄长，却要和那个人的弟弟一起为同一主人效力，即使是他害怕天子的诏令不敢动我，我独不愧于心吗?"于是自杀。

刘邦听到田横自杀后，"流涕"赞赏其"贤哉"，并派士卒以隆重的王者之礼安葬了田横又拜随田横同来的"二客"为都尉。但"二客"及仍留在岛上的田横属下，听到田横已死，便集体自杀了。

田横及其壮士虽然自杀了，但他们死之前，毕竟在刘邦的感召下，放弃了与新政权敌对的立场。

刘邦招抚流亡，使散落各地的百姓重新成为国家的编户之民，有利于恢复生产和社会秩序的稳定，也使得历经战乱而建立起来的西汉政权稳定了下来。

创业难，守业更难。创业难在从无到有，步步积累的艰辛上。而守业则一方面难在创业者会认为大功告成，便精神懈怠、安享胜利果实，往往把历尽艰辛创立下的事业败坏。另一方面则是创业者不能适应形势的变化，不知"世异时移，变法宜矣"的道理，仍旧用创业时的那一套策略以守业，其结果也往往是守业变成了败业。

汉高祖刘邦不仅马上创业，得以为天下至尊，而且其马下守业、安定天下的策略也是极为成功的。刘邦建立西汉王朝后并没有因此而志得意满，而是怀着深刻的危机意识，认为"天下匈匈劳苦数岁，成败未可知"。刘邦吸取了秦王政变统治策略，极武而亡的教训，马上逆取天下而马下顺守之。他针对形势的变化，以黄老无为思想治国，安抚民众，与民休息，使初创的帝国很快就稳定了下来。

◇轻徭弛刑，惠民利君

汉初，统治者为了休养民力，实行了轻徭薄赋的策略。

田赋，即土地税，高祖时为"十五税一"。文帝时仍行此制，但常下诏减轻各受灾地区的田赋，在文帝十三年（前167），甚至免除全国农民一年的田赋。景帝时，又把田赋减半，即"三十税一"，并规定为汉家定制。

口赋和算赋，即人头税，高祖四年（前203）开始征收，"民年十五以上至五十六出赋钱，人百二十为一算"。文帝时，把人头税的一百二十钱减至四十钱。

徭役的征发，高祖时基本没有大规模征发民力。惠帝时征发各地百姓修长安城，但一般均利用农闲时间，而且每年不超过三十天，以不误农时。文帝时，下诏"务省徭费以便民"，尽量减少对各种名目徭役的征收，使百姓安心生产。

为了增加从事生产的劳动力，减轻百姓负担，文帝解散了长安的一支卫戍部队卫将军，让复员的士兵回家从事生产。为了减少地方驿站对百姓牛马的征调，文帝命令太仆清点皇室的马匹，除留下必要的以外，其余的全部资助各地方驿站。

景帝即位的第二年，了解到各地的农牧资源很不平衡，有的郡县缺乏农牧条件，却人口众多，有的地方利于农牧，却又地广人稀，而当时政府有一条禁止百姓随意迁徙的禁令。景帝下诏废除了这道禁令，准许无地或少地的百姓迁徙到地广人稀的地区去发展生产。

景帝还采纳了晁错"贵五谷而贱金玉"的建议，下诏纳粟于国家者"得以拜爵"，"得以除罪"。这是一种损有余而补不足的办法，国家分赏一些荣益爵位，而从富人那里得到粮食，减少了贫苦百姓赋税的征收。

与轻徭薄赋相伴的是汉初的宽法弛刑，以松弛一下秦王朝遗留下来的过分紧张的政治局势，培置一种比较宽松安宁的社会政治环境，以促进生产的恢复和发展。

刘邦早在建国初期，便注意到"以刑罚为巢，故有覆卵之患"是秦所以失天下的一个重要原因，故对刑法修改很大，许多"不宜于时者"都被汰除了。其中，萧何定律令时"除参夷，连坐之罪"，即废除"族刑"和连坐之法。

惠帝四年（前191）"除挟书律"，也即废除秦律中"挟书者族"的苛法。

高后元年（前187），重申"除三族罪妖言令"。

文帝元年（前179）十二月，"尽除收帑相坐律令"，即废除一人犯罪，亲属没为奴婢的律令。

文帝二年（前178）五月，把秦定的诽谤妖言罪、不许百姓议政、偶语者弃市的律令，一概除之。

景帝中元二年（前148）二月，景帝下令废除分裂尸体的磔刑，而以弃市代之。

文帝和景帝还先后两次修改、废除了肉刑。文帝十三年（公元前167年），齐太仓令淳于意犯罪当处以死刑，被押送到长安执行。离家前，淳于意对妻女感伤地说：现在才知生女无用，否则有个儿子也可以让他代我受刑。其女缇萦年方十五，听父亲这么说，便随淳于意一起来到长安，并上书文帝："愿没为官奴，以赎父刑罪，使得自新。"文帝读后很受感动，下诏：现在有三种肉刑（黥、劓、刖），而奸邪不止，这是为政者未能尽到训导百姓的责任。而且使用肉刑，动辄造成受刑人终身残疾，使他失去了劳动能力和改过自新的机会，这不是为民父母的本意，自即日起，废除所有肉刑，而以徒刑代之。不久，丞相、御史大夫上刑法草案：劓刑改为笞三百，黥刑改为髡（剃光头发），斩左趾改为笞五百，斩右趾改为弃市。文帝批准了这个草案，并同时下诏把服劳役期间无逃亡现象的罪犯免为庶人。

文帝以笞刑取代肉刑，使刑罚大为减轻。但由于笞刑的数目太大，所以很容易造成受刑人丧命，"或至死而笞未毕"。而且把原来的斩右趾升格为弃市，更是加重了刑罚，故史称文帝"外有轻刑之多，内实杀人"。

为了去除文帝时刑罚的弊端，景帝下令进一步废除肉刑：笞五百降为笞二百，笞三百降为笞一百，斩右趾降为笞二百。同时，景帝还颁布了《定箠令》，规定：笞打罪犯的刑具全国统一，笞刑只能打犯人的臀部（原是背部，会伤及内脏），每名犯人只能由一名犯人行刑，中途不许换人。这以后，受刑人得以保全性命。

文帝、景帝对肉刑的减轻与废除，改变了自有刑罚以来"万民中一旦有罪过被处罚终生受苦不息，及罪人想改正行为做善事却无道路可通达"的局面。加之，文景时期，强调教化引导的作用，官民即使犯法，也是在"治狱者务先宽"的原则下，量刑尽量宽大。文、景时，执法官吏断案也比较审慎，证据不足的宁可从轻发落。故这一时期的刑事案件大为减少，有一年全国只有几百件，"几乎不使用刑罚"。

宽法弛刑、轻刑慎罚缓和了秦朝以来因刑罚苛酷而十分紧张的社会关系。而且减轻刑罚，也有利于保存社会劳动力，使百姓能够安心从事生产。

◇文、景恭俭，导民淳朴

汉文帝与汉景帝不仅在政治上宽厚、无为，而且在生活上也不尚奢靡，身体力行地提倡节俭朴实的作风，以带动帝国的社会风气。

汉文帝在位的二十三年间（前190—前157），没有置办服装、车骑，也没有兴建宫殿、花园，还经常撤销旧有的范围，将土地赐给无地或少地的贫民耕种。

有一次，文帝计划修建一座露台，先让工匠作了一个大体的开支预算。工匠上报预算要花费百金，文帝马上撤销了这个计划，并对身边的人说：百金是十户中等人家的全部资产啊！我享用先帝遗留下来的宫室，都因为德才不够而感到羞愧，还修建什么露台！

文帝常年穿着质地粗糙的、黑色的绸料衣服，他宠幸的慎夫人，衣服长度从不拖到地面（当时的贵妇以穿拖地长服为美），帷帐也不准其用绣花的贵重丝织品，以免带起后宫奢侈浮华的风气。

景帝也以文帝为榜样，在位期间，除为自己修建了一座规模不大的阳陵外，基本上没有再兴土木工程。

最为可贵的是，文帝要求对自己实行薄葬。他在遗诏中说：天下万物，有生则必有死。死是天地万物的自然规律，也没有什么可悲哀的。当今之世，人们贪恋生存，而厌恶、害怕死亡，实行奢侈而隆重的葬礼使生者倾家荡产，守很长时间的丧使生者的生活大受影响，我很不赞成这种做法。我幸得以享尽天年，追随侍奉高帝，臣民有什么可悲哀的呢？命令天下吏民，哭临葬礼，以三日为限，三天后，解除丧服；不禁百姓娶妇、嫁女、祠祀、饮酒、食肉；哭临葬礼者，不必赤脚；丧服上的绖带不要超过三寸；不要出动篷车与军队送葬；不要让百姓到殿里哭泣；安葬后，亲属中守丧的，原穿大功丧服（九个月）改为十五日，小功丧服（五个月）降为十四日，缌麻丧服（三个月）降为七日，期限一满都要脱下丧服；我的陵墓（霸陵）仍保持原状，不必补修；后宫中，"夫人"以下直到"少使"的宫女，让她们出宫归家。

中国古代是一个礼制社会，礼讲忠、孝、节、义，认为它们既是治国的根本，又是人道之大伦。而君主作为天下百姓之父，百姓对其的忠、孝很重要一点便是体现于君主死后的厚葬上。厚葬不仅是指葬礼的隆重，它还要求百姓守很长时间的丧，而且在此期间严禁一切娱乐活动，以表现其悲痛，可谓劳民而又伤财。

文帝轻言生死，以身作则地对太古以降、根深蒂固的厚葬制度进行变革，其开明、其勇气在中国古代君主中是前无古人的。

由于文帝和景帝生活俭朴、不尚奢华，带动了整个帝国的社会风气，使汉初形成了淳朴、节俭的民风，这既有利于百姓休养生息，又为帝国财富的迅速积累打下了基础。

"榜样的力量是无穷的"，而在上位者的以身作则更会产生深远的社会影响。文、景二帝没有靠严刑峻法来约束百姓，以要求其素朴，而是从自身做起，躬行节俭，为天下先，以导民淳朴，而收到的实际效果更胜于前者。

汉初的几任统治者都认识到了，"顺民情与之休息"是当时的要务所在，都采取了稳定社会秩序、厉行节俭、轻徭薄赋、宽法弛刑的策略，使得生产迅速得到了恢复和发展，"五谷丰熟，百姓足，仓廪实，蓄积有余"，国力得到增强。

同时，汉初的几任统治者能够实行"顺民情与之休息"的仁政，也是出于对西汉帝国长远利益的考虑。"夫国君者，将民之与处，民实瘠矣，君安得肥？"在西汉帝国初建时那种窘困局面下，统治者如果不能使民力得到休养，那么他的政权一定维系不了很久。所以，汉初"顺民情与之休息"策略，既是出于"惠民"，更是为了"利君"。

黜损诸侯王国的策略

自始皇废分封制之后，历代皇帝对分封都十分谨慎。汉初的一些异姓诸侯王，是在楚汉战争中为壮大力量不得已而为之，清灭楚项集团势力后，采取策略，寻衅找茬，铲除异姓王。在消灭异姓诸侯王的同时，刘邦为建立磐石之宗，分封同姓诸侯王。文帝、景帝时代，同姓诸侯王已经对中央王朝构成威胁，又不得不采取策略，黜损诸侯王国。

◇寻衅找茬，铲除异姓王

高帝九年（前198），未央宫落成，汉高祖刘邦在宫中大宴群臣。酒酣耳热之际，他起身向其父太上皇敬酒祝寿，并志得意满地说："从前您老人家总认为我不成材，不能经营产业，比不上二哥能干。现在您看看我所挣得的这份家业同二哥比谁更多？"太上皇乐呵呵，文武群臣都欢呼"万岁"，大笑为乐。正是由于刘邦把天下看作是自己"争于气力"夺得的私产，所以他时刻提防"气力"不比自己逊色多少的异姓王来夺取这份家产。发展到最后，刘邦只有寻衅找茬，把异姓王翦除掉才能安下心来。

楚汉战争时为了笼络韩信而封其为齐王，楚汉战争一结束，刘邦首先袭夺了这个威胁最大的韩信的军权，并徒封其为楚王，后来又以"人告公反"为借口把韩信降为淮阴侯，安排在身边监控。

接着，刘邦又认为韩地多精兵，又控制着中原要害地带，韩王信勇武善战，也使人不大放心。便在高帝六年（前201）春，下令把韩王信迁到北边防御匈奴，都晋阳（今太原南），韩王信提出，晋阳离边塞太远，不利于对匈奴袭扰的防御，要求迁都至马邑（今山西朔县）。这年秋天，匈奴看到中原麦熟便大举南下，包围了马邑。韩王信在援兵不至的情况下，投降了匈奴。刘邦率兵追击，不仅被匈奴诱围于平城白登山（今山西大同），而且七日七夜方得脱身。其后，韩王信经常作为前锋为匈奴犯边，到高帝十一年（前196）才被汉军击杀。

高帝五年（前202），赵王张耳病故，其子张敖继位为赵王，以刘邦长女鲁元公主为王后。高帝七年，刘邦经过赵国，故意轻侮张敖。赵相贯高等欲替张敖打不平，等刘邦再次经过赵国时，埋伏刺客准备暗杀刘邦，却没有成功。有人告发此事后，刘邦查明张敖确对此毫不知情，便降他为宣平侯，算是看在鲁元公主的面上从轻处理了。

高帝七年（前200）十二月，刘邦立小儿子如意为代王，由于年幼，实际上仍让他居长安。另委阳夏侯陈豨为相摄理国事并统辖赵、代边兵，对付匈奴。后来刘邦多次派人查处陈豨部下在赵国的不法行为，终于牵连陈豨。高帝十年九月，陈豨自立为代王，起兵反叛，刘邦领兵亲征击平代国，樊哙率部追斩陈豨。刘邦班师后，听说韩信已被吕后等处死，"且怜且喜"。

刘邦征讨陈豨时曾向梁国征兵，梁王彭越称病不从。刘邦怒，派人责备彭越。后来梁国一官员告发彭越，查明"反形已具"。刘邦贬彭越为庶人，流放到蜀郡青衣（今四川芦山）。彭越在流放途中见到吕后，受吕后欺骗，带回长安诬告其谋反而处死，并灭族。

彭越被处死后，刘邦下令将其尸体剁为肉酱，遍赐诸侯以儆效尤。淮南王英布十分惊恐，知道自己的下场不会比这更好，便准备谋反。但为其中大夫贲赫告发，提前发兵。刘邦不得已亲率大军前往征讨，问英布为何谋反，英布很干脆地回答：想当皇帝罢了！两军交战，英布不敌，后被长沙王诱杀。

在陈豨反叛之初，燕王卢绾也曾派兵攻打陈豨。后来却又听从臣属张胜的劝告，向陈豨通风报信，想使战争拖长而从中渔利。陈豨的降将揭发了这件事，刘邦征召卢绾入京，卢绾称病不朝。刘邦派审食其前往迎接卢绾，卢绾及其左右官员避而不见。刘邦大怒，派樊哙领兵击燕，卢绾逃出塞外，不久也投奔了匈奴。

短短七八年的工夫，刘邦把建国之初分封的八位异姓王，消灭了七名，只余下一个长沙国，由于其国又小又弱，且又需要保留其作为与南越间的缓冲，长沙王吴芮才幸得无事，并被刘邦特别褒奖为忠臣。此外，刘邦还封了许多列侯，这些人基本没有遭祸，主要是因为列侯们不临土治民，只衣食租税，对皇权构不成什么威胁。

寻衅找茬，就是故意挑毛病，制造事端。是一方决心主动去击另一方，作为另一方是无法回避的，如果不面对现实、采取有效的对策，必定会陷入被动挨打的境地而遭到失败，甚至于遭到灭顶之灾。

当初，刘邦分封几个异姓诸侯王本非心甘情愿，而是出于消灭项羽集团的目的，以封王为手段拉拢他们。所以，对刘邦而言，这些异姓诸侯王都是以一时的权变和狡诈的力量获得成功，都被封为诸侯得到封地，南面称王。一旦主要目标项羽被消灭后，刘邦马上转而着手对付异姓诸侯王。为了名正言顺，刘邦故意找出各种借口，而实际上却是"匹夫无罪，怀璧其罪"。诸侯王因拥兵据国，总使刘邦感到不安，而这些诸侯王，身居危位而不谋保身，确实失策，因而被刘邦找借口一个个地予以翦灭。

◇张良、萧何的全身之道

楚汉战争结束后，作为胜利者的刘邦曾与群臣讨论其之所以得天下的缘故，刘邦认为以他能任用三杰为最重要。三杰即指张良、萧何和韩信。韩信被刘邦封为王，张良、萧何则被封为列侯。在封建专制政体下，开国君主与功臣潜藏着内在的矛盾，"敌国灭，谋臣亡"，虽不能说尽然，但却深刻地揭示了这种矛盾的必然性。这里既有君主如何解决这一矛盾的问题，也有功臣如何处世的方式方法问题。三杰走了三条道路。韩信以功臣而被诛是位失败者，张良急流勇退而全身，萧何不废仕途而无恙，他们的人生处世哲学各异其趣。韩信已见上节，这里着重谈谈张良和萧何的处世之道。

1. "功人""自污""为家不治垣屋"与萧何的全身保家之道

萧何，沛丰（今江苏丰县）人。秦时，萧何为沛主吏掾，为官尽职，有方略，受到御史监郡者和从事的好评，晋升为"泗水卒史，事第一"。萧何一向对当时还是自己下属的刘邦很照顾，数次在吏事上祖护高祖。高祖任亭长，又常帮助他。高祖以吏的身份到咸阳服役，吏员都只出三百钱为高祖送行，唯独萧何出了五百钱。

陈胜首义后，萧何率众拥立刘邦为沛公，自己"举宗数十人"相从。楚汉相争中，萧何以丞相的身份留守巴蜀后方，侍太子，守关中，主宗庙社稷、修理宫室，使汉军有一个稳固的后方，将物资兵员源源不断地运往前线。故刘邦夸奖说："镇国家，抚百姓，给饷馈，不绝粮道，吾不如萧何。"

汉高祖五年（前202），灭项羽后，刘邦论功行封（指封列侯）。群臣争功，久不能定。在刘邦看来萧何毫无疑问功劳最大，于是便先封他为郧（属南阳）侯，食邑八千户。曾随刘邦出生入死、喋血沙场的武将们听到这一消息大为不满，纷纷议论说："臣等身披甲执锐，多者百余战，少者数十合，攻城略地，多少不等。今萧何未尝有汗马之劳，徒持文墨议论，不去打仗，地位却在臣等之上，凭什么？"刘邦听到这些议论后，召集众武将，十分严正地问他们："众位知道打猎的事吗？"武将们惊愕片刻，才答道："知道。"刘邦又问："那么，猎人与猎狗呢？"众人更是不明所以，茫然应声："当然知道。"刘邦接着说："打猎的时候，追杀兽兔的是猎狗，而指挥猎狗的则是猎人，诸君只能追获野兽，功劳类似猎狗；至于萧何，发现野兽踪迹并指明猎取目标，功劳如同猎人。"于是，刘邦力排众议，记萧何为头功。

在排定朝会位次时，武将们又提出了他们认为合适的首选人物，说："平阳侯曹参受伤七十处，攻城略地，功最多，宜第一。"刘邦既然给萧何记了头功，当然希望把他排在第一位。但曹参也是刘邦的爱将，而且他与萧何共同辅佐刘邦起事，私人感情很好，刘邦不好公开地抑曹参而扬萧何。幸好一位叫鄂千秋的大臣出来解围说：群臣议皆误。曹参虽有野战之功，属于"一旦（时）之功"，萧何全关中、供前线，此万世之功"怎么能以一旦之功加于万世之功之上呢！萧何当第一，曹参次之"。刘邦顺水推舟地同意了鄂千秋的建议，并赐封萧何一系列特权：带剑履上殿，入朝不趋，益封二千户，兄弟十余人受封。

萧何虽与刘邦同历险，共患难，义同袍泽，刘邦却并未因此对他毫无疑忌。

早在楚汉相争时，刘邦就派使者以慰劳的名义试探居于后方的萧何。萧何幸得鲍生点醒，实际上是送亲属到前线作人质，以解刘邦对后方稳固性的担忧。

即帝位后，刘邦对萧何容宠有加，特别是平定陈豨的叛乱回长安后，听说萧何协助吕后诛杀了韩信，马上"使使拜丞相为相国，益封五千户，令卒五百人，一都尉为相国卫"。诸君皆贺，独门客召平为此感到忧虑，说："祸自此开始了。皇上露营在外，而您守于内，没有遭受箭石之难，而给您加封置卫，是因为京城刚刚有过淮阴侯的谋反，对您有疑心。给您配置守卫护卫，并非以此宠信您。"原来刘邦是感于韩信谋反关中，怕萧何效仿他，所以才给萧何置卫益封。一方面是看萧何会不会也恃功而骄、图谋不轨；另一方面则是加强对萧何的监视控制，以观察其行动。萧何听罢，如梦方醒，"让封不受，悉以家私财佐军"，刘邦"大悦"。

高帝六年（前201），继陈豨反后，黥布又反，刘邦亲率大军征讨。出征前，刘邦数次派使者问相国在干什么。萧何以为刘邦担心自己工作不尽力，便说：因为皇上率军出征，自己"拊循勉百姓"，安抚生产，尽力支援前线的战事。这话没传到刘邦那里，门客又点醒萧何说：这话传到皇上那里，您也要受灭族之祸了。您现在是官居相国，功劳又被定为第一，位极人臣，无以复加。您从入关以来镇国家、抚百姓，深得民心，已经有十多年了。百姓亲附，这在皇上看来就是在收揽民心，使百姓只知有萧相国，而不知有当今天子。为了保身，您还不如贱买、强占百姓的田地，来败坏自己在百姓心目中的形象。萧何听从建议，依计而行，刘邦果然大为高兴，放心地出征黥布。在得胜返回长安的路上，关中百姓拦路上书，告"相国强贱买田宅"。刘邦只是笑着说：现在相国也与民争利了，让萧何"自谢民"。

尽管萧何多次通过各种方式，或直接，或间接地向刘邦表明自己对其是绝对忠诚的，但刘邦并未因此放松对他的戒备，时刻注意着他的一言一行。

一次，萧何为民请地：长安的土地很狭窄，人多地少，而上林苑却有空地，闲置不用，不如让百姓耕种上林苑的空地，而作物的稿不收割作为鸟兽的饲料。这样，无地的百姓既免于流失，上林苑的鸟兽也有了饲料，岂非一举两得。但就是这样一件小事也引起了刘邦的怀疑。他怒斥萧何：你是接受了商贾们的财物贿赂，得了他们的好处，才为他们请我的上林苑吧！下令把萧何交给廷尉处理。

几天后，待刘邦的怒气消得差不多了，一名卫尉才小心地询问：相国有何大罪，陛下突然把他逮捕。刘邦恨恨地说：我听说李斯为秦丞相时，为政有什么优点都归到皇帝身上，说是皇帝的英明；有什么弊端却揽到自己身上，说错误出在自己这一环上。而现在萧何收取了不法恶商的贿赂，为他们申请上林苑的闲地耕种，想以此来讨好百姓，所以我要整一整他。卫尉替萧何求情并一再表白萧何对刘邦的赤诚之心，刘邦便派使者把萧何从监狱里放了出来。

萧何已上了年纪，平素便对刘邦很恭谨，这时更是诚惶诚恐，光着脚急忙到宫中向刘邦谢罪。刘邦怒气仍然未消，对萧何说：相国还是算了吧！相国为百姓请地而我没有应允，我是想做桀纣一样的昏君，而让相国做一名贤相，正好以我的残暴反衬你的贤良。所以我囚禁你，是想让百姓知道我的过错。

萧何功高震主而又身居相国高位，刘邦不能不用他，却又时刻防范着他。萧何得以保身成功，关键在于他平日谨慎无私，以及每次都能及时地向刘邦表明自己的忠诚，包括他人代为表白。但即使如此，萧何仍没能免于一场牢狱之苦。

萧何不仅保身有道，而且还有一套惠及子孙的治家之法。

萧何也为子孙们购买了一些房屋田产，但与别的贵族不同的是，萧何所购产业必居于穷乡僻壤之地，而且他也不为家里修筑院墙。萧何这样做，是出于对子孙利益的长远考虑。他曾对人说：我的子孙们如果贤能，就会学习我的节俭；即使他们不是很贤能，也会保得住这份产业，因为有权有势的人是不会来强夺这些产业的。这便是萧何保家全身之道。

2. "划策臣""万户侯""欲从赤松子游"与张良的人生观

张良，居汉初三杰之首，是刘邦的"划策之臣"。刘邦曾说："运筹于帷幄之中，决胜于千里之外，吾不如子房。"

张良出身于韩国显族，其先人曾为韩五世君主之相。为韩复仇和恢复韩国是他一生最大的心愿。早年他与力士在博浪沙谋刺秦始皇未成，避难他乡。得到《太公兵法》后，他投身到反秦起义的行列之中，但仍以复韩故业为目的，劝项羽求得韩成立以为韩王。见到刘邦后，张良以《太公兵法》说刘邦，刘邦对之言听计从。张良感叹说："沛公（刘邦）殆天授"，遂忠心辅佐刘邦。在灭秦及与项羽争雄的战争中，刘邦的每一次胜利无不与张良的奇智息息相关。张良为汉划策，重视战机和政治效果与影响。鸿门救驾、献计，焚栈道示无还心、力谏不可与项羽划界分治等无不很好地体现了这一点。

刘邦称帝后，张良仍出谋献策，帮助刘邦"马下安天下"。

首先是献计安群臣之心。破楚之后，刘邦在洛阳南宫，望见一些将领经常三五聚拢，窃窃私语。刘邦很想知道他们在谈论什么，便询问张良。张良直言相告，那些人是想谋反。"陛下起布衣，靠这些人取得天下。今陛下已为天子，而所封赏的皆萧、曹等陛下所亲近的故交老友，所杀的皆平素仇恨的人。今军吏计功，天下不足以遍封。这些人怕陛下不能全封，又怕被怀疑有过失而杀害，所以聚集起来谋反。"张良建议刘邦先封自己最讨厌的雍齿为侯，以安诸将之心。刘邦采纳张良的计策，置酒会群臣，封雍齿为什方侯，并催促丞相御史定功行封。群臣罢酒皆喜，说："雍齿都可以为侯，我们不会有什么问题了。"于是人心安定消弭了一场可能发生的乱子。

其次，张良献计安刘盈的太子之位。称帝后不久，刘邦便欲废掉吕后所生之子刘盈，而立宠姬戚夫人之子赵王如意为太子。大臣们极力劝谏，却都无济于事。张良深知刘邦在此事上的决心，"此难以口舌争"。他献计给彷徨无策的吕后：以太子的名义，安车厚礼请天下闻名的"商山四皓"——东园公、绮里季、角里先生、夏黄公为客。这四人都是刘邦素敬仰而无法请之出山的。吕后听其计，使人卑辞厚礼，携带太子亲笔书信请来了"商山四皓"为宾客，使刘邦遂打消了废易太子的念头。

张良这一次对刘邦的劝谏无只言片语，而是以暗示太子羽翼已成，废之可能会引发大乱的行动，使其打消了酝酿已久的废立念头。

张良谋略的成功之处，不仅在于他为汉王朝的奠基出谋献策，使刘邦获得了一个接一个的胜利，而且还表现在他的急流勇退、成功保身之上。

刘邦论功行赏时，对未有丝毫野战之功的张良说："运筹帷幄之中，决胜千里之外，子房功也，自择齐三万户。"齐地是黄河下游土地肥沃、百姓富庶之地，而且食邑三万户，封赏之厚，远在列侯之上。然而张良推辞道："我于下邳起兵，至留地遇着陛下，是上天把我交给了陛下。幸而陛下用臣之计谋得到天下，算是巧合于时运吧！臣不敢居功受齐地三万户的厚赏，愿受封于留地（一万户），则心愿足矣。"

张良对自己的功绩轻描淡写、虚怀若谷，而且把自己谋略的成功归之于刘邦得天之命上，既使自己的功绩显得微不足道，又赞扬了刘邦得天下乃天命所归。这样，便去掉刘邦对他的猜忌之意，可谓高明的去疑之道。

刘邦定都长安，张良随其入关中以来，便以身体不好为由，有一年多不出府门，目的是观察政坛上的动静。

张良知道，刘邦必定会对异姓诸侯王采取行动，但愿能以平和的方式解决。即《黄石公三略·中略》所讲："夫高鸟死，良弓藏；敌国灭，谋臣亡。亡者，非丧其身也，谓夺其威废其权也。"就是说，要煞掉权臣们的威势，剥夺他们的兵权。然而，刘邦采取的却是一种从肉体上消灭的方式，把异姓诸侯王翦除殆尽。这使张良感到惊恐，伴君如伴虎，哪一天"龙颜"大怒，自己的脑袋便可能会搬家。随军平定了陈豨叛乱后不久，张良便对刘邦说："家世相韩，及韩灭，不爱万金之资，为韩报仇强秦，天下震动。今以三寸舌为帝者师，封万户，位列侯，此布衣之极，于良足矣。愿弃人间事，欲从赤松子（传说中的神仙）云游。"表示要退出朝廷，学仙人之术。得到刘邦的同意后，张良遂"学辟谷、导引、轻身之术，想修炼成仙"。

在中国历史上，张良是一位军事家，却不掌军权；是一位政治家，但也不掌握国家的行政权力，不受权力之累，完全是一派谦抑自守的谋士形象。到了晚年，张良先是献计于吕后而安太子之位，为自己留好了退路。接着，他以身体不好为由，不问政事，从赤松子游，学辟谷、导引、轻身的仙人之术，更给人一种自甘隐逸的形象，使刘邦对他完全放下心来。可见，张良走的是明哲保身之道！

✧张良与《黄石公三略》

《黄石公三略》又名《黄石公记》，是一部享誉海内外的兵谋经典，即所谓《武经七书》之一。然此书的作者是谁至今尚难定论。

旧题黄石公撰。但也有人认为《黄石公三略》就是《太公兵法》，有的认为是张良所著，还有的认为是西汉末年熟悉张良事迹的隐士所为（许保林《黄石公三略浅说》）。这些意见虽不相同，但都认为此书与张良有关系则是共同的。当年张良在下邳避难，圯（桥）上老父（神人）向张良授《太公兵法》，并说："十三年后年轻人来见我，济北谷城山下的黄石就是我。"十三年后，张良随高帝经过济北，果见谷城山下的黄石，取回去祭祀。留侯死，一起葬了黄石。以后每逢扫墓以及冬夏节日蔡祀张良也同时蔡祀黄石。这是有关张良与"黄石"公及其受书的最早记载。以上所列各家之说，皆由此歧生。东汉刘秀于建武二十七年（51）大段地引用此书。若保守一些讲，此书产生在此年以前上至张良这一段时期，是毋庸置疑的，若从其思想内容而言，此书可能是张良隐退时的手笔。

《黄石公三略》分上略、中略、下略。全书四千余言，较广泛地论述了许多治国、治军、用将、统兵的深刻道理和谋略。

《上略》是全书的主要部分。主题思想是"设礼赏，别奸雄，著成败"，即规定礼仪的内容和奖赏的准则；区别英雄和奸人的界限；提醒人们要多思成功、失败的原因。晓《上略》，"则能任贤擒敌"，甚或可以"为帝王师"。

为什么要设礼赏？"夫用兵之要在崇礼而重禄。礼崇则智士至，重禄则义士轻死。故禄贤不爱财，赏功不逾时，则下力并、敌国削。""香饵之下必有悬鱼，重赏之下必有死夫。"为收揽人心，才能战胜敌人。作者提出"将帅者，必与士卒同滋味而共安危，敌乃可加"，才能战胜敌军，获得全胜。从前良将用兵，有人送他一箪美酒，他叫人把酒倒在河里，与士卒同流而饮。一箪美酒虽不能使一河水都有酒味，而全军却因此愿为之效死力战，这是将帅与士卒同甘共苦的缘故。

别奸雄，即区别谁是英雄良将，谁是奸邪败将。"良将之统军也，恕己而治人；推恶施恩，士力日新，战为风发，攻为河决，故其众可望而不可当，可下而不可胜。以身先人，故其兵为天下雄"。怎样才算是良将呢？良将者，必须是严于律己，以身示范，所谓"军井未达，将不言渴。军幕未办，将不言倦。军灶未炊，将不言饥。冬不服裘，夏不操扇，雨不张盖，是谓将礼"。至于奸邪败将，作者将其特点归结为八个方面，即"拒谏""策不从""善恶同""专己""自伐（夸）""信谗""贪财""内顾"，由此导致"英雄散""谋士叛""功臣倦""下归咎""下少功""众离心""奸不禁""士卒淫"等众多弊端。

著成败，即分析成功之原，以励为成功而奋斗。总结失败之因，以免重蹈失败之覆辙。

《中略》的主题思想是："差德行，审权变。"即论述德行的差别，审察权术之变。作人主，深晓《中略》，"则能御将统众"；作为人臣，深晓《中略》，"则能全功保身"。

《中略》非常重视德行，强调要想治国治民，作为帝王必须"体天之道，法地之理""制人以道，降心服志"，这样一来，才能"有言有令，天下太平"。

审权变，作为国君和统兵的将领，要对权变有高度的认识，并要善于运用，才能克敌制胜。在讲述以权变用人时说："使智，使勇，使贪，使愚，智者乐立其功，勇者好行其志，贪者邀趋其利，愚者不顾其死，因其至情而用之，此军之微权也。"这就是说要根据智、勇、贪、愚四种不同类型的人的不同特点而实行不同的驾驭方法，唯有如此，才能战胜敌人。

战事结束后，君主如何安置功臣，作者指出："敌国灭，谋臣亡。亡者，非丧其身也，谓夺其威，废其权也。"实行封赐"以悦其心"。为君主安置功臣提供了途径和理论。同时对功臣"全功保身"，也具有极大的借鉴意义。

《下略》的主题思想是"陈道德，察安危，明贼贤之咎"。即阐述道德、分析安危，说明迫害贤人必遭灾祸。深晓《下略》，"则能明盛衰之源，审治国之纪"。

作者指出"有德的君主，是用乐来使众人快乐；无德的君主，只知击鼓吹笙，使自己快乐。与民同乐的，国家就能长治久安；只知道使自己快乐的，不久就会灭亡"。作者进而一针见血地说：正人之本在自身，自己不先正而去教训别人是违背常理而难以服人的；先使自己的品行端正而后去感化别人的，理顺而易服人。所谓："正人必先正己。"因此，君主要治理好国家使臣下遵纪守法，必先从自己做起，然后，才能去正人。

作者简明扼要地说明任用"善者"与"恶者"将会造成的不同影响和后果。废弃一个好人，就会导致许多好人丧气引退，奖赏一个坏人，就会导致许多坏人蜂拥而至。贤臣被亲近，奸臣就会被排斥在外。奸臣掌权，贤臣就会被陷害。亲近奸臣，疏远贤臣，祸乱就会延及后世子孙。

《黄石公三略》属于治国理军的战略性的权谋著作，收揽众心、驾驭将帅，揽贤去奸是其分别反复阐述的论题。

《黄石公三略》的思想体系具有明显的汉初黄老道家的特点，兼采有儒、法、阴阳而糅为一体。如"柔能制刚，弱能制强""全功保身"、提倡"逸政"等都是黄老思想的精要之所在。"崇礼而重禄""赏罚必信""主不可无德""不可以无威""务广德者强"等都是其所糅合进来的儒法思想。这种黄老思想支配着全书所言的治国理军的法术，也正是这一思想赋予了《黄石公三略》在诸种兵家经典中的特色。

◇ "王子弟"与刘邦的深谋远虑

刘邦登上皇帝宝座后，先是着手消灭了可能会争夺他刘氏天下的异姓诸侯王。接着，着手封同姓王。

在刘邦看来，秦之所亡的重要原因，就是其子弟无尺土之封，危急之时不能互相救助。刘邦认为，建立诸侯王国，这便如同一棵大树，除了主干外，又生出许多旁枝。旁枝可以挡风遮雨，起到保护主干的作用，而且由于主干与旁枝血脉相连，也无离心背德之虑，故他决定封子弟，立"枝辅"。

刘邦在世时，被封为同姓诸侯王的子弟共有九个。

其中兄弟辈三人（同时代共存者实为二人）。刘邦的堂兄弟刘贾，楚汉战争中颇多战功，封为荆王，"王淮东五十二城"（汉高帝十一年，淮南王英布反叛，攻打荆国，刘贾被英布乱军杀害，国除）；同父少弟刘交，封为楚王，都彭城，王二十六县；刘邦的二哥刘喜封为代王，受封的第二年，即高帝八年（前199）因畏怯匈奴临阵脱逃，被贬为合阳侯，到汉高帝十二年（前195），才封其子刘濞为吴王，"王三郡五十三城"。

封其子八人。刘邦的长子（庶子）刘肥，封为齐王，以"胶东、胶西、临淄、济北、博阳、城阳三十七县"为封地。刘邦第七子（庶子）刘长，封为淮南王；戚夫人所生子如意封为赵王；刘邦第六子（庶子）刘友封为淮阳王、第五子（庶子）刘恢封为梁王、第四子（庶子）刘恒封为代王、第八子（庶子）刘建封为燕王。

九个同姓诸侯王，领有全国五十四郡中的三十九个，其封国面积占据了汉帝国的大部分，中央政府直辖了十五郡，地理位置大致与战国时的秦国差不多。

封子弟的目的在于立枝辅，以"惩戒亡秦孤立之败"。正如文帝时宋昌所言："高帝王子弟，地犬牙交制，所谓磐石之宗，天下服其强也。"在平定诸吕之难中，起过一定的威慑作用。但是刘邦所封诸侯原本就国大势大，末流也泛滥四溢。小者荒淫违法，大者横行无道，以致害身丧国。这大概是刘邦深思远虑所料想未及的。

刘邦在封子弟为诸侯王时，曾杀白马为盟，立誓曰"非刘氏而王者，天下共击之"。即只封同姓王，不封异姓王。这一规定不仅影响到整个汉代，而且对汉以后封王者如晋武帝、朱元璋之辈，都有着深远的影响。

◇损抑藩王，贾谊的治安策略

同姓诸侯王发展到文帝时代，对中央王朝威胁业已显露，大有咄咄逼人之势。洛阳奇才贾谊上《治安策》，详细地阐述了其对天下局势的看法及解决各种社会弊端的策略。

1. "众建诸侯而少其力"

贾谊在《治安策》中，首先唤起文帝的危机意识。他认为当今的形势绝不容乐观，正犹如在柴草下纵火，而人却躺在柴草之上，在火没烧上来之前，强言平安。而具体的社会危机则是，"可为痛哭者一，可为流涕者二，可为长太息者六，若其他背理而伤道者，难遍以疏举"。而其中迫在眉睫的危机，贾谊以为便是诸侯王势力的坐大。贾谊把中央政府与诸侯王的紧张关系，比喻为一个人得了浮肿之病：小腿粗如腰，手指肿得如同大腿，平躺着不能伸展自如，想移动一下，又怕身体失去平衡。如果，"失今不治，必成锢疾，后虽有扁鹊，不能为已"。而且，天下之势，"浮肿"与"蹠戾"（脚掌相反）共生：几个大的诸侯王与皇帝关系疏远，却享有跨州连郡的封国，而与皇帝亲近的宗室子弟却无封地，以安定社稷。长此下去，与皇室疏远，且势力强大的诸侯王必定会势逼天子。

对于这两种相伴而生的社会恶疾，贾谊对症下药地提出了"欲令天下之治安，莫若众建诸侯少其力"的良方加以治疗。即令诸侯王的子孙，依次分割其父辈封地，"地尽而止"。这样，诸侯王越来越多，而各诸侯国所占有的土地会越来越少，"力少则易使以义，国小则亡邪心"。假如这一策略真能得到贯彻执行，天下的形势必定会为之一变，诸侯王与中央政府的关系会成为"如身之使臂，臂之使指，莫不制从，诸侯之君不敢有异心，辐辏并进而归命天子，虽在细民，且知其安"。

贾谊所上的《治安策》，使文帝受到了很大的震动。但由于文帝是由宗室大臣拥立的，不敢贸然触动那些实力强大的诸侯王。所以他在实施"众建诸侯少其力"这一策略上很不坚决，只是齐文王刘则死无子，才把最大的齐国分为六国，封故齐悼惠王刘肥（刘邦庶长子）的六个儿子为王：杨虚侯刘将闾为齐王，安都侯刘志为济北王，武成侯刘贤为菑川王，白石侯刘雄渠为胶东王，平昌侯刘印为胶西王，劫侯刘辟光为济南王。文帝还趁淮南王刘长谋反自杀之机，分淮南国为三，让刘长的三个儿子全数为王：阜陵侯刘安为淮南王，安阳侯刘勃为衡山王，阳固侯刘赐为庐江王。

"众建诸侯少其力"的策略，就是从内部削弱、分化诸侯王国。多建诸侯易为其所接受，国多而小则易为中央所制。这一策略对后世影响颇大。

2. 以亲制疏，拱卫皇室

文帝是从代国入朝为帝的，后来便分代为二国，立皇子刘武为代王，刘参为太原王，小子胜则为梁王。不久又徙封代王武为淮阳王，恢复原代国地盘，以太原王刘参为代王。文帝九年（前171）夏，梁王骑马摔死无子。贾谊见前策不见很好地实施，便乘机给文帝上书，献了一个急救性质的对策。

贾谊明确指出：现今中央政府可倚为屏障，以及将来太子即位也可信赖的只有两位皇子，淮阳王刘武与代王刘参。而如今，代国北与匈奴为邻，力量能够自保就不错了。而淮阳国地小力弱，不但没有力量牵制其他诸侯国，反而会引发大国吞并它的欲望。贾谊建议，扩大梁国和淮阳国的版图，改封皇子刘参为梁王。将以梁王和淮阳王牵制各诸侯国，"则大诸侯之有异心者，破胆而不敢谋"。如梁国足以抗拒齐国与赵国，淮阳国足以牵制吴国、楚国，则"陛下高枕，终亡山东之忧矣"。文帝采纳了贾谊的建议，致封皇子刘武为梁王，国土北到泰山，西到高阳（山东高密），辖境内四十余个大县。

"以亲制疏"的亲和疏，既可指血缘关系的亲疏，也可以指非血缘关系的亲疏，其实质就是利用感情深的牵制感情浅的。贾谊此策，则是要用血缘关系亲的诸侯王来牵制血缘关系疏远而有异心的诸侯王。

刘武与太子刘启是同母所生，在中央与诸侯王的对抗中，自当成为中央王朝的坚强堡垒。而且，梁国地处战略要害，乃是渐露叛迹的几位诸侯王，西向的必经之地。扩大梁国的版图，增强其实力，可牵制住齐、吴两大诸侯国，拱卫处于关中的中央政府。文帝死后景帝即位，吴楚七国叛敌向西时，梁国果然拼死抵抗，为中央朝廷平定叛乱发挥了重大作用。贾谊深谋胜算，令人佩服。

诚如贾谊所言"以亲制疏"也只是应付突发事变的权宜之计，只能取"二世之利"，即文、景二帝可用以治安，而非长久之策。所谓的"亲"传过几世后，也变为"疏"，不一定会与中央政府同进退了。

◇晁错的"削藩策"与吴王濞的"清君侧"

景帝时吴王等诸侯的反形逐渐显露，被景帝称为"智囊"的御史大夫晁错认识到问题的紧迫性，向景帝上《削藩策》削藩。以吴王濞为首的诸侯王，以"清君侧"为幌子，发动吴楚七国之乱，公然武力对抗中央王朝，险象环生。

1. 晁错的削藩策

晁错在上呈景帝的《削藩策》中指出："昔高帝初定天下，兄弟少，诸子年幼，大封同姓为王。所以庶子刘肥为齐悼惠王统辖齐国七十二城；庶弟刘交为楚元王统辖楚国四十城；兄长的儿子刘濞为吴王统辖吴国五十余城。这三个诸侯国，占有了全国一半的土地。今吴王因为他的太子被杀，谎称有病不来朝见，按古法应当诛，文帝不忍心，赐他几杖，恩惠够厚的了。吴王不改过自新，反而更加骄横放纵，公然就山铸钱，煮海水为盐，诱惑天下亡命之徒蓄谋叛乱。今削他的封国他要反，不削也要反。削之，其反急，祸小；不削之，其反迟，祸大。"（《汉书·荆燕吴传》）晁错以政治家的敏锐眼光，看到了吴王三十年来苦心经营，只待时机成熟，便要谋反。与其坐待其准备作乱，不如先发制人，削弱其力量。

景帝把晁错"削藩"的建议交给公卿、列侯和宗室讨论，大家都不敢贸然发表意见，只有外戚窦婴反对"削藩"。但此时，景帝在晁错的劝导下，决心已定，开始实施一连串的"削藩"。楚王刘戊，为薄太后服丧期间留女子在服舍同宿，削其东海郡；赵王刘遂有罪，削其常山郡，胶西王刘卬在执行政府卖爵事件中，舞私欺诈，削其六个县。

晁错的"削藩"与贾谊的"众建诸侯"有着殊途同归、异曲同工之妙，两者都是为了削弱诸侯王的实力，以便于控制。但两者相较而言，前者较后者更加急进一些，当与吴国谋反已迫在眉睫的危急形势有关。

2. 吴王濞的"清君侧"

吴王刘濞，是高帝刘邦兄长之子，在定黥布的叛乱中表现得勇猛善战。刘邦担心吴地百姓轻悍，不好管理，便以刘濞为吴王。分封完毕后，刘邦召见了刘濞，见其面有反相，有些后悔，但臣下都已知之，不好改动。于是刘邦抚其背说："汉立国五十年后东南有乱，难道会是你吗？然天下同姓一家，慎无反！"刘濞顿首曰："不敢。"

吴国是刘邦所封同姓王中仅次于齐国的第二个大国，"王三郡五十三城"。吴境内豫章郡有一座铜山，盛产铜矿，刘濞招罗天下亡命之徒，开铜山矿铸钱，一时"吴钱"遍天下。而且吴国东临大海，刘濞又派人煮海水产盐。因而吴国的经济迅速发展起来，成为诸侯王国中的首富，其经济实力可以与中央政府分庭抗礼。

文帝时，吴王刘濞的太子入京朝见，与皇太子刘启（日后的景帝）聚饮赌棋。吴太子素来为吴王所骄纵，性格轻佻，凶悍。在与刘启争输赢时，吴太子态度恶劣又出言不逊。刘启一怒之下，拿起桌上的棋盘掷向吴太子，不小心正中要害，打死了吴太子。文帝下令把吴太子的尸体运回吴国安葬。刘濞得知自己宠爱的儿子是被皇太子打死的，大怒，说："天下一家，死长安即葬长安，何必来葬。"又派人把尸体运到长安下葬。从此后，吴王刘濞对中央产生了怨恨情绪，声称有病，而不按时朝见。文帝知其是因为儿子的缘故，于是责问吴国派来的使者。使者言："天子审察臣下私情，像察见渊中鱼一样，臣下会忧患生变，不祥。"即是说君主太过精明，洞察到臣下的一言一行，反而会激臣下生变。于是文帝采取怀柔政策，放吴使者回国，赐给刘濞"几杖"，准许其不朝见。

吴王因文帝的怀柔政策，而打消了仓促起兵的念头，但其与中央政府对抗的野心并未因此消除，而是更加处心积虑地准备作乱。吴王因境内拥有可铸钱的铜矿，与百姓的生活必需品食盐，特许百姓不缴纳任何赋税，中央政府到吴国征兵役，吴国便替百姓出钱雇人代为服役。而且逢年过节，吴王亲自慰问境内有名望的人，大加赏赐百姓。吴王还包庇各地逃来的罪犯，不许中央政府及其他诸侯国入境搜捕。

吴王刘濞在其三十余年的统治中，坚持不懈地采取上述策略笼络民心，积蓄力量，为其叛乱做准备。

景帝即位后，吴王痛恨其打杀吴太子，不臣之心更加昭然。特别是中央政府一连串雷厉风行地削减封国土地，使吴王刘濞认识到其锋芒迟早会指向自己，于是刘濞下决心起兵叛乱。但吴国虽然国富民强，如以东南一诸侯国起兵，仍显势单力孤，于是吴王在诸侯王中搜寻自己的同盟者。首先，吴王派使者游说"好兵，诸侯皆畏惮"的胶西王刘卬。刘卬此时正因失去六县，而同中央产生了敌视情绪，双方一拍即合。胶西王又联合了齐、菑川、胶东、济南、济北、楚、赵几国，约定共同起事。

景帝前元三年（前154），中央削去吴国会稽、豫章二郡的诏令下达后，吴王刘濞诛杀中央所置官吏，起兵叛乱。胶西、胶东、济南、菑川、楚、赵六国也同时发兵响应，齐王刘将闾突然后悔，紧闭城门，拒绝行动，济北王刘志也被中央所置的郎中令劫持，不得响应。

吴王刘濞起兵，动员了全吴的武装力量，规定上到六十二岁，下至十四岁的男子全部从军，并以重赏激励叛军将士。吴国的军队从广陵（今江苏扬州）出发，西渡淮河与楚军会合后，吴王刘濞发表了一份公告，通报天下诸侯王："以汉廷有贼臣晁错，无功于天下，却侵夺诸侯之地，使官吏弹劾、审讯和治罪，专以侵辱诸侯为事。对刘氏骨肉不以诸侯之礼相待，拒绝先帝功臣，进任奸人，扰乱天下，欲危社稷。陛下多病，意志松懈，不能省察。我欲举兵诛晁错，谨闻指教。"

在这份公告中，吴王提出了发兵的原因是"贼臣错……欲危社稷"，发兵的目的也仅限于"诛晁错，清君侧、安定社稷"，可谓一项高明的策略。因为古代中国社会中，统治者竭力宣扬的忠君思想，根深蒂固于百姓头脑中，谋反则名不正、言不顺，没有号召力，所以叛乱者总是要为自己寻找一个兴兵的借口。刘濞提出了"清君侧"的策略，使自己不仅摆脱了叛乱者的形象，而且以一副为国忠君的面目出现，既为起兵找到了借口，又能号召天下，还可以在一定程度上麻痹景帝的警觉，真是一举而三得。后世许多叛乱夺权的时代，如隋朝李渊以诛宇文化及而起兵长安，朱棣以诛黄泰、齐子澄起兵于燕，打出的都是"清君侧"的旗号。然而，同吴王刘濞一样，"醉翁之意不在酒，在乎山水之间"，所"清"者往往不是"君侧"，而是"君"。于此，景帝心下应当明白，可惜景帝一时彷徨幻想，听信袁盎的建议，腰斩了晁错，谋求七国退兵。刘濞非但不退兵，反而撕掉"清君侧"的面纱，公然自称"东帝"，继续进攻中央王朝，反情大白于天下。

❖断其粮道而坚壁待饥，周亚夫平定吴楚七国叛乱

景帝腰斩了晁错后，立即以袁盎为太常，德侯刘通为宗正出使吴国。到了吴国后，刘通先入见吴王刘濞，要其受诏。刘濞大笑说："我已为东帝，还要向谁拜？"其争夺皇位的野心彻底暴露。景帝如梦方醒，悔恨其不该杀晁错，同时下定决心以武力镇压叛乱。

景帝任命周亚夫率军平叛。周亚夫率军从长安出发，迅往迎击叛军；派曲周侯郦寄率军攻击赵国；派将军栾布攻击胶东、胶西、济南、菑川四国，以解齐国之围；命大将军窦婴屯兵荥阳，策应各路部队。周亚夫出发前，向景帝请示："楚兵剽悍轻捷，难以交战取胜。希望先放弃梁国，让他们进攻，我们断绝他们的粮道，便可制伏。"即针对吴楚联军锋芒正盛，实施先予后取，避锐击馁的策略，景帝予以批准。

周亚夫率大军向荥阳进发。行至灞上时，有一位叫赵涉的人，拦住马头问周亚夫："将军东诛吴楚，胜则宗庙安定，不胜则天下危急，能用臣之言吗？"周亚夫慌忙下马求教。赵涉言："吴王素富，长期蓄养敢死的勇士，此知将军将行，必定会在崤渑险要处设伏兵，且打仗贵在神秘，将军何不从此右去，走蓝田，出武关，抵洛阳，时间不过相差一二日，直入武库，擂响战鼓。诸侯闻之，以为将军是从天而降。"赵涉所献乃是一条轻车间道，出敌不意的策略。周亚夫听其言，南出武关，经南阳到洛阳，据有洛阳武库，抢先占领了荥阳，控制了储藏粮食的敖仓，采取措施，安定民心。派人到崤山、渑池间，果搜得吴王派遣的伏兵，证明了赵涉的分析完全正确。

此时，吴楚联军正在猛攻梁的首都睢阳（今河南商丘）。文帝曾实行"以亲制疏"的策略，把景帝的同母弟刘武封为梁王，七国叛乱后，梁王果然坚定地站到中央一边来。叛军一路势如破竹，遇到梁军的抵抗，猛烈进攻，梁军伤亡惨重，"杀数万人"，梁王刘武请求周亚夫出兵攻击叛军，以减轻自己一方的压力。

周亚夫收到梁王的求救信后，与其门客商议破敌之计，邓都尉建议周亚夫"率军在东北的昌邑筑垒坚守，先放弃梁国，吴必以精锐攻梁国。将军深沟高垒坚守，使轻兵绝淮泗口，塞吴饷道。吴梁相斗疲敝而且粮草耗尽，然后以全强制其疲极，必定破吴"。邓都尉此计，与周亚夫先前判定的策略，不谋而合。于是周亚夫确定了"坚壁昌邑南，轻兵塞吴饷道"的作战方针，率大军攻下了昌邑（今山东金乡）后，坚守不出。梁王见援军不至，向景帝告周亚夫的状，景帝派使者命周亚夫出兵。周亚夫以"将在外，便宜从事"为辞拒不出兵，只派出高侯韩颓当（原韩王信之子）等将领，率轻骑兵部队，南下渡过淮河、泗交流口，绕到吴楚联军之后，切断其粮食补给线。

吴楚联军久攻睢阳不下，不得向西推进，于是转向东北，直攻昌邑，欲与汉军主力决战，但周亚夫按既定的作战方针，坚守不出，由于营寨坚固，叛军无法攻入。

由于切断了叛军的补给线，吴楚联军因粮秣供应不上，兵士多饿死，或开小差，刘濞只好下令撤退。周亚夫见叛军退却，马上出动精锐追击，吴楚联军大败，吴王后为东越所诱。

胶东、胶西、济南、菑川四国部队，围攻齐国，也是久攻不下，栾布率援军赶到后，与齐国里外夹击，大破四国。齐王因早先曾与吴王有约，畏罪自杀；胶西王与其太后、太子皆自杀；胶东王菑川王、济南王被汉军诛杀。赵国部队开始曾与郦寄所率汉军对峙，而栾布破齐后，赶来支援郦寄，水灌邯郸，城破后赵王自杀。参加叛乱的济北王，请求梁王代为说情，得到赦免。

吴楚七国之乱，仅历时三个月，即被平定。这除了叛乱不得人心之外，也与双方在战略战术上的得失有关。

吴王起兵时，大将军田禄伯曾自愿领五万精兵，攻取长沙，淮南之地，直入武关，与主力部队会师关中。但吴王不敢把军队委与他人，拒绝了田禄伯的建议。另有一位年轻的恒将军，向刘濞建议：吴国步兵多，宜于险地作战；而中央军骑兵多，宜于平原作战。所以最好是对所经过的城池置之不理，而直扑洛阳，夺取武库与敖仓，依仗崤山与黄河的险固，号令诸侯，可轻取天下。这是一种高明的蛙跳战术，轻骑速进，直捣黄龙，但刘濞对这一建议也拒绝采纳。

吴楚叛军兵精粮足，这是其之所长，而周亚夫出奇兵间道抢占武库、敖仓，在不担心自己的武备与粮草的同时，迅速切断吴楚叛军的粮草供给线，然后坚壁清野，拖垮叛军，乃至消灭叛军，平定吴楚七国之乱。

◇抑损诸侯，巩固皇权

平定了吴楚七国的叛乱后，景帝趁机采取策略削弱诸侯王们的实力，加强中央对各封国的控制。

　　首先，景帝继续推行"众建诸侯少其力"的政策，在参与作乱的吴、楚、赵、齐四国旧地，陆续封皇子十三人为诸侯王。这样，原来封国中实力最强、地域最广的齐、吴、楚、赵被分割成小块，其实力与往日也不可同日而语，而且封皇子为王，也可起到以亲制疏、拱卫皇室的效果。

　　其次，景帝还把诸侯王对其封国的行政管理权与官吏任免权收归中央，并裁减封国官吏，降黜官吏的秩位。原来，各封国的官吏，除丞相、太傅及二千石官员由中央委派以外，其他皆由诸侯王自行任命，因此，诸侯们很容易培植自己的势力。景帝于中元五年（前145）下诏："令诸侯王不得复治国，天子为其封国置吏，改丞相曰相，省御史大夫、廷尉、少府、宗正、博士官、大夫，谒者、郎、诸官长丞，皆损其员。"即剥夺诸侯王对封国的管理权与官吏的任免权，使他们只享有"衣食租税"的经济权力，与列侯无异。而且还裁减各封国的官吏，降低官员们的等级，使各诸侯国从制度、规模上都无法与中央比拟。这样，各诸侯王既无权过问政事，又不得任免官吏，从而置于中央派来的官吏的监控之下，诸侯王坐大的问题，至此基本得到解决。

　　"众建诸侯少其力"以及对诸侯王的其他损抑策略，在诸侯势力正盛时是难以实现的，只有在平定吴楚七国之乱，诸侯势力遭到沉重打击而被削弱的条件下，才能较好地实现。

匈奴、南越与汉廷的羁縻方略

　　我国各民族都各自有着丰富的谋略文化，汉初，冒顿单于在振兴匈奴，兼并大漠过程中的智谋就很有成效。汉朝因先后同异姓和同姓诸侯王斗争，尚无力他顾之时，对强势的匈奴及割地称王的南越赵佗所采取的一些羁縻方略，加强了民族融合。

◇冒顿振兴匈奴的智谋

　　秦始皇时期，匈奴的第一任单于头曼在位，遭到蒙恬四十万大军的打击后，东胡、月氏等北方游牧民族也趁机进攻匈奴，不得已，头曼只得率众北迁。冒顿单于继位后，采取系列谋略，使匈奴得以振兴。

　　1. 鸣镝指射，冒顿弑父自立

　　冒顿是头曼单于的长子，由于机警聪慧而自幼就被立为单于位的继承人，冒顿的母亲早死，头曼单于继娶了一位新阏氏并生下一子。头曼宠爱新阏氏，欲立其子为继承人，但匈奴之法，已经指定的单于继承人，不可轻废。于是，头曼单于想出了一条借刀杀人的毒计：他先与匈奴人的世仇月氏讲和，并把冒顿送到月氏那里作人质，接着，头曼单于就撕毁与月氏人的和约，杀掉月氏人送来的人质，发兵进攻月氏，欲激怒月氏人而使之杀冒顿。果然，月氏人中计，欲杀冒顿以泄愤。生死之际，年幼的冒顿盗取了月氏的一匹善马，逃回匈奴。头曼见冒顿机灵勇壮，动了父子之情，不忍心再加害冒顿，反而让他自领万骑。但头曼所宠爱的那位新阏氏，见冒顿归来，便不断怂恿头曼再出良策,处死冒顿,好立自己的儿子为单于继承人。

冒顿从月氏逃回后,知道自己的危险并没有完全解除,这时他手里已经有一支武装,他便决心用这支武装自保。冒顿日夜练兵,率领属下射猎鸟兽。不久,冒顿制作出了一种供他使用的、会发出声响的箭,规定以这种响箭为号令,自己发箭,属下要一齐射击鸣镝飞向的目标。并立下军令"鸣镝所射,而不悉射者斩之"。一日,冒顿以鸣镝射自己心爱的坐骑,有些将士有些犹豫,观望而后发,冒顿把后发者全部处死。又有一次,冒顿与自己的爱妃出游,突然以鸣镝射之,将士们不敢发箭,冒顿把他们全部杀掉。过些时日,冒顿以鸣镝射头曼单于的坐骑,将士们不敢犹豫,皆随鸣镝发箭。至此,冒顿在其将士中,培养起盲从鸣镝的习惯心理和对鸣镝号令的绝对服从,他报复的时机已经到了。

秦二世元年(前209),头曼率众游猎,冒顿带领一部分将士随其同行。冒顿勒马慢行,渐渐地落到了其父之后。突然,冒顿拉弓搭箭,以鸣镝射头曼单于,将士们不加犹豫,皆向鸣镝所指的方向发箭,头曼单于被乱箭射死。弑父后,冒顿率游猎的队伍驰归王庭,尽杀其后母与弟及大臣中不服从者,并自立为单于。

冒顿杀父自立后,在匈奴内部创立了一套军政合一的政治制度,增强了匈奴骑旅的组织性与机动灵活性,使匈奴的力量迅速恢复并壮大起来。

鸣镝指射,作为一种谋略,自有其特点。它潜藏着施谋者不可告人的阴谋,通过培育部下盲目的、绝对的服从习惯来实施其阴谋。冒顿用以弑父,用鸣镝指射在自己的部队中树立起绝对权威,使将士对其唯命是从,同时也通过几次严惩不盲从者以强化这种盲从训练,最后用以弑父,果然成功,终于实现了他的阴谋。

2. 忍侮惑敌而激众,冒顿破东胡而并大漠

秦汉之际,匈奴处于中原王朝、东胡、月氏的三面包围中。中原地区因楚汉相争而无暇北顾,东胡却看到冒顿刚刚继立,其政权尚不稳定,有机可乘,便向匈奴寻衅。东胡王先是遣使来见冒顿,要求匈奴把原头曼单于的千里马送给东胡。冒顿召集大臣们商议,群臣皆说:"千里马,匈奴宝马也,勿与。"冒顿却说:"奈何与人邻国而爱一马乎?"便把千里马送给东胡王。

东胡王见一次寻衅即成，又遣使到匈奴，要求得到冒顿单于的阏氏。冒顿又问群臣，群臣义愤填膺，皆怒曰："东胡无道，乃求阏氏，请击之。"冒顿却说："奈何与人邻国而爱一女子乎？"不顾大臣们的反对，还是遣使把阏氏送给了东胡王。东胡王两次得手后，以为冒顿软弱可欺，匈奴骑旅怯懦不足虑，又提出要得到匈奴弃置不用的一片空地。冒顿再次召集二十四长讨论，一些大臣说："此弃地，予之亦可，勿予也可。"冒顿闻此言，大怒曰："地者，国之本也，奈何予人！"下令把主张割地的大臣全部杀掉。然后，冒顿亲领大军，以前次请战的几位将领为先锋，出击东胡，东胡毫无准备，被冒顿单于打得大败，尽掳其百姓、畜产。

接着，冒顿单于挟大破东胡之威，西击走月氏并"夷灭之"，南吞并楼烦、白洋，收复失去多年的河南地，并以之为根据地，"北服混窳、屈射、丁零、隔昆、新犁"，"楼兰、乌孙、呼揭，及其旁二十六国，皆以为匈奴。诸引弓之民并为一家"。冒顿单于首次统一了浩瀚的大漠南北，建立起一个强大的游牧民族政权，即使是西汉帝国也受到其威胁。

忍侮惑敌。忍侮有多种功用，而冒顿的忍侮主要是惑敌，其次则在于激众。忍侮就如弹簧受到压力，压力愈大，反弹力就愈强。冒顿几次忍辱，既迷惑了东胡，又激励了将士的士气，结果一声号令便击垮了东胡，挥师西向又统一了大漠南北，即使汉王朝也受到了其威胁。就此而言，冒顿的雄才大略可与秦皇汉武相提并论。

◇以弱示敌，刘邦白登受困

楚汉战争结束后，刘邦徙韩王信于代，都马邑（今山西朔县），以防御匈奴的袭扰。高帝七年（公元前200），匈奴围攻马邑，韩王信久候援兵不至，遂投降了匈奴，并引匈奴南逾句注（今山西大同市境内）、攻太原、兵至晋阳（今山西太原一带）。

刘邦深以匈奴为忧，但不知其虚实，不敢贸然迎击，于是派十几批使节出使匈奴，以侦察其军事实力。冒顿洞察到汉使频繁前来的目的所在，遂把精锐部队与肥壮牛马全部藏匿，使汉使只看到匈奴的老弱病残及衰老疲弱的牲畜。汉使返回后，把亲眼所见汇报给刘邦，并"皆言匈奴可击"。刘邦仍不放心，再派刘敬出使匈奴，作最后的观察。刘敬尚未回报，刘邦认为再拖下去，可能会丧失战机，遂迫不及待地举三十二万大军出击匈奴，打算一劳永逸地解决北部边患。大军刚越过句注，恰逢回报的刘敬。刘敬报告刘邦，自己所见的与前几批使节见到的完全一样，但刘敬分析其中有诈，说："两国相击，此宜夸耀其所长。今臣往，只见瘦牲畜和老弱人，此必是故意显示短处，埋伏奇兵以争取胜利。"并作出判断"愚以为不可击"。此时，大军正在迅速推进中，刘邦闻"不可击"大怒，斥骂刘敬曰："你这齐国的奴才！靠口舌得了官位，今竟敢用胡言乱语阻止我军。"并下令把刘敬押解到广武（今山西代县），听候处置。

汉军行进，遭遇风雪，由于衣衫单薄，将士们"冻断手指者十之二三"。冒顿单于与汉军稍一接触，便佯败退却，"诱汉兵"。刘邦取得小胜后，以为匈奴不过如此，亲率先头部队追击。诱刘邦至平城（今山西大同）后，冒顿单于倾全国精锐，以四十万骑兵形成对刘邦先头部队的合围之势。刘邦抵敌不过，退守白登山（今山西大同市东），几次突围都没有成功，七日七夜与外界没有任何联系。危在旦夕之际，刘邦采用陈平所献密计，派出一位降汉的匈奴人作为使节，混入到匈奴部队中，晋见冒顿单于的阏氏，送上贵重礼物，并对其说汉主不得脱，欲送美女给冒顿单于以求和。阏氏怕失宠，便劝冒顿单于说："两主不相困。今得汉地，而单于终非能居住。且汉主亦有神灵保佑，单于您要仔细考虑。"冒顿单于原本与韩王信的属下赵利、王黄有约，定期会师。而两军均未按时赶到，冒顿怕赵、王二人临时有变，与受围的刘邦形成里外夹击之势，遂下令解围一角。陈平命卫士以强弓搭双箭，团团护住刘邦，悄悄溜出匈奴重围。刘邦到达平城后，与主力部队会合。冒顿单于见战机已失，遂引兵退却。

刘邦留下樊哙平定代地的混乱，自己率大军班师。途经广武，下令把战前言匈奴可击的使者全部处死，而亲自为刘敬松绑，并致歉道："吾不用公言，以困平城。"封其二千户，为关内侯，号建信侯。

以弱示敌，就是将自己的弱点暴露给敌方，而将其强势，也就是实力隐蔽起来，造成对方轻敌、麻痹和冒进，以达到击败或消灭对方的目的。平城之役，胜利的天平迅速倾向匈奴一方，正是冒顿单于以弱示敌的结果。大凡两国交战，往往炫耀武力，夸大其实力，把二十万军队说成是五十万大军，六十万说成是百万大军等。但冒顿单于却反其道行之，以弱示敌，隐藏起自己真正的实力，使对方产生骄敌情绪。然后，诱敌深入，伏奇兵制之，果然收到了预料中的效果。反观刘邦，与强敌作战却准备不够充分，没有探测到敌方的实力，便大军冒进，稍一小胜，便轻骑脱离主力，深入险地，致有七日之围，若非陈平的密计，恐怕连命都得丢掉。

◇和亲重币，汉初忍辱求安

平城大捷后，冒顿单于自恃兵强马壮，更加频繁地南下袭扰。刘邦深以为患，但见识过匈奴铁骑的剽悍后，自知不易取胜；况此时刘邦致力于翦除异姓诸侯王，也无暇北顾。于是，刘邦召集群臣讨论应付匈奴的对策。

刘敬认为："天下初定，士卒被战争拖得筋疲力尽，未可以武力征服。冒顿弑父代立，以群母为妻，靠武力施展威风，未可以仁义劝说。独可以使用的长久之计就是让他的子孙称臣，然陛下恐怕不会这么做。"并进良策说："陛下诚能以嫡长公主嫁给单于为妻，厚礼奉送，使知汉公主出嫁送礼厚，匈奴必定会立为阏氏（单于王后），生子必为太子，接替为单于。为什么呢？因为匈奴贪图汉的厚礼。陛下每年以所余而匈奴少有的东西多送几次表示慰问，顺便派辩士教导礼节。冒顿在，单于是陛下的女婿；冒顿死后，陛下的外孙就是单于了。岂闻外孙敢与外祖父对抗的呢？不用战争而以此使其逐渐臣服。若陛下不能以长公主，而令宗室及后宫女诈称公主，他们会知道而不肯尊贵宠幸，就无益处了。"刘邦称善。

刘邦打算把鲁元公主送去和亲，吕后知道后日夜啼泣，哀求刘邦："妾唯以一太子，一女，奈何弃之匈奴。"刘邦也动了父女之情，不忍心把鲁元公主送走，而挑了一位宗室女为公主，汉称宗室女为翁主，以刘敬为送亲使节，隆重地把翁主护送到匈奴，厚赠给冒顿单于大批财物，并与之缔结盟约。

刘邦死后，吕后以女子当政，冒顿单于变得更加肆无忌惮，他遣使送了一封信给吕后。信中写道："我是一个寂寞的君主，又生长在北边荒凉的草原地带，长于牛马成群的原野之上，屡次到达边境，希望深入中国腹地一游。而你的丈夫初死，想必空闺难耐。我们两人，既然都不快乐，不如相聚以取悦。愿以所有交换所无，如何？"这封下流、猥琐的信是对西汉王朝的极大羞辱，朝臣们群情激愤，众口一词，斩匈奴来使，"发兵而击之"。老将樊哙更是愤然请命："愿得十万众横行匈奴中。"但中郎将季布却指责樊哙当面欺上，是误国，说先帝率大军三十二万，仍有平城之围，樊哙当时身为大将，同样是束手无策，不得解围，今日大言以十万之众横行匈奴，如何可能？况"夷狄譬如禽兽，得其善言不足喜，恶言不足怒"。

吕后作为一个女子，有治国理政的才能，却无率兵征战的经验，不敢轻动刀兵。于是听从季布的劝告，按下怒火，命大谒者张释修书一封。信中卑躬屈膝地向冒顿乞怜道："单于不忘弊国，赐之以书信，弊国恐惧。退日自图，年老气衰，发齿堕落，行步失度，单于过听，不足以自污。敝国无罪，宜当宽恕。"与这封屈辱的信一起，汉王朝给冒顿单于送上"御车二乘，马二驷（八匹）"，求得宽怜。冒顿的信，也不是真的想要同已经为人祖母的吕后相聚取悦，而是要羞辱汉王朝。目的既达到，冒顿高兴地说："未尝闻中国礼义，陛下幸而赦之。"回赠马匹给汉，答应恢复和亲关系。汉又一次"以宗室女为公主，嫁匈奴单于"，用以缓解汉匈关系。

文帝时，匈奴右贤王率兵袭扰上郡，丞相灌婴率八万五千骑击退右贤王。但这样的正当防卫，被冒顿单于说成是汉朝的故意挑衅，并威胁说："皇帝既不欲匈奴靠近边塞，那您就诏令吏民远离边塞居住。"文帝大怒，欲亲征匈奴，公卿们却言："匈奴新破月氏，不可击。"文帝于是又厚赠冒顿锦衣、金饰、绣缎等礼物，请求其不要犯边。

冒顿单于去世后，其子稽粥继立，是为老上单于。汉文帝又一次以宗室女翁主嫁老上单于。景帝继位以后，又连续三次以和亲、厚重礼物与匈奴通好。

和亲，从谋略的角度来讲，就是个人、家族、家庭、民族、国家之间，借助于联姻来达到某种目的。汉代的和亲主要是国内民族政权间的和亲。汉初的数次和亲是汉朝廷受匈奴武力所迫而实行的和亲。刘敬提出和亲、厚重礼物处理匈奴关系，是在刘邦白登被困以后，刘邦自觉无力反击匈奴，便采纳了刘敬的谋策。高后吕雉临朝时也只得忍辱和亲。文景之世，汉的国力转强，但因诸侯王国势力的威胁亦无力他顾，也只能边防御边和亲以处理同匈奴的关系。总的来讲，汉初匈汉和亲，虽建立在汉方屈辱的基础之上，但和亲毕竟给双方，尤其是汉朝带来了较为和平的环境，有益于社会的发展，亦有益于民族间的联系。

◇晁错的"募民徙边之策"

文帝时，以宗室女翁主嫁老上单于，并派宦者燕人中行说随侍。中行说不愿前往，说：非让我去不可，我一定会与匈奴联合为患于汉。到了匈奴后，中行说果然如此，其甚得老上单于的宠爱。由于中行说熟悉双方的优缺点，又颇有心计，为匈奴精心谋划对付汉的策略。他教匈奴不要像汉人一样穿绸缎、丝棉，而仍旧穿不美观，但却结实耐用的毛毯皮袍；仍旧以不可口，但却有营养的牛奶酪浆为食品，而以保持自己的民族特点，以免丧失战斗力。他还教单于左右疏（书）记，学习分别条目记事，计算稽核各部人口与牲畜数目。同时，作为一名汉人，他还教单于种种羞辱汉帝的方法，措辞倨傲，总是以"天地所生，日月所置，匈奴大单于"作为回信的开头词。更有甚者，中行说熟悉汉边的兵力部署，他"教单于候利害处"，攻掠汉军防御较疏阔的地方，于是边地损失更加惨重。

而且，匈奴快骑常突破汉军防御薄弱的地方（中行说所教），深入到京畿地区袭扰，有一次甚至深入到长安附近的甘泉宫。于是，文帝命大军屯驻于长安附近，令免为车骑将军驻于飞狐，将军张武带兵驻于北地，又以周亚夫为将军驻于细柳，刘礼为将军驻于灞上，徐厉为将军带兵驻于棘门，以加强京城地区的防御力量，抵御匈奴的突入。

随着匈奴为祸的日益剧烈，汉代许多政治家提出了解决匈奴问题的对策，其中尤以晁错系统地阐述了他一系列的"御胡"策略，得到文帝不同程度的采纳。

晁错首先分析了汉与匈奴双方军队的特点。指出匈奴军队有三大优点：

战马好，可翻山越岭，跨河跳涧；骑术精，可一边奔驰，一边射箭；战士吃苦耐劳，狂风暴雨下，挨饥忍渴，仍艰苦缠斗。而汉军也有自己的长处，即武器精良，拥有强弓长枪，训练有素，长于在平原展开正规车骑大战和下马短兵相接搏斗，而且汉王朝地广民多，在数量上占绝对优势。所以，只要扬长避短，是完全可以击败匈奴的。但在战略上，匈奴却有突出的优点，就是机动灵活，飘忽不定，它游牧射猎在辽阔的北边，哪里防御薄弱，他们就袭扰哪里，灵活主动，遭到袭扰的地方向中央求救，不发兵援救，就会有损失，而且边民绝望，产生一种来敌就降的心理。如发兵援救，小部队不足以对抗，大部队则不易集结，而且大军赶到，匈奴却已可能转移了。如派大军长期驻守北边，费用庞大，又难以负担，而且北部边境漫长，大军也难以兼顾。

为此，晁错提出了"募民徙塞下"的"御胡"策略：在边区，选择战略要地建设守备牢固的据点；招募奴婢、罪人和平民迁徙到边地居住，并"赐给高爵位，免除全家赋役，给予冬夏衣、粮食，到能自给时而止"。这些被迁徙到边地的居民，不仅要从事生产，而且负有备胡与御胡的使命，他们"使五家为伍，伍有长""十长一里""四里一连""十连一邑"，按组织进行军事训练。文帝采纳了这一策略。

同时，文帝还采纳了晁错"入粟拜爵"和"养马复卒（免除徭役）"的谋略。入粟拜爵，即凡把粮食运到边塞，可以封爵、免罪。所谓"养马复卒"，即鼓励边地百姓养马，"民有车骑马一匹者，复卒（免除徭役）三人"。并在边境设立三十多个马场，用官奴婢从事牧养。

"募民徙塞下"，并实行亦兵亦农，使其百姓平时为民，出则为兵，机动灵活而又富有战斗性。晁错的这一策略，使北地的边民人人能征战，具有相当的自卫能力，从而由点到线，构成一条比较稳固的边防线。"入粟拜爵"与"养马复卒"，补充了边塞的粮食与战马。

采取了上述策略后，西汉的防御能力大为加强，匈奴大规模突入中原腹地的机会越来越少。到了景帝时，匈奴"时时小入盗边"而始终"无大寇"。而且，"募民徙塞下"也为汉政府培养了一大批熟悉匈奴情况的优秀将士，为大规模的反击活动奠定了基础。

◇ "宣国威""喻盛德"，赵佗称藩臣

汉初令中央朝廷费事的，除了北边的匈奴，就是岭南的南越国。这个南越国与秦统一岭南有关。

当年秦始皇统一岭南地区后，在岭南设置桂林、南海、象郡三郡，并任命攻占岭南的功臣任嚣为南海尉、赵佗为龙川令。秦二世元年（前209），陈胜、吴广起义后，南海尉任嚣欲起兵响应，但其因"病且死"不便行动。召来赵佗分析形势后，决定拥兵据地以自保，命其代己。不久，任嚣病死。秦亡后，赵佗并岭南三郡为一体，自称南越武王。

汉高帝十一年（前196），刘邦遣能言善辩的陆贾出使南越。赵佗本是恒山郡真定县（今中国河北正定县）人，见陆贾时为越人装束，箕踞而坐，神态倨傲。陆贾斥责赵佗："足下反天性，弃用中原冠带，欲以区区之越与天子抗衡而为敌国，祸且及身了。"接着陆贾宣扬刘邦得天人之助，灭秦夷楚的功绩，并威胁其道："天子闻君王在南越称王……遣臣授君王印，剖符通使，互通使节。君王宜郊迎，北面称臣，而欲以新建而尚未安定的越国在此逞强。汉廷若闻知，会掘烧君王祖先人的坟墓，诛灭你的宗族，使一偏将率十万人马兵临越国都城，则越人会杀王降汉，易如反掌。"陆贾以"扬威"胁迫之辞，打击了赵佗的傲慢。赵佗急忙起身谢罪，承认自己久居蛮夷之地，有失礼仪。于是，赵佗在陆贾的劝说下，接受了汉的封号并对汉称臣。

此时，刘邦忙于铲除异姓诸侯王，无力对付南越，采用羁縻之策，消除了汉与南越的对峙状态。

吕后时，中央禁止金铁田器、马牛羊输越。赵佗于吕后五年（前183），自称南越武帝，发兵反叛，成为大患。

文帝即位后，并没有对南越继续发兵，而是采取了"喻盛德"的策略，与南越和解。文帝把赵佗在真定（今河北正定）的祖坟修葺一新，并派人守护，按时祭祀。还召来赵佗同族的兄弟，委以官职，厚加赏赐。采取了上述措施后，文帝修书一封，命陆贾为特使，携厚礼再次出使南越。赵佗虽然反叛，但自知与汉廷抗争力不从心，见到文帝的信后，更是大为感动。赵佗复

信给文帝，承认错误，自称"蛮夷大长老臣佗"，"改号，不敢为帝"，并厚礼回赠文帝。

西汉中央政府与南越割据政权若战则俱伤，和则两利。刘邦、文帝等采取了"宣国威""喻盛德"的策略，羁縻安抚感化。而赵佗亦能深明大义，维护与中央政府的和好关系，不断"使人朝请"，成为中央政府的藩臣。

第
四
章

CHAPTER 4

武帝的雄才大略

汉武帝在位五十四年，是位坚强、明智、富于创新、开拓进取的皇帝。他在位的半个多世纪中，改革发展，充满生机活力；文治武功，开创了西汉王朝的鼎盛繁荣，使汉朝成为当时世界上最强大的国家。《汉书》评赞武帝具有"雄才大略"。

经国理财的智谋

汉初七十年，连续实行黄老无为之术，与民休息，社会经济得到恢复和发展，国家已经拥有相当充足的经济实力。但另一方面，长期的萧规曹随，也养成了一些保守习气。随着社会经济的发展，思想、政治、理财改革已成为必然趋势。这是汉武帝时代首先面临和要解决的问题。担当这份责任，实现人生理想，取得皇位则是前提条件。

◇攀贵得位，更定思想

景帝后元三年（前141）汉景帝死，其子刘彻即位，是为汉武帝。武帝在十四位兄弟中排行第十，能以得承大统，与刘彻在宫廷争斗中"攀贵"有关。

薄皇后一直没有生育，景帝因此没有嫡子，不得已，只好从十四位庶子中立粟姬所生长子刘荣为太子。也巧，景帝有位姐姐（即刘彻之姑母）叫馆陶长公主刘嫖，与景帝同为窦太后所生，嫁与贵族陈午后，有一女名陈阿娇。长公主刘嫖依靠其同胞之尊，常出入后宫，干涉宫内事务。为了进一步巩固自家的地位，刘嫖想让女儿陈阿娇做未来的皇后，于是找太子之母粟姬商议，想把女儿嫁给其子太子刘荣。但是粟姬善妒，她恨刘嫖举荐美女给景帝，便一口拒绝了这门亲事。不得已，刘嫖只好在几位皇子中寻找中意的人选。而刘彻之母王美人在宫中地位较低，易受控制，刘彻又与陈阿娇年龄相当，十分喜欢与阿娇一起玩耍。当刘嫖试探性地问刘彻，如得到阿娇会怎样对她，伶俐的刘彻回答："若得阿娇，当以金屋藏之。"刘嫖一听正中其意，王美人也满口答应。于是，长公主刘嫖说动景帝，把阿娇许配给了刘彻，并开始调动各方面力量，让刘彻当太子。

刘嫖先是在景帝面前不断散布不利于栗姬的言论，并称赞刘彻英俊聪明。景帝逐渐为其所动，对栗姬有了一些看法。有一次，景帝试探性地说自己百年后，请栗姬照顾其他妃妾与皇子，善妒的栗姬听后板起了面孔不肯答应，还出言不逊，骂景帝"老狗"。栗姬生性如此，"人彘"惨祸难免重演。景帝因此心中含有恨意。事后，长公主刘嫖在景帝面前称赞王美人的儿子美德，景帝自己也觉得王美人的儿子有才能，但主意一直未定。正在此时，王美人采取欲擒故纵的策略，密请大行上奏章给景帝，请立太子之母栗姬为皇后。景帝以为栗姬正在拉拢朝中势力，大怒，诛杀上奏章的大行，罢黜太子刘荣，改为临江王；立刘彻为太子，封其母王美人为太后。栗姬失宠，忧忿而死。武帝因为攀上了长公主刘嫖这位权贵彻底改变了其命运，由与"太子"无分到被立为太子直至登上皇帝宝座，而其母则因子得贵做了皇后。

"攀贵"有多种，武帝则以"金屋藏娇"攀附后宫权贵长公主以获得皇位。这是一种通过联姻而攀贵获益的方式。栗姬却没有注意这一点。栗姬正当受宠，其子又被立为太子，似乎日后取得皇后已成定局。但个性造成悲剧，善妒的栗姬没有认识到：皇帝丈夫是无法独占的，自己实际上是只有取悦皇帝的义务，却没有要求皇帝的权力。而且，长公主刘嫖想把自己与栗姬的优势结合起来时，栗姬却意气用事，愚不可及地一口拒绝，平白为自己树立了一个强敌。当自己的优势地位正一步步丧失时，栗姬却仍恃宠而骄，辱骂景帝，导致了自己的彻底垮台。

武帝年少即位，胸怀大志，意气风发，想干一番大事业，然而当时的政坛空气沉闷，保守势力强大，其才华无法施展。如此政坛局面，是由两个方面的原因所造就。一是"无为"正统政治的影响，二是来自当朝摄政的老祖母，即窦太皇太后。

汉初以来，基于经济凋敝，社会破败而实行"黄老之学"指导下的"无为"政治。这对于稳定政局，约法省禁，休养生息，发展生产都曾起到了无可估量的作用。但另一方面无为、放任的因素，却给地方诸侯王和商贾豪强以扩张的机会，也使匈奴更加贪得无厌。同时，"无为"政治给朝廷上下官吏带来了一种保守习气，不思进取，不去改旧革新。

正由于武帝即位年少（十六岁），老祖母窦太皇太后得以摄政问事。这个老祖母非同一般，她平生喜爱黄老之术，也要求别人喜欢，还要求国家的大政也以黄老思想为指导。这样使汉初以来已经不适应社会需要的黄老政治得以继续存在。老祖母的权威更加强了朝政的保守性。

当年武帝被立为太子时，景帝曾以儒生卫绾为太傅。武帝受儒学影响颇深。儒学与黄老之术不同，最大的特点就是进取精神较强，既适合社会发展的需要，也有益于武帝的革新事业。武帝即位后，先后起用卫绾、田蚡、窦婴、赵绾、王臧等一批爱好儒术的人担任丞相等要职，想改变保守的政治气氛，以儒术取代黄老之术，结果惹恼了老祖母窦太皇太后。老祖母将田蚡、窦婴统统赶下台，并迫使赵绾、王臧下狱、自杀，而以其亲信许昌、庄青翟等担任丞相等要职，武帝受到压制。

建元六年（前135），坚持推行黄老之学的老祖母窦太皇太后死。汉武帝摆脱了压制后，立即下令罢免丞相许昌和御史大夫庄青翟，清除了窦太皇太后安插在朝内的所有亲信党羽。同时任命田蚡为丞相，韩安国为御史大夫。汉武帝消除了朝中奉行黄老思想的势力后，便把儒家思想作为统治思想，定其为一尊。

汉代的儒家不同于先秦时代初立的儒家，而是经过鸿儒董仲舒改造过的儒家思想，适合加强君权及统治者对百姓的控制。汉武帝将其奉为官方的统治思想，并罢黜百家。汉武帝还通过设立太学，行封禅之礼，改定服制与历法，建立年号等一系列措施把儒家思想渗透到政治、法律以及社会生活的各个领域中去，使之在全国迅速得到推广。

汉武帝更定了统治思想，同时也就终止了黄老思想指导下的"无为"政治，而为多欲进取，实行政治、军事、外交等方面策略上的革故鼎新奠定了基础。

革新首先要从思想做起。而人的行动是为其一定思想所支配的。汉武帝以多欲进取的儒家思想取代休息无欲的黄老思想，为其改革进取奠定了思想基础。

◇ 尊君抑臣之术

尊君抑臣，就是要削弱朝廷文武重臣及地方军政长官的权力，以便于中央集权，皇帝专制以及削弱王国、列侯、豪强势力，防止分裂因素。武帝时在中央、地方、军队采取系列尊君抑臣的策略，增强了皇权，并有效地消除了分裂因素。

1. 设立中朝，削弱外朝权力

汉朝建朝以来，基本上沿用了秦朝建立的政治制度，中央政府内，皇帝之下的主要官僚丞相、太尉、御史大夫。汉初以开国功臣或皇亲国戚充任，其权力很大。特别是丞相，辅佐皇帝、总揽政务，在文武百官中地位最尊、权力最大，甚至于侵凌皇权。武帝时遗风犹存。

武帝即位后，面对丞相权重的状况感到极为不安。他逐步采取策略，削弱相权。

建立"中朝"（或内朝），是武帝削弱以丞相为首的外朝的重大策略。中朝中的尚书，原本少府属下的小官，只有六百石，负责皇帝与丞相间的传达。汉武帝为了抑损相权，开始升高尚书的品级，使其达到千石，并更多地利用其处理政务，以牵制丞相。其次，汉武帝重用侍从之臣，让侍从、散骑、常侍、给事中等身边近臣，参与谋议政事。并给一些心腹的朝臣，加上侍中或给事中的头衔，如大将军、骠骑将军、大司马等，让其出入禁中，参与到决策集团中。这样，尚书令、有侍中、给事中、常侍等，加上被武帝宠幸而授予侍中等头衔的一些朝臣，他们出入禁中，侍从于皇帝左右，秉承皇帝旨意决议军国大事，形成中朝，成为真正的决策集团，用以削弱外朝的决策权。

汉武帝在剥夺丞相等外朝官决策权的同时，还改变以列侯拜相的旧制，并对丞相经常予以谴责、黜免甚至处死。如汉武帝统治的五十余年中十二人任丞相，而以各种罪名处死的则有五人之多。这样，丞相不仅权力大为削弱，而且其人身处于岌岌可危的境地，他们只能明哲保身，不敢再"有所匡言"。

汉武帝以中朝决政，削弱外朝的策略，有效地抑制了相权的膨胀。并把国家权力的重心由以丞相为首的外朝，转移到以皇帝为核心的中朝来，从而加强了皇权。

2. 刺史监州，以卑制贵

汉武帝实施了"刺史监州，以卑制贵"的策略，以加强对地方官员的监督与控制。

武帝元封五年（前 106），"初置部刺史"，分天下为十三州部（冀、并、青、幽、徐、兖、荆、扬、豫、益、凉、交趾、朔方），每一个州部为一个监察区，包括五至十个郡、国，设部刺史一人，代表中央监察所辖区域内诸郡、国。刺史不处理一般行政事务，而于每年秋季八月巡行郡国，以皇上钦定的"六条问事"，监视地方官吏和"强宗豪右"。

刺史官秩仅六百石，相当于县令一级，却有权监察二千石的郡守和王国相，甚至可以监察诸侯王。经考察认为优秀的地方官吏可推荐到中央政府任职，认为政绩不佳或有违法行为的则可就地罢免。

通过"刺史监州，以卑制贵"，汉武帝不必亲临，而把地方的官僚机构完全操纵在自己手中，进一步加强了皇权。

3. 推恩内封与削减王国、侯邑

自景帝平定"吴楚七国之乱"以后，西汉中央政府采取了抑损诸侯的策略，使诸侯王势力大为削弱，基本上对皇权不再构成大的威胁。但诸侯王势力继续膨胀的问题并没有得到彻底解决。

武帝时，谋臣主父偃献策说："古者诸侯不过百里，强弱的形势都易控制。今诸侯或连城数十，地方千里，形势宽缓时容易骄奢淫乱，形势急迫时则依仗其强联合反叛朝廷。今如依法强行割削他们的土地，则反叛的事情就会萌发，以前晁错的做法就出现这种情况。如今诸侯子弟或十数，而只有嫡长子世代继承，余虽亲骨肉，无尺寸之地的封国，仁孝之道得不到宣扬。愿陛下令诸侯推恩分封子弟，以地封为侯，他们的子弟人人喜得所愿。皇上以此方法施德，实际上在分割其王国。这样不必割削封地而诸侯王势力会渐渐衰弱下去。"汉武帝从其计，规定以后诸侯王死后，除由嫡长子继承王位外，还可推恩将其余的诸子（即庶子）在原封地内封侯。新封的侯国不再受原国王的管辖，而直接由各地郡县管理。

"推恩封土"的策略，名义上是皇帝施以恩德，实际上却进一步剥夺了诸侯王的政治军事权力，缩小了诸侯王的地盘，"不行黜陟，而藩国自析"。此后，"大国不过十余城，小侯不过数十里"，地少势弱的诸侯王，只能"衣食租税"，不与政事，从而削弱了诸侯王的势力。

在实行推恩封土策略的同时，汉武帝还运用法律武器，以各种名义对诸侯王和列侯实行削爵、夺地和除国，主要有以下几种途径：

第一，"作左官之律"。规定：凡任诸侯王国官吏者，地位低于中央政府任命的官吏，并不得升迁至中央政府任职。这样，可以限制诸侯王网罗人才，结党营私，形成独立势力。第二，"定阿党附益法"。禁止诸侯王之间或与其下属官吏结成朋党；禁止朝中大臣与诸侯王互通，助其法外行奸；禁止诸侯王们收养门客，培植势力，犯者轻则除国，重则诛杀。第三，"定酎金律"。要求各诸侯都要呈献黄金作助祭祖宗之用，并规定了呈献黄金的分量与成色。这实际上是一个随意性更大的借口，实行起来更加方便。例如：仅元鼎五年（前112）就有106个列侯因所献"酎金"分量不足或成色不够而被削爵、夺地，占天下列侯的半数。

通过以上几种策略的实施，自汉初以来就存在的王国和列侯数目，到汉武帝时大为减少，而且中央政府把原来绝大部分诸侯王的领地都剥夺过来。即使没被取消的一些侯国封邑，诸侯也只能收取租税，不得参与政事，一切事情都由中央任命的官吏处理。虽然还保留着王国的名称，实质上与郡县一样，士民已不再臣属和尊崇国王，国王也就与普通富翁没有两样了。

至此，汉朝比较妥善地解决了诸侯王问题，即既封王又有效地限制诸侯王，同时也解决了王国、列侯无限期的永久世袭的问题。

4. 酷吏据法，鹰击豪强

汉初禁网疏漏，减轻刑罚，地方豪强势力得到了极大的发展，他们利用自己的经济、政治或宗族的势力在地方上为非作恶，违法越制，甚至与官府分庭抗礼，从而形成一股与中央集权背道而驰的离心力量。为了打击豪强，安定社会秩序，汉武帝一方面继续推行汉初以来迁徙豪强的办法，把他们迁到关中，置于中央政府的控制之下；另一方面，则任用"以酷烈为声"的官吏，采用严酷的手段，打击敢于以身试法的地方豪强。

汉武帝时，执法不阿、手段残酷的"酷吏"有一大批，中央有张汤、杜周、赵禹等，地方上则以王温舒、义纵、尹齐等为最著名。

这些酷吏，对豪强地主的打击，动辄"族灭""迁家"，不免会累及无辜，太过于残酷。但以之治郡，也令社会秩序为之一变，"郡中不拾遗""奸邪不敢发"。从而维护了国家法制，使混乱的社会秩序大为改善，而且也缓和了社会阶级矛盾。在不法豪强的势力受到挫折后，汉武帝又有意识地注意到对酷吏们的罢黜与削权，以缓和统治者内部过于紧张的关系。

5. 扩充中央军，控制军权

汉初，南、北二军是中央常备军，出于镇压人民和对匈奴等战争的需要，武帝实行了军队的扩充，直接受控于皇帝。同时并加强对军权的控制。

武帝在南、北军之外，增设中垒、屯骑、步兵、越骑、长水、胡骑、射声、虎贲八校尉，隶属于北军，增齐了中央常备军的兵种，分别驻守京城内外，亦可抽调出征。这些部队都是皇帝的亲兵、校尉，皆由皇帝任命并听命于皇帝。

汉武帝还增设期门军、羽林军，隶属南军。期门与羽林都是皇帝的扈从近卫军。期门与羽林是中央常备军中的精锐部队，战士选自陇西、北地等六郡"良家子"，勇猛善战。汉武帝又把战争中失去双亲的孤儿，交给羽林军抚养，从小学习武事，称为"羽林孤儿"，也是皇帝的护卫军。期门、羽林、羽林孤儿由于是皇帝的近卫军，地位与郎官相当，高于其他部队，"名将多出焉"。期门、羽林、羽林孤儿平时侍卫于皇帝左右，如战事紧迫，皇帝也可临时指派将领，率其出征。

扩军后，为了进一步加强对中央军的控制，汉武帝还把原中央常备军的首领中尉称为执金吾，并设立亲辅都尉、左辅都尉、右辅都尉分其权力。这样，武帝通过部队的扩编，增加了中央常备军的战斗力，又通过分设都尉，便于控制，从而更加强化了皇权统治力量。

◇抑商理财

随着商业经济的发展，商人的经商谋略更加丰富多样；同时，随着商人与国家间利益冲突的加剧，汉武帝加强了国家对商务的管理。

1. 商人的经商哲学

随着商品经济的发展，商贾们在长期的商业活动实践中，逐步摸索出一套实用的"生意经"，即经商谋略。秦汉时，商人的经商谋略得到了总结归纳，并被加以系统化和理论化，主要有以下几个方面：

商人们对自己从商的目的及商业的作用有了一个明确的认识。他们把求利看作人生目的，"天下熙熙，皆为利来；天下攘攘，皆为利往"。并且认为求利的途径是"富在术数，不在劳身；利在势居，不在力耕"。更具体地说是"用贫求富，农不如工，工不如商，刺绣文不如倚市门。此言末业贫者之资也"。

而经商求富，除了要把握"无财，作力；少有，斗智；既饶，争时"的"大经"外，还要掌握具体的经商之道：

其一，"料多少，求贵贱"。运筹策以射利。即具体操作前，要预测其是否有利可图及利润率的高低。无利可图自然不去做，利润率太低也不值得去做。"不中什二，则非吾财也"，意谓不足20％的利润率不是好买卖，就不要去做。

其二，"人弃我取，人取我与"。在精心预测的基础上，掌握取予之道，买贱卖贵以准备囤积居奇。即对某些尚未形成社会迫切需要因而价格也相对便宜的商品，预先大量购存，以待其需求增加，价格上扬后卖出而谋取厚利。秦末战乱时，任氏便以此计致富。当时，"豪杰皆争取金玉，而任氏独窖仓粟。楚汉相拒荥阳也，民不得耕种，米石至万，而豪杰金玉尽归任氏，任氏以此起富"。

其三，"观凶饥，审国变，察其四时，而监其乡之货，以知其市之贾"。经商中，要敏锐地观察国家政治经济的运行态势，善于掌握商品市场的动态和信息。要因地制宜地做到"百里不贩樵，千里不贩粮。居住一年，种植谷物；十年，栽种树木；百年，出来有德望的人物"。

一旦通过以上策略而求利致富成功，商人则懂得取守不同之道，转而把资金投入到风险较小的行业中去。以末（商业）致财，用本（农业）守之，以武一切，用文持之。变化有章，值得记述。

商人经商哲学，还表现在与国家和其他人民的争利问题上。

商人以本守财，导致了土地兼并的严重性。或"不佐国家之急"，或"乘上之急，所卖必倍"，或"因其富厚，交结王侯"。同时，一些大工商业主利用汉初以来"开山泽之禁"，操纵冶铁、煮盐、铸钱等对国计民生有着重要影响的生产部门，严重地影响了国家的财政收入，因而导致了国家同商人的矛盾。

2. 以商治商，抑商争利

"抑商"，是自商鞅变法以后，封建国家所采用的基本国策。在经商智谋比较成熟的时代，抑商理财，实行财政改革，使用有关人才则显得格外重要。武帝在下决心进行财政经济改革以后，从元狩三年（前120）起，就开始重用"兴利之臣"，任用善于理财的人主持全国财政经济工作。其中最突出的是桑弘羊、东郭咸阳、孔仅三人。

桑弘羊出身于洛阳一个大商人家庭。据说他能"以心计"而不用筹码计算。桑弘羊十三岁即被召入宫廷任侍中之职。孔仅，南阳（今河南南阳）人，是资财累千金的大冶铁商。东郭咸阳，齐人，是资产累千金的大盐商。

由于桑弘羊、孔仅、东郭咸阳熟悉商业及有关手工业，而又在兴功建利上多有建议，武帝于元狩三年（前120）任命东郭咸阳、孔仅为大农丞，领盐铁事，桑弘羊以计算用事。后东郭咸阳、孔仅以权谋私而被罢官。桑弘羊则日益受到武帝的信任，历任大农丞、治粟都尉"领大农"、大司农、御史大夫，负责全国财政经济工作二十年。在此期间，西汉政府推行了"均输平准""盐铁官营""统一币制""算缗告缗"等经济政策，取得了"战士以奉，饥民以赈"的可观效果。

其一，均输平准，争利于运输和市场。

为了对豪商大贾囤积居奇以操纵物价的行为予以打击，并增加国家的财政收入，汉武帝命令搜粟都尉桑弘羊在全国范围内实施均输、平准政策。

所谓均输，就是调剂物资运输。具体办法是：在中央设立大农令，在各郡国设均输官，负责管理均输事宜。而令各郡国把应当缴纳的贡赋都按照当地的市价，缴纳当地出产的土特产，由各均输官组织运输工具，根据物资供需情况，或是运往京师，或是运往缺乏该项物资的地区出售。过去各地缴纳贡赋都是自备车辆或是雇商人的车辆运往京师，往往运费高于所运输物资的价格；而且由于各种物资都集中京师，供过于求，而有的地方缺乏该项物资，却是供不应求，商人乘机牟取暴利。设置均输以后，既减少了百姓远道贡赋的负担，以免商人从中渔利；又可使朝廷得以控制运输和贸易，从而增加了财政收入。

所谓平准，就是平抑物价。过去商人经常抬高物价，引起物价暴涨，影响政府的财政和百姓的生活。鉴于此，西汉政府在京师设立平抑物价的机构，它所需要的各类物资及车辆等器物，都由大农供应。由大农所属诸官把全国各地输纳的货物集中起来，作为资金，物价上涨时卖出，物价下跌时买入，用以抑制富商大贾牟取暴利和稳定物价。

平准与均输是一种政策的两个方面，其最终目的，皆为"抑天下之物"而"平其所在时价"，以使"商贾无所牟利""平万物而便百姓"，同时也开辟了财源，为西汉政府增加了巨额的财政收入。

其二，盐铁官营，夺控利源。

汉初以来"开山泽之禁"，盐铁任私人经营，国家仅设官征税，而不问其余。富商大贾、豪强地主及诸侯王们往往占有山海，或采矿冶铁，或煮海制盐，不仅影响西汉政府的财政收入，而且也容易形成割据势力。因此，武帝决定从富商大贾及诸侯王手中夺回利源。

元狩三年（前120），武帝采纳御史大夫张汤提出的"笼天下盐铁"的建议。任用熟悉盐铁业务的孔仅、东郭咸阳为大农丞，主管全国盐铁业务。加强盐铁资源的管理，实行盐铁官营。孔仅、东郭咸阳在实施过程中以权谋私利而被罢官。桑弘羊以搜粟都尉代领大农令事，接管盐铁事务，进一步扩大盐铁官营，盐铁的产量和销售都有大幅度的提高。

天汉三年（前98），汉武帝又采纳桑弘羊的建议，实行"酒榷"，即酒类专卖。其法类似盐铁官营，由私家作坊酿造，官府统一销售。

由政府垄断铁、盐、酒等关系到国计民生的重要部门，不仅剥夺了大盐铁商人的财源，而且还使西汉政府的经济收入大增，缓解了当时的经济危机。

其三，行五铢以摧抑盗铸。

景帝之时，虽然严令禁止民间私铸货币，犯者处以弃市重刑。但由于盗铸钱币，获利巨大，因而盗铸之风日炽，造成了"钱以多而轻，物以少而贵"的通货膨胀现象。

元鼎四年（前113），汉武帝采纳了大农中丞桑弘羊的建议，废除一切旧钱，由中央统一铸造货币。具体方法是：在九卿之一的少府之下设水衡都尉，其属官有均输、钟官、辨铜三官，专门负责铸造钱币。这种新铸的钱称为上林钱，也就是五铢钱。

上林三官所铸五铢钱，重如其文，工艺水平、铸造技术与工序都很讲究，使盗铸者不能轻易伪造，亦无利可图。从此有效地防止了盗铸，有利于国家财政的稳定，加强了中央集权。

其四，"杨可告缗"，打击逃税商贾。

在御史大夫张汤的主持下和桑弘羊、东郭咸阳的策划下，武帝于元狩四年（前119）颁布了"算缗"和"告缗"令。

所谓"算缗"就是要向工商业者和高利贷者征收财产税，自估上报。商人及高利贷者征收二千钱抽一算（一百二十钱）；手工业者四千钱抽一算；商贾招车收二算，长五丈以上征收一算。同时又颁布了"告缗"令，规定：匿财不报，或报而不实者，一经查出，没收全部资产并戍边一年。有揭发者，赏给所没收财产的一半。同时，还禁止有市籍的商人及其家属占有土地。

豪商大贾"皆争匿财"而不如实呈报。只有洛阳富豪卜式"愿输家之半"以作边费，武帝尊"卜令"，命令商贾们要以其为榜样，但始终未能有分财而佐助国家的。于是，汉武帝决定采取强制手段，命令杨可主持"告缗"之事。杨可"缗遍天下，中家以上，大抵皆遇告"。

"算缗""告缗"财政措施的实施，使西汉政府从富商大贾手中夺取了一笔可观的财产，打击了富商大贾及高利贷者的经济实力，也缓和了国家的财政危机。

◇董仲舒儒术的政治妙用

以董仲舒为代表的一些汉代儒者（即今文经学派），与稍后出现的古文经学派用文字训诂的章句形式注释儒学经典不同，他们继承发展了《公羊传》阐发《春秋》"微言大义"的治学路数，以重视阐发义理为其主要特征。他们反对拘泥于儒家经典的烦琐注释，强调从儒家经典中寻求"常义"，以适应时代要求而作出新的解释，即所谓"从变而移"。汉武帝所独尊的儒术也就是以董仲舒为代表所开创的适合于汉朝统治的新儒术。

董仲舒借用阴阳五行思想改造儒学理论而形成了以"天人感应"为核心的儒家神学体系。"奉天"是其体系的最高原则。如说天是"百神之大君""万物之祖""人之为人本于天，天亦人之曾祖父"，把"天"说成为"至上神"，宇宙的主宰。天道运行规律体现着"天"的意志；他还说人体与天的构造及功能也是相应的，"以类合之，天人一致"。因此人、社会、政治都可与天"同类相动"，都可从天那里找到天理，得到最权威的解释，并都可以为现实政治服务。

董仲舒所建构的新儒学体系，是围绕着汉代政治问题而展开的。

其一，维护大一统。维护大一统是汉武帝时代的突出使命，董仲舒在发挥"大一统"政治含义时说："《春秋》大一统者，天地之常经，古今之通义。"即把大一统解释为宇宙间的永恒的普遍的原则。就是要一统乎天子，使四海"来臣"，并强调以儒术为统一的旨意。

其二，以天化的"三纲"加强人伦秩序。儒家的人伦思想有利于汉代人伦秩序的维护。"父子有亲，君臣有义，夫妇有别，长幼有序，朋友有信"，即先秦儒家所谓的五伦，是儒家处理人际关系的准则。董仲舒则在此基础上提出"三纲"说，即所谓"君为臣纲，父为子纲，夫为妻纲"。并将三纲归属"王道"，根源于天道，说"王道之三纲，可求于天"。"道（王道）之大原出于天，天不变，道亦不变"。就是把一般的人伦关系上升为不变的政治伦常原则。用以维护其统治秩序，服务于专制体制。

其三，"遣告说"与皇权制约。秦汉时代由于皇权的强化，使之失去了制衡力量，皇权的错误导向给皇室及整个统治阶级利益带来的危害得不到及时的有力的纠正。亡秦之鉴使汉人清醒地认识到了这个问题，但苦于没有什么合适的对策，而董仲舒的"遣告说"，比较圆满地解决了这一问题。董仲舒一方面说："唯天子受命于天，天下受命于天子，一国则受命于君。"宣扬君权天授。另一方面又指出天子能否长保"天命"，也在于天。君主把天下治理得很好，符合天意，天就会下降种种祥瑞，以示赞许，若治理得不好，就以灾异相谴告。他在给汉武帝的对策中说："国家将有违背道德的坏事发生，那么天就降下灾害来谴告提醒它；如果不知道醒悟，天又生出怪异的事来警惧它；还不知道悔改，那么伤败就会降临。由此可以看出，天仁爱人君，希望帮助人君消弭祸乱。如果不是大无道的世代，天都尽量想扶持和保全它，关键在于君主勉力行事而已。"这就是说天是"仁爱人君"的，允许天子犯错误但也允许天子改正过错。如果不知过错不改正过错，最后以"伤败"论处。关键在天子勉力行事而已。这一理论给辅佐大臣及国人提供了合理的进谏机会，和朝中建立相关制度的合理性。也就是给"独制于天下而无所制"的皇权配上了合理的制衡机制。

其四，汉武帝一方面"外施仁义"，一方面又重刑法，任酷吏。董仲舒也注意吸收法家思想，主张"德主刑辅"，又把儒学引入法律，以《春秋》经义定疑案，判案例二百余则，称为《春秋决狱》，亦称《春秋决事比》。《春秋决狱》，以"主观归罪"改善了以往单纯的"客观归罪"的原则，促进了法律儒学化的进程，加强了汉代的法治建设。

汉匈战事兵谋

武帝即位之初，汉帝国仍然维系着和亲岁币的对匈策略，而匈奴一如既往地不断撕毁盟约到汉帝国边塞地区烧杀掳掠。雄才大略的汉武帝，对于汉匈关系上的这种屈辱地位，当然极为不满，力图改变，从元光二年（前133）到元狩四年（前119）的十多年间，汉军九次出击，前后捕斩匈奴约十六万人，招降四五万人，给予匈奴沉重打击，彻底改变了汉匈间的不平等关系。其中关键性的战役有河南之战、漠南之战、河西之战和漠北决战。这些战争都是一些大兵团作战，战争一般都在浩瀚的草原和无际的沙漠上展开的，其军事谋略别具特色。

◇马邑首谋与汉匈绝和亲

汉武帝建元六年（前135），匈奴再次遣使前来，要求和亲。匈奴不断地勒索财物与女子，许多大臣认为"汉和匈奴和亲，大抵不过数岁即复背约。不如不许，兴兵攻击它"。但由于汉王朝对于重开战事的准备尚未完全就绪，因而汉武帝还是忍辱再次送女子与财物到匈奴，与其和亲。

元光二年（前133），雁门郡马邑县（今山西朔县）有位富人聂壹通过大行王恢向汉武帝建议，匈奴刚与汉和亲，一定对汉不加防备，如诱之以利，派大军设法袭击，必可取胜。武帝对是否放弃"和亲政策"而重开战事，甚感犹豫。大臣中许多人也认为不可轻举冒进。王恢则坚决主战。他认为战国初期，代国虽小，匈奴还不敢轻易进攻它；现在国家统一富强，反而"边境数惊，士卒伤死"，太过于屈辱。王恢还提出了诱敌南下，予以伏击的具体作战方案。武帝鉴于反击匈奴的条件业已成熟，遂采纳了王恢的策略，决心放弃和亲政策。

同年六月，汉武帝派韩安国为护军将军，李广为骁骑将军，公孙贺为轻车将军，率车骑、步兵三十余万埋伏在马邑（今山西朔县）附近的山谷之中，将军王恢率部出代郡抄敌后路，击其辎重。而派聂壹去引诱军臣单于。聂壹向军臣单于诡称能斩马邑令丞，以县城投降，财物可尽归匈奴。然后，聂壹回到马邑将死囚斩首，悬其首级于城下，诈称"马邑长吏已死"，匈奴可速派兵来。匈奴侦察骑兵回报，军臣单于信以为真，亲率十万骑兵按期由武州塞（今山西左云县）进入。在距马邑百余里处，见牲畜遍野，而无人管理，甚为怀疑。于是就近攻取一亭，俘获雁门尉史，尉史向匈奴供出了汉军的计划。军臣单于大惊，慌忙引兵退却。汉朝三十万大军埋伏了一阵，见匈奴不至，无功而返。

畜群遍野而无人放牧，军臣单于见了疑有伏兵，而汉军因此不周到之处而坏了大事。这对诱敌深入者和被诱者都留下了极为深刻的启示。马邑之谋虽未能成功，但自此以后，汉与匈奴的和平关系正式破裂，揭开了大规模战争的序幕。

◇ 避实击虚，收复"河南地"

元朔元年（前128），匈奴骑旅攻取辽西（今河北卢龙一带），杀死辽西太守，又由辽西攻至渔阳（今北京密云一带），几乎全歼汉军韩安国所部。不久，匈奴兵流窜至雁门，杀掠千余人，直接威胁到汉都长安。汉武帝命卫青率三万骑兵出雁门迎击匈奴，并命李息出代郡作为后援，匈奴见汉军强大，乃收军北还。汉武帝因此由防御转入主动进攻，首先收复距京师最近的"河南地"，以解除其威胁。

"河南地"即今河套地区，得黄河之水而水草肥美，秦时蒙恬"却匈奴七百余里"于此屯垦，称之为"新秦"。楚汉战争期间，冒顿单于重占"河南地"，交给其右贤王、白羊王、楼烦王统治。"河南地"距长安仅七百里，快骑一日夜即至，因而匈奴以此为前沿阵地，不断袭扰关中。

元朔二年（前127），匈奴以主力向东袭扰上谷、渔阳，杀掠吏民数千人。乘其后防相对空虚之机，武帝便采取了胡骑东进、汉骑西击的作战策略，命车骑将军卫青、将军李息出云中，沿黄河北岸悄然西进，突袭盘踞于"河南地"的匈奴楼烦王、白羊王。取得胜利后，大军乘胜进至高阙（塞名，今内蒙古杭锦后旗一带），沿黄河折而南下，直达陇西。汉军斩敌首二千三百级，俘获三千余人，获牲畜百余万头，全部收复了"河南地"。

武帝又采纳主父偃的建议于此置朔方、五原二郡，徙内地十万余口于朔方屯垦，还修缮了秦代的长城及沿河要塞。

汉武帝开始对匈奴的反击，首先谋取收复了"河南地"，具有重大的战略意义。"河南地"距长安仅七百里，东与汉云中、定郡相接，西为匈奴休屠王、浑邪王辖区，战略地位极为重要，而且"河南地"水草肥美，气候温和，经济上也有很大的价值。汉武帝乘匈奴袭扰上谷、渔阳的机会，避实击虚，一举收复"河南地"，解决了长安所受到的严重威胁，改变了对匈奴作战的不利形势，而且隔断了匈奴休屠王、浑邪王部与其单于部的联系，便于汉军各个击破。再者，盘踞于"河南地"的匈奴楼烦王、白羊王非其单于的亲信，实力相对较弱，汉武帝先击弱敌，也可以消除汉方面多年的"恐匈症"，起到鼓舞士气、振奋人心的作用。

◇主动出击，漠南败匈奴

匈奴单于及其右贤王不甘心丧失"河南地"，先是一次次袭扰代郡、雁门、定襄等边地，杀掠吏民。后来，匈奴右贤王亲率大军，数次袭扰朔方郡，企图重新夺回"河南地"，汉武帝为了巩固河南之战的胜利，发起了漠南之战。

元朔五年（前124）春，汉武帝令车骑将军卫青率十余万精兵出朔方、高阙，进攻匈奴右贤王。令大行令李息、岸头侯张次公为将军率部出右北平（今辽宁凌源）以牵制左贤王的军队，策应卫青大军的进攻。

卫青率大军出塞后，长驱七百余里，乘夜包围了右贤王的驻地，匈奴右贤王自认以汉军不会到达他的驻地，就喝得大醉，突然遭到攻击惊慌失措，独与其爱妾及数百侍骑，在夜色中突围溃逃，卫青追之不及，"得右贤裨（小）王十余人，众男女五千余人，畜数十百万，引兵而还"。汉军班师途中，汉武帝遣使者持节于中军中，拜卫青为大将军，随征将领公孙敖等有功诸将也皆被封侯。

汉武帝命卫青主动出击匈奴右贤王，不仅巩固了河南之战的胜利，也削弱了右贤王的力量。

不久，逃遁的右贤王收拢散兵，与匈奴单于派来的援军会合后，再次袭入代郡，杀死代郡郡守朱央，掠走千余人。

元朔六年（前123）二月，汉武帝命大将军卫青兵出定襄，翕侯赵信、卫尉苏建等诸将皆归卫青指挥。卫青出定襄，向北推进数百里，歼灭匈奴小股部队数千人。年仅十八岁的票姚校尉霍去病，只率轻骑八百，突入匈奴大军，"斩首虏敌二千零二十八人，活捉相国、当户，斩单于祖父辈的藉若侯产，生擒单于叔父罗姑比"，胜利与大军会合。卫青率大军返回云中、定襄、雁门一带进行休整。四月，卫青二出定襄，"斩首虏万余人"。但苏建与赵信率三千骑兵，与单于主力相遇，由于众寡悬殊，汉军遭到失败，苏建突围逃回，赵信则向匈奴投降。

赵信原本便是匈奴小王，此次又投降匈奴后，深受单于器重，封其为自次王，并以单于姐妻之。赵信了解汉军的作战特点，为单于献计：将匈奴军队畜群全部转移到大漠以北；以暂避汉军锋锐，引诱汉军深入后，待其疲惫而予以聚歼。单于采纳了赵信的建议，将其主力转移漠北，不与汉军正面作战。

汉武帝收复了"河南地"后，料想右贤王必然会卷土重来，进行争夺。汉武帝挟河南大胜之威，主动出击，奔袭匈奴右贤王，果然打其个措手不及，几乎全歼匈奴右部。以后，汉军又两出定襄，力争主动，多方挫败单于主力，迫使单于将据点转移到漠北。

◇牵强击弱，攻取河西

今甘肃的武威、酒泉等地，因位于黄河以西，古称河西，又称河西走廊，是内地至西域的咽喉之道。西汉初年，匈奴赶走原居于河西的月氏人以后，将其酒泉地区封给浑邪王，武威地区封给休屠王，借以西控制西域诸国，并南与羌人结盟，共同袭扰汉的西部地区。因而，河西之地对汉匈双方都具有极其重要的战略价值，谁能据之，便可与西域结盟，从而孤立对方。

漠南之战后，匈奴将其中部力量全部转移到漠北，漠南只余东部的匈奴左贤王及河西匈奴两支。虽然左贤王的实力要强于河西匈奴，但河西匈奴因距关中较近，又扼守通西域之道，因而，汉武帝决定先以一部分兵力拖住不断袭扰的左贤王，而以重兵围歼河西匈奴。

元狩二年（前121），汉武帝以霍去病为骠骑将军，率兵万人出陇西，经金城（今甘肃兰州一带）、令居（今甘肃永登一带），历五王国，激战几日后，找到河西匈奴的主力。霍去病率军越过焉支山（亦名焉耆山，删丹山，位于今甘肃山丹县境内），与匈奴军队短兵相接，杀折兰王，斩卢侯王，诛杀顽抗的敌人，其他全部捉获。俘虏浑邪王子，及相国、都尉，共斩敌和俘虏八千九百六十人，缴获休屠王的祭天金人。浑邪王与休屠王率败军逃遁。

同年夏，武帝命卫尉张骞，郎中令李广率骑兵万余，自右北平出塞，牵制匈奴左贤王的兵力；命骠骑将军霍去病，合骑侯公孙敖率数万骑兵出北地，围歼河西匈奴残部。

李广与张骞分兵两路向匈奴左贤王进击，张骞未按约定的时间赶到会师，李广率的四千骑遭遇左贤王主力，被其四万骑包围。李广将四千骑兵布成圆形阵势，骑士面朝外与匈奴军激战。李广亲以强弓射杀匈奴几名裨将。匈奴畏惧，攻势稍缓。次日，张骞率万骑赶到，左贤王乃撤围北走。

霍去病与公孙敖分兵两路围歼河西匈奴，因公孙敖迷失道路未能参战。霍去病率领轻骑迂回进击，"涉钧耆（今宁夏灵武境内黄河）。济居延（今甘肃额济纳旗一带），遂臻小月氏（未西迁的月氏人），攻祁连山"与浑邪王、休屠王的军队展开激战，"共斩敌和俘虏三万二百，获五王，王母、单于阏氏、王子五十九人，相国、将军、当户、都尉六十三人"，大胜而回。

浑邪王、休屠王连遭败绩，匈奴单于对其十分恼恨，打算召回浑邪王诛杀。浑邪王大惧，拉拢休屠王共谋降汉。休屠王得知单于只欲诛杀浑邪王后，反悔，被浑邪王杀掉，尽并其部以降汉。霍去病率军以受降。浑邪王被武帝封为漯阳侯，其部被安置于陇西、北地、上郡、朔方、云中五郡黄河以南的故塞之外。汉武帝下令于河西之地设武威、酒泉、张掖、敦煌四郡，移内地百姓屯垦。

在单于率其中部力量远遁漠北之后，匈奴右部只余势单力弱的河西匈奴。汉武帝采取了以部分兵力拖住匈奴左部，而集中力量围诛河西匈奴的策略。霍去病率轻骑迂回进击，由河西走廊以北深入两千多里，突然转而向南，打了浑邪王与休屠王一个措手不及。浑邪王杀休屠王降汉后，河西全部为西汉控制，"金城，河西半南山（今祁连山）至盐泽（今罗布泊）空无匈奴"，匈奴与西域及羌人的联系完全被切断，更加受到孤立，而汉打通了通西域的孔道，密切了西域诸国与内地的联系。

◇出其不意，决战漠北

河西之战后，匈奴右部全军覆没，其单于仍然不断率兵南下袭扰。汉武帝决心与匈奴决战。元狩四年（前119）春，召集诸将说："翕侯赵信为单于画计，常以为汉兵不能渡幕（漠）轻留，今发大卒，其势必得所欲。"针对匈奴对形势的错误判断，汉廷制定了因势利导、击敌不备的作战策略，派大军十万，突入漠北，寻找单于主力决战。

汉军兵分两路。一路由大将军卫青指挥，统兵五万，出定襄；另一路由骠骑将军霍去病指挥，也是统兵五万，兵出代郡。汉军又备了十四万匹预备马，并以十万人运输辎重随军作战。

听到汉大军北进的消息后，赵信又向单于伊稚斜献计："汉兵即渡幕（漠），人马疲，匈奴可坐收虏。"单于听其计，将老幼及牲畜辎重转移到更北的地方，而陈精兵以待。

卫青率军穿过戈壁在沙漠中行进两千里，遇单于率其主力严阵以待。卫青命令大军以武刚车（战车的一种）自环为营，然后派五千精兵出击匈奴。单于以万骑应战，两军大战一天。时近黄昏，暮色苍茫中"大风起，沙砾击面，两军不相见"。卫青派两支部队在大风中悄然行进，迂回到匈奴军的两翼，包围了单于的营阵。单于见到汉兵众多而战斗力尚强，自度不能取胜，乃率壮骑数百突围向西北方向逃去。卫青从俘虏口中得知单于脱围，便连夜追击。至天明，卫青深入了二百余里，仍未获单于。边进边战，歼俘一万余人，到了寘颜山赵信城（今内蒙古杭受山南端），发现了匈奴的屯粮，补充军队，休整了一天后，尽烧其城及余粟而归。

另一路霍去病率军出代郡二千余里，在狼居胥山瀚海沙漠（今内蒙古西苏尼旗一带）与匈奴左贤王军队遭遇，交战获胜，俘屯头王、韩王以下七万余人，左贤王及其将领弃军北逃，霍去病率军追至狼居胥山和姑衍山（今蒙古国乌兰巴托东）行封禅，祭告天地表示此地归汉帝国统治，乃班师回朝。

漠北之战，匈奴受到沉重打击，军队损失达九万余人，而汉军也损失万余人，马匹十余万。

出其不意，就是趁对方没有料到时行动。漠北决战，匈奴方面对汉廷估计失误处有三点：一是以为"汉兵不能渡漠轻留"；二是汉兵"渡漠，人马疲"；三是"汉军不会大发卒"来遥远的漠北决战。因此作出"兵阵而待""坐收虏"的错误决策和行动，而遭到毁灭性的打击。汉廷方面则正好利用了匈奴这三点，出其不意，而"大得所欲"。

漠北之战，是汉匈战争中规模最大的一仗，汉武帝为了彻底打击匈奴，战前做了充分的准备，调集了大量的"私负从马"，而且使用了数十万步兵担任辎重转输，使大军的补给首先得到了解决。然后，武帝利用匈奴单于及赵信对形势的错误判断，因势利导，出其不意，以优势兵力深入敌腹，击敌不备，给了匈奴主力以沉重的打击，"是后匈奴远遁，而幕（漠）南无王庭"。

◇ "断匈奴右臂"与张骞通西域

"西域"一般是指敦煌以西、天山南北的广阔地区。西汉初，匈奴的势力先于汉到达西域，臣服了乌孙、楼兰等二十余国，设"僮仆都尉"进行统治，"备其逋租，高其价值，严以期会"，把西域作为了向汉帝国进攻的重要基地。马邑首谋之前，汉武帝在积极准备对匈奴开战中，考虑到单独与匈奴作战并无必胜的把握，便采取了"断匈奴右臂"，联络西域中的反匈力量，共同打击匈奴的策略。

为了做到知己知彼，汉武帝不断派人打探匈奴的消息，从匈奴降人口中得知，大月氏国乃匈奴世仇。大月氏原定居于水草肥美的河西敦煌、祁连地区，后被匈奴军臣单于灭其国，杀大月氏王，以其头颅为盛酒的饮器。大月氏对匈奴恨之入骨，但因敌不过匈奴，只得在匈奴的进逼下，离开河西地区，一步步向西迁徙，但迁至何处并不清楚。汉武帝得到这一消息后，大喜，打算联络大月氏，利用它与匈汉的矛盾，夹击匈奴。建元三年（前138），汉武帝悬赏招募出使西域、联络大月氏的使臣。汉中城固（今陕西汉中）人张骞以郎官的身份应募。

张骞率领武帝派给他的堂邑氏家的家奴甘父（也叫堂邑父）及一百多名随从，从长安出发，取道陇西进入匈奴势力范围。虽然使团昼伏夜行，但仍被匈奴的侦察骑兵发觉，并俘获送至单于王庭。单于听说汉使是去西域，当然不肯放行，下令把张骞一行扣留了下来。曾侍公主到匈奴的中行说又为单于出谋划策，让单于招降张骞，但张骞威武不屈。单于并没有下令处死张骞，反而强行为其娶配了一名匈奴女子，打算笼络他归降。张骞同样不为富贵所淫，"持汉节不失"，始终不肯投降匈奴。十年后，张骞终于觅得一良机，偕同善骑射的堂邑父逃出匈奴，继续西行。由于装备尽失，二人就靠堂邑父射猎鸟兽来维持生活。向西经过姑师（今新疆吐鲁番一带）、龟兹（今新疆库车一带），越过葱岭，张骞终于到达了距离大月氏不远的大宛国。

大宛国的国王早已听说汉帝国的富强，渴望能与汉帝国通使而不得，见到张骞后，非常高兴。张骞向大宛国王说明了此行的目的，并许诺下次到来一定馈赠其财物。大宛国王甚为高兴，派遣向导与译者，将张骞、堂邑父送至康居，又由康居送到了大月氏。历经十多年的磨难，张骞终于找到了大月氏国。

张骞见到大月氏国王后，劝说他率众东归河西地区，与汉夹击匈奴。但自从大月氏征服大夏而定居于妫水流域后，百姓安居乐业，又无强敌袭扰，已无向匈奴报复之心，而且"又自以远汉"，不愿长途跋涉东归击匈奴。张骞在大月氏、大夏游说了一年多，始终不能说服大月氏东归，"竟不能得月氏要领"，只得动身返回长安。

返回时，张骞选择了另一条路线，经南道的莎车、于阗（今新疆和田一带），从羌人地区绕回，以避开匈奴。但没有料到，这一条路线同样为匈奴所控制。张骞再次被俘获，扣留了一年多。适逢单于去世，匈奴内部为争夺单于位而发生骚乱，张骞同堂邑父携在匈奴的妻子逃出匈奴，于元朔三年（前126）回到了长安。

从建元三年出使，到元朔三年返回，共历十三年之久，初行百余人，而得以生还的仅张骞与堂邑父。汉武帝大加嘉奖，拜张骞为太中大夫，封堂邑父为奉使君。

张骞第一次出使西域，虽然没有达到联合月氏、夹击匈奴的预期目的，但却同西域的一些国家建立了友好关系，了解到匈奴在西域的势力范围，进一步摸清了匈奴的内部情况，为全面反击匈奴提供了详尽的材料。

汉政府展开对匈奴的大规模反击后，不久就从匈奴手中重新夺回了河西走廊地区，匈奴被迫将其一部分势力转向西北，以西域为根据地向西汉帝国展开进攻。要彻底解除匈奴的威胁，汉帝国必须从匈奴手中夺取对西域的控制权。

张骞向汉武帝提出了夺取西域的策略，他说乌孙国原与大月氏共在敦煌间。由于受到大月氏的攻击，乌孙投降了匈奴，并依靠匈奴赶走了大月氏，占领了伊犁河流域。但后来乌孙兵力稍强，不肯复朝事匈奴，与匈奴发生摩擦后，乌孙便远徙。如今匈奴被汉击败，河西地区无人居住，乌孙一定留恋故地而思归，又贪汉财物。如果现在答应让乌孙复居河西之地，再厚币贿赂乌孙国王，与其结为兄弟之国，就可以达到"断匈奴右臂"的目的。既与乌孙结盟，便可逐步将汉的势力渗透到大夏等西域诸国。

汉武帝采纳了张骞的策略，于元狩四年（前119）任命再次主动请缨的张骞为中郎将，率领随从三百人，每人配备良马两匹，并携带牛羊万头和价值数千万的金帛，另有持节副使若干人浩浩荡荡向乌孙进发。

张骞此次出使西域没有受到匈奴的拦截，安全地抵达了乌孙。张骞到达乌孙后，适逢其国发生内乱，无暇与汉结盟。况且乌孙以为距匈奴近，大臣们皆畏惮匈奴，而距汉远，又不知汉的强弱，不敢轻易东归击匈奴。张骞在乌孙游说了一段时间，不得要领，便分遣副使到大宛、康居、大月氏、大夏、安息、身毒、于阗及其他西域诸国。

元鼎二年（前115），张骞带领各国使臣返回长安。各国使臣看到汉帝国地广人众、国富民强，纷纷表示愿与汉通使往来，建立友好关系。

张骞第二次出使西域，虽然仍未达到劝乌孙东归的预期目的，但却与乌孙等很多西域国家建立了友好关系，一步步地把匈奴的势力排挤出西域，使匈奴更加孤立。

匈奴骑旅东征西讨，征服了北方各游牧民族，并胁迫他们参与到匈奴新的掠战中来。或是奴役其国民，供匈奴人驱使，或是向他们勒索财物，把他们作为战争的后援基地。汉武帝针对这一形势，两次派张骞出使西域，逐步分化瓦解了匈奴的战争机器，削弱了匈奴的实力，为军事上的获胜创造了条件。

漠北之战后，乌孙见到匈奴势弱，便主动提出与汉和亲，"愿得尚汉公主，为昆弟"。汉王朝答应了乌孙的请求，元封六年（前105），把江都王刘建之女细君作为公主嫁与乌孙王昆莫。细君死后，汉又嫁楚王刘戊之女解忧于乌孙新王岑陬。

婚姻常常被作为一种重要的谋略手段来加以利用，或和亲以罢兵戈，或联姻以结党营私，或通婚以为猎取国家权力的阶梯。与乌孙和亲，是汉帝国与乌孙以婚姻纽带加强政治联系的需要，起到了加深互相信任，打击匈奴势力的作用。

西域小国纷立，虽乌孙、大月氏等已站到汉这边来，但由于匈奴势力先于汉进入西域，先入为主，势力仍很强大。而且西域诸国距汉远而距匈奴近，畏匈奴甚于畏汉，故仍有很多小国顺服于匈奴的统治，劫掠汉使。为了加强对西域的影响，汉拿其中的大宛开刀，于太初四年（前101）派李广利征伐大宛。此战付出了极大的代价，损五万之师，靡亿万之费，经四年之劳，终于获胜。

西汉远师征伐大宛，起到了震慑西域诸国的作用。此后，西域诸国原臣服于匈奴者纷纷断绝与匈奴的联系，派人向汉帝国进贡。匈奴在西域的势力更为削弱，"匈奴失魄，奔走远遁"。

罪己易辙，昭宣中兴

武帝后期，天下虚耗，户口减半，汉朝面临严重危机：如对匈奴的战争接连失败；小股农民起义不断发生；高层统治内部矛盾激化，巫蛊之祸，导致武帝父子兵戎相见。种种迹象显示，当时汉朝危机，有如秦朝将要灭亡时的趋向。结果，汉朝却并没有像秦朝那样二世而亡，反而"昭宣中兴"。其中的奥秘就在于武帝晚年能及时下"轮台罪己诏"，改弦更张，再次推行富民政策；其后继者也能延续这一政策，守成不失。

◇ "轮台罪己诏"与改弦易辙

汉武帝一生引以为自豪的，便是其一改汉初的软弱而多次大胜匈奴。但由于连年的对外战争，军费开支巨大，加上赏赐将士、外国使团，以及广置宫殿苑囿，把文景以来的国家积蓄损耗殆尽。虽然武帝一系列的理财之道取得了巨大的成功，但财富不会从天上掉下来，只能取之于民，"利不从天来，不从地出，一取之民"。各种负担转嫁于百姓身上，迫使大量百姓破产流亡，进而沦为"盗贼"。

同时，武帝末年的"巫蛊之祸"导致了宫廷矛盾和激烈争斗。

所谓"巫蛊"就是将某人名字刻于木偶上埋之地下，对其诅咒，认为会给被诅咒者带来灾难，甚至死亡。汉武帝晚年多病，便疑神疑鬼，认为是有人行"巫蛊"所致，于是派江充负责清查。江充带领一名胡巫到处掘木偶，他先把写着武帝名字的木偶偷偷埋到要清查的人家中，然后加以陷害。当时，包括丞相公孙贺父子、武帝亲女诸邑公主、阳石公主、武帝卫皇后的侄儿长平侯卫伉等显贵人物在内的数万人都被诬陷诛杀。江充甚至连太子也不放过。江充曾与太子刘据有隙；他便以"巫蛊"诬陷太子。结果导致武帝父子兵戎相见，太子兵败自杀，其母卫皇后亦自尽。暮年而遭此家庭惨祸，使武帝精神上受到很大的打击。

一连串的挫折促使汉武帝对自己的治国之道进行反省。后来，他又追查出所谓的"巫蛊"活动全是江充凭空捏造而加害太子及大臣们的。于是，武帝又诛灭江充全家，并将逮捕太子的官吏一一处死，还兴筑了"思子宫"及"归来望思台"以怀念太子，但这一切均不能挽回太子之死。

征和四年（前89）三月，汉武帝亲自在巨定（今山东广饶县）行籍田礼，表示要重农躬耕。归途中，武帝对随行人员感叹道：我自从即位以来，所作所为，很多事都荒谬疯狂，使天下民众忧愁穷苦，后悔已来不及了。从今以后，凡是损伤百姓、浪费财富的事情一律停止。大鸿胪田千秋趁机进言：方士谈论神仙的很多，但却没有明显的成绩，请全部放逐罢免。武帝称善，下令遣散了方士及散布在名山胜地等候神仙的使节。

正在此时，搜粟都尉桑弘羊与丞相、御史大夫联合上书，建议派遣屯田士卒在轮台（今新疆轮台附近）以东屯田。他们提出："轮台东面的捷枝、渠犁都是以前的属国之地，地广，水草富饶。有可灌溉田五千顷以上，气候温和，田地肥美，可增开沟渠，种五谷，与中原地区同时成熟。"他们还为这种军事性屯田设计出一套方案，计划把轮台逐步扩建成控制西域的要地。

但武帝已认识到汉帝国的百姓需要休养生息，国力急需恢复，连遣卒屯田这样的事，也是千疮百孔的汉帝国无能为力的了。武帝下诏说："今请远田轮台，欲起亭燧，是扰劳天下，非所以优抚民众，朕不忍闻。"因而拒绝了桑弘羊的建议。

汉武帝还在这份"轮台罪己诏"中，对过去征伐事情造成军士死略离散，表示沉痛悔恨，承认自己不明，并确立了当前的主要任务是禁苛暴，停止擅增赋税，大力发展农业生产，推行马复令鼓励养马，补边防的需缺，以能满足武备需求就行。在这一战略思想的指导下，武帝封丞相田千秋为富民侯，表示要将施政重点转移到休养生息、使民众富足这方面来。又以赵过为搜粟都尉，主持改进农业生产技术，推广称为"代田法"的精耕细作方法以及许多更为便巧的新农具，以促进农业生产的发展。

人们习惯于将汉武帝与秦始皇并提，称之为"秦皇汉武"。确实，中国古代"政自始皇启""域从汉武定"，汉武帝一生所作所为，很多方面都同秦始皇相似。但为何秦传二世而亡，而武帝以后汉帝国反而步入"昭宣中兴"的繁盛时代？汉武帝"有亡秦之失而免亡秦之祸"，关键在于他在垂暮之年主动反省自己为政的得失，并以"轮台罪己诏"为标志，实现其治国策略的全面转变，返回到汉初休养生息的道路上，从而开启了"昭宣中兴"的西汉盛世。与秦始皇同样作为事功彪炳、意得欲从的封建帝王，汉武帝晚年改过，实现策略上的改弦易辙，是秦始皇不敢望其项背的。

"引咎自责"而主动承认错误承担责任，是为政者争取人心，赢得信任的高明之举，也是为政者高尚政治品格的重要表现。汉武帝"轮台罪己诏"的颁布，主动把造成帝国危机的责任揽在自己身上，并适时地改变治国策略，重新赢得了百姓的信任，使帝国走上了偃武修文的复兴之路。

◇守成不失，昭宣中兴

武帝临终前夕，"床前托孤"，选对了霍光为昭帝首辅大臣；昭帝去世后，霍光则选对了知民疾苦的宣帝。霍光、宣帝都能承继武帝晚年的国策，偃武修文、守成不失。

1. 立子去母与床前托孤

汉武帝共有六个儿子，太子刘据及卫皇后，死于"巫蛊之祸"。次子齐怀王刘闳早逝。巫蛊之祸后，可以继承皇位的还剩四人。在这四位皇子中，燕王旦与广陵厉王胥及昌邑王博均不为武帝所爱，于是武帝只有立其幼子弗陵为太子。武帝担心幼子继位后，其母钩弋夫人会掌握大权，而出现当年吕后专权的局面，遂找了个借口处死了钩弋夫人。因太子年幼，需有大臣辅佐，武帝"察群臣唯霍光能担重任，辅佐社稷"，决意让"进出禁宫二十余年，小心谨慎，未尝有过"的霍光辅佐太子，赐给其一幅《周公负成王会见诸侯图》，对其寄予厚望。

后元二年（前 87），正在五柞宫游玩的汉武帝突然病倒，病势急剧恶化。霍光随侍右侧涕泣问道："如果皇上有不测，当由谁来继位？"武帝说："君还未明白前次赐画之意？立少子，君行周公辅佐成王一样的事。"霍光推辞自己不如在场的金日磾，金日磾不肯。于是武帝立遗诏，让刘弗陵继位，以霍光为大司马、大将军，金日磾为车骑将军，太仆上官桀为左将军，桑弘羊为御史大夫联合辅政。翌日，汉武帝驾崩，刘弗陵即帝位，是为昭帝。

汉武帝遗诏托孤，安排后事的策略可谓顾虑周全。他鉴于惠帝仁弱而吕后得以专权的教训，忍痛割爱处死了钩弋夫人，扫除了霍光等执政可能受到的干扰。而四位受遗诏辅佐幼主的大臣中，武帝最为信赖霍光，便以他为四人之首，领尚书事，金日磾、上官桀为助手，朝政操纵于霍光手中。至于桑弘羊，是武帝倚重的理财能手，地位也原本高于霍光等三人，但此时他所倡导的政策已不合时宜，因而让其做了一名外朝官御史大夫，地位反而在霍光之下。这样，就保证了武帝晚年对治国之道的转变能够继续下去。

2. 盐铁之辩与燕盖逆乱之谋

汉昭帝继位之时年仅八岁，霍光、金日磾、上官桀、桑弘羊四人虽受遗诏共辅幼主，但不久在四人中发生了摩擦。首先是桑弘羊与霍光之间产生了矛盾；桑弘羊在制定和执行武帝前期重大策略方面，处于举足轻重的地位，此时反要受制于霍光，很不服气。而且桑弘羊对武帝末年策略上的转变不能理解，因而对霍光奉行武帝末年与民休息的政策大加抵触，与其唱反调。为了继续武帝末年策略上的转变，霍光以昭帝的名义，于始元六年（前 81）举行了"盐铁会议"。

"盐铁会议"由丞相田千秋主持，一方是要求恢复武帝前期政策的桑弘羊，另一方则是代表霍光，主张奉行与民休息政策的六十多名贤良文学。贤良文学按照霍光的意图，对桑弘羊进行了猛烈的围攻和抨击，而桑弘羊也舌战群儒，作了针锋相对的答辩。双方争论的焦点，集中于盐铁官营等各项理财之道、对匈奴的和战策略及"德治"与"法治"之上。

在"盐铁会议"上，主持会议的丞相田千秋并未对辩论双方的观点作出明确结论。但是，"盐铁会议"无疑是霍光策略上的成功，因为贤良文学揭露桑弘羊政治策略上的一些弊端及对社会的危害，就为霍光奉行"与民休息"策略在舆论上作了宣传。而且，霍光借贤良文学之口批驳攻击桑弘羊，也起到孤立桑弘羊的作用，使其受到了沉重的打击。

但是桑弘羊不甘心其失败，不久后就加入以燕王旦为首的反对霍光的集团中。燕王旦是武帝活着的皇子中年纪最长者，未被立为皇帝而蓄谋反叛。另一辅政大臣上官桀原本与霍光亲密无间，在金日磾病死后，两人轮流执政。而且霍光与上官桀有姻亲关系，上官桀之子上官安娶了霍光的女儿。但过了不久，两人的关系也紧张了起来；上官安有一女儿，年方五岁，安贪图禄位，想把她许配给昭帝为后。霍光认为昭帝与自己的外孙女都年幼，不同意这么做。上官桀父子转而求助于昭帝的姐姐鄂邑盖长公主（在皇宫里抚养昭帝），由鄂邑盖长公主出面主持婚事，立上官安的女儿为昭帝后，然后封上官安为桑乐侯、骠骑将军。上官桀父子为报答长公主，请求霍光封长公主的姘夫丁外人为侯，霍光不肯，为之求官，又不许。上官桀父子与长公主都怨恨霍光，很快与燕王旦、桑弘羊勾结起来，策划发动政变，先除掉霍光，然后废黜昭帝，立燕王旦为帝。燕王旦答应政变成功后封上官桀父子为王，而上官桀父子则图谋事成后尽诛燕王旦与长公主，自立为帝。

上官桀先是采取了借刀杀人的策略，企图愚弄昭帝，使其罢免霍光。元凤元年（前80）八月，上官桀暗中指使人为燕王上书，攻击霍光"专权自恣"，并称燕王请求到宗城宿卫皇帝，防止奸臣作乱。昭帝虽只十四岁，却能识贤辨忠，看出奏书有诈，对前来谢罪的霍光说："朕知此书诈也，将军无罪。"后来，上官桀及其党羽干脆就在昭帝面前直接攻击霍光，昭帝发怒道："大将军忠臣，先帝所属：以辅朕身，敢有毁者，坐之。"

上官桀见无法借昭帝之刀，除去霍光，便与长公主密谋设宴请霍光，伏兵格杀之，然后再废昭帝，迎立燕王旦为天子。但事未及发，长公主家舍人之父稻田使者燕仓向大司农杨敞告发，杨敞畏事不敢揭发，以告谏大夫杜延年，杜延年向霍光及昭帝报告。这一年九月，上官桀父子、桑弘羊、丁外人等皆以谋反罪而被处以族诛，燕王旦、长公主自杀。

"盐铁会议"，霍光使自己与桑弘羊政见上的分歧，"歧于内而争与外"，借文学贤良之口攻击了桑弘羊，把桑弘羊孤立了起来。失势的桑弘羊、上官桀、燕王旦聚集起来，欲借昭帝之刀杀掉霍光。但昭帝年少老成，识破了他们的阴谋，铤而走险的谋反集团被杀身灭族。

3. 因循养民，帝国中兴

政变粉碎后，昭帝对霍光更加倚重和信任，加冠亲政以后，军政大权仍委诸霍光。霍光执掌大权而不专横跋扈，每事必奏明昭帝后行，君臣相安无事，成为历史美谈。

元平元年（前74），年仅二十一岁的汉昭帝病死，没有子嗣。大臣议立昌邑王刘髆（汉武帝第五子）之子刘贺。刘贺即位仅二十七日，因昏乱无度被废。霍光议又立宣帝刘询即位。

宣帝刘询是汉武帝的故太子刘据的孙子，起自民间，因而颇知百姓疾苦。在霍光死后，他"始亲政事"，继续奉行霍光于地节二年（前68）所定的轻徭薄赋、发展生产的政策。地节三年（前67），宣帝下诏将苑囿和公田分给贫民和流民耕种，贷给种子与食物，不要百姓出算赋和给徭役，以解决农民破产流亡的问题。为了进一步减轻农民负担、鼓励农民安心从事生产，宣帝采取了一系列减轻赋税徭役的措施；元康元年（前65），诏"所振贷勿收"；元康二年五月，诏"其令郡国被灾甚者，毋出今年租赋"；甘露二年（前52），诏"减民算二十"，宣帝还派农业专家蔡葵为"劝农使"，巡视全国，指导农业生产。

由于多年的轻徭薄赋，休养生息，武帝晚年严重的经济危机安然渡过。宣帝时，连续几年丰收，谷价跌至每石五钱，农民少利，政府竟要创设"常平仓"来收购丰年余粮，以免粮价过低而损害农民的利益，挫伤其生产的积极性。

宣帝深知要让百姓安居乐业，关键在于吏治的好坏。而其整顿吏治的一条重要策略，就是"循名责实"。每次新任的刺史、郡守赴任之前，宣帝都要亲自接见，详细考察，要求他们写出任期责任状，以便以后对他们的政绩进行有针对性的考察。任期满后，对没有实现责任状任务的刺史、郡守要给予降职处分或免职，而对治绩优异者则给予表彰或破格提拔，此便为"循名责实"。这样，宣帝时的吏治一改于武帝时"以酷烈为声"的情况，出现了大批"上顺公法，下顺人情"的"循吏"，使得"吏称其职，民安其业"。

由于昭帝与宣帝时期能够继续武帝末年治国之道的转变，奉行"与民休息""轻徭薄赋""循名责实"的策略，使得汉帝国安然渡过了武帝末年的社会危机，出现了一派升平兴盛的景象，号为"中兴"。

"偃武修文"向来是治理国家的一项重要谋略。战争总要给社会生产力带来一定的破坏，加重百姓的负担。贤明的君主在战后常及时调整国家政策，修明文教，使社会经济得以发展。汉武帝轮台罪己，停止了对四边的大规模征战。而昭帝、宣帝也偃武修文，继续执行武帝对治国之道的调整，"扶大厦于将倾"，使汉帝国重又焕发起勃然生机。

◇汉乌联手与呼韩邪归汉

汉武帝几次对匈奴的大规模用兵，特别是经过漠北之战后，匈奴损失惨重，汉兵深入匈奴穷追二十余年，匈奴疲惫至极，十分痛苦。而且，失去了水草肥美的阴山地区，西遁入漠北荒原，使匈奴这个"逐水草而居"的游牧民族失去了经济重心，他们失阴山之后，过之未尝不哭的。

这时，匈奴东部的乌桓却日益强大了起来。乌桓原是匈奴控制下的一个部族，匈奴衰落后，它摆脱了匈奴的控制。乌桓在汉武帝时主动上书，愿为汉保塞，负责使察匈奴动静，得到了武帝的批准。昭帝始元六年（前81），乌桓挖了匈奴单于的祖坟，与匈奴发生大战。汉军趁机出兵辽东助乌桓击匈奴，匈奴不敢退走。

此时，匈奴东有剽悍的乌桓、南有汉帝国，不得不把其发展目光重新转向西方，向西域扩张势力。昭帝末，匈奴攻打乌孙，乌孙不敌而向汉求援。宣帝本始元年（前73），汉出兵五路援助乌孙，分别由田广明、范明友、韩增、赵充国、田顺率领，共十余万骑，加之乌孙发动五万骑由西边进攻，二十余万大军压倒匈奴。匈奴大败，匈奴人死伤逃亡的人，以及因远途迁徙而死亡的牲畜，不可胜数。这年冬天，匈奴单于又率万骑击乌孙，正值天大雪，"人民畜产冻死，还者不能十一"，邻国趁机袭来，"丁令乘弱攻其北，乌桓入其东，乌孙击其西。凡三国所杀数万级，马数万匹，牛马甚众"，被匈奴奴役的各属国也纷纷瓦解。经过这几次打击，匈奴不仅无力对付汉军，反而受到原来的一些属国侵袭，其国势更加衰颓。

匈奴的衰落，除了军事上连受重创以外，很重要的一个原因则是其上层的争权夺利日益频繁，导致了各部的分裂、厮杀。

神爵四年（前58），匈奴呼韩邪单于得立，匈奴内部分裂更加严重，出现了五单于纷争的局面。呼韩邪单于，屠耆单于，乌籍单于，东犁单于，乌籍单于（后又自立者，同名）各率一部，相互纷争，混战不休，致死者以万数，畜产损耗十之八九，人民饥饿，相燔烧以求食，因而局势十分动乱。最后，只剩下呼韩邪单于与其兄郅支单于。郅支单于击败了呼韩邪单于，占领了王庭及漠北广大地区。

呼韩邪单于失败后，其内部经过激烈的讨论，决定称臣事汉。甘露二年（前52）冬，呼韩邪单于叩五原塞，愿于次年正月到汉廷朝贺。宣帝决定"以客礼待之，位在诸侯王上"。甘露五年（前49），汉廷派车骑都尉韩负责，调发所经七郡每郡二千骑兵，排列于夹道两旁欢迎呼韩邪单于入朝。呼韩邪到长安后，对汉宣帝"赞谒称臣"。而宣帝也对其优礼有加，诏"称藩臣不名"，并赐以"匈奴单于玺"。从此，匈奴呼韩邪单于正式成为西汉王朝的藩属。

郅支单于见呼韩邪有汉廷的庇护，自知不敌，遂率众向西迁徙。建昭三年（前36），郅支被汉都护甘延寿与副校尉陈汤发戊己校尉西域诸国兵所诛灭。呼韩邪闻知后，且喜且惧，提出娶汉女为妻而为汉婿的要求。汉元帝乃以后宫良家女子王嫱（字昭君）赐予他为妻。汉朝因此觉得边境安宁有望，于是改元"竟宁"。呼韩邪单于娶了王嫱后，号其为"宁胡阏氏"，即使匈奴得以安宁。汉、匈都对这次和亲感到满意和高兴。

呼韩邪单于归汉，结束了匈奴政权与西汉政权之间一百余年的敌对战争状态，使大漠以南广大地区与中原进一步统一，有利于汉、匈两族的融合交流。

汉帝国经过昭、宣之世的偃武修文，国力大为恢复。而匈奴内部不断争权夺利，势力日丧。至受乌孙与汉的夹击后，更是一蹶不振。到最后呼韩邪单于无力解决内乱，只能托荫于汉帝国的庇护，归降汉帝国。

◇西域都护与安羌策略

西域各小国和河湟地区（在今甘陕交界处），时常受匈奴的影响，背叛和归附反复无常，内地征伐和管理的办法，不适应当地的情况。宣帝时所设西域都护与赵充国的安羌策略效果显著。

1. 西域都护与特区自治

随着汉帝国在西域的势力逐渐扩大以及匈奴势力一步步退出西域，为了保障中央政府政令的推行，汉宣帝于神爵三年（前59）设置西域都护一职以管理西域地区。西域都护的设置是为了取代匈奴曾在西域派遣的僮仆都尉。郑吉被任命为首任西域都护，其治所在乌垒城（今新疆轮台县境内）。

西域都护官秩二千石，相当于汉帝国内地的郡守。其下设置校尉、丞、司马、侯、千人等属吏。设置西域都护后，西域变成了汉帝国的一个特别行政区。西域的小国虽仍保留着原来的名称，并有相当的自治权，但他们都要受中央政府政令的约束。各国国王之下的官吏有侯、相、将、当户、都尉、大禄、监、吏、泽长等。不仅西域都护和它的副职校尉由中央政府直接委任，而且各属国的重要官职也必须由中央政府批准，并颁发给其印绶才可任职。

西域都护之意本来便是护卫西域各国，其主要职责是保障中央政府政令在西域的推行。他不仅有责任和义务维护西域的统一和安定，而且还负责处理各属国内部的纷争和重大政务，以保障各国对汉帝国的臣属。而西域各属国要忠诚于中央政府，送王子到长安为质，并供应汉使、汉军的廪食，保证其在自己境内的安全。

西域都护的设立，既保持了西域特权的自治区，也加强了汉帝国对西域的统治，保障了"丝绸之路"的畅通。

2. 赵充国的安羌策略

羌人是西汉政权西北的一支少数民族，他们先臣服于匈奴，为匈奴右臂。武帝时切断了羌人与匈奴的联系，对羌人实行安抚为主的策略，并设立了护羌校尉管理。

汉宣帝地节、元康年间，羌人中的先零羌部向中央政府提出北渡湟水，到汉民不种田的地方畜牧，实是欲与匈奴重会。汉廷没有识破他们的这一意图，默许了他们的请求。后来，羌人渡过湟水，郡县长官不能禁止。元康三年（前63），先零羌部与其他羌族部落首领二百余人解仇、交质、盟诅，打算共同侵扰汉西北边地。汉廷派义渠安国前往巡视诸羌。义渠安国至后，不分青红皂白，召羌人首领三四十人斩之，又纵兵斩杀千余羌人。这样一来，羌族各部落都很惊惧，以归义羌侯杨玉为首发起更大的叛乱，攻城邑，杀长吏，与匈奴遥相配合。

汉宣帝派赵充国率四万骑出塞，吓退了匈奴。接着，赵充国以七十六岁的高龄主动请缨，承担平羌的重任。

神爵元年（前61），赵充国率一万骑到达金城（治所在今兰州西北），连夜把队伍分成三批，悄然渡过黄河，突进到湟水流域。

赵充国出于对汉帝国长治久安的考虑，谋求西北边陲的长远安宁。为此，赵充国的平羌策略是立足于安抚、分化。他主张应根据主谋与胁从的不同情况区别对待。打击为首叛乱的先零羌，以震慑威服诸羌，而对随从叛乱的䍐、开诸羌不究其过，并选择了解羌俗的良吏安抚羌民。可以说，这是一条较实际的安羌策略。经过几次上书，宣帝终于批准了赵充国的建议。

赵充国先领兵攻先零羌，大胜。羌人抛弃车辆辎重，打算渡过湟水。赵充国缓慢驱逐，使其不致拼命顽抗。结果，羌人赴水溺死者数百，斩首及投降者五百多。汉军获牲畜十余万头、车四千多辆。汉军进至䍐羌地区，赵充国命令不得烧毁羌人的住所、损害农牧。䍐羌感汉军恩德，不用汉军攻战而主动降附。

宣帝让赵充国乘胜进攻。但赵充国认为羌人已被动摇，不久即可溃散，只需屯田"以待其敝"即可。他抗旨不出兵，三次上书陈述屯田之便。经公卿大臣反复讨论，宣帝又批准了赵充国的奏议。

赵充国的策略是：汉军不急于进攻羌人，而选择肥饶之地屯田。这样，可省却军费及运输的开支，而且，羌人长处贫瘠之地，又受到汉军的威胁，日久必然不战而自相散乱。

果然，到神爵二年（前60），羌人降者达三万余人，而饿死、斩首者一万余人，只有四千残余仍负隅顽抗。赵充国认为残余不需重兵镇压，乃率师而还。不久，诸羌联合杀掉叛首先零羌首领杨玉等，率领残余的四千余羌众归降。汉政府发给一些羌族首领"汉归义羌长"印，让他们代表中央政府行使管理权力。

至此，羌人的叛乱得到彻底的平息。

中国古代的谋略家们始终都认为：以非军事手段战胜对手是谋略的最高境界。故有"不战而屈人之兵"的谋略，即以非实战的方式来威慑对手，迫压对方，以达到自身目的的高明谋略。赵充国平定羌人的叛乱，认真分析了叛军的内部组成，实行区别对待。他先是一举平定先零羌，后又威服罕羌，接着按兵不动，以优势兵力与叛军对峙，果然不战而叛军自乱。

第
五
章

CHAPTER5

帝国危机，各施其术

昭、宣二帝以后，土地兼并日益严重，农民大量破产流亡，沦为奴婢，社会上出现了两大社会问题，即土地和奴婢问题。朝政黑暗，官吏贪暴成风；国库空虚，用度不足；水旱蝗虫、灾荒连年；百姓财竭力尽，无以自存，不断爆发农民起义和铁官徒起义。面对深刻的社会危机，统治集团各施其术，推出了"限田限奴婢""再受命"等策略，甚至演义出"新"莽代汉的把戏。但这些挽救危机的做法不能解决社会问题，反而使危机日益加重。到了最后，绿林、赤眉起义才对两大社会问题作了一定程度的缓解。

汉运将终与"再受命"

　　黄龙元年（前49），四十三岁的汉宣帝身死未央宫。其子刘奭继位，是为汉元帝。元帝"柔仁好儒"，改变汉家"霸王道杂之"的治国之术，独尊儒术，不重视法治，统治软弱无力，其后继者成帝和哀帝心有余而力不足，皇权不断削弱，朝政逐渐落于外戚之手。

◇ 专用王道与乱象日呈

　　"柔仁好儒"的汉元帝，在为太子时就对其父宣帝任用刑法的统治策略甚为不解，劝其父说："陛下持刑太深，宜用儒生。"宣帝为其这种不知治国大略的愚昧见解怒形于色，训斥道："汉家自有制度，本以霸王道杂之，奈何纯任德教，用周政乎！"见刘奭不以为然，宣帝又进一步解释了专用儒生的弊端，"俗儒不达时宜，好是古非今，使人眩于名实，不知所守，何足委任！"但"柔仁好儒"的刘奭，对宣帝这套治国之道听不进去。宣帝无奈地感叹："乱我家者，太子也。"

　　汉元帝继位后，果然改变了汉初前几位皇帝"杂用王霸之道"的两手策略，而独尊儒术，重用儒臣，不重视法治。

　　宣帝临终时，拜外戚史高为大司马、车骑将军；元帝为太子时的老师太傅萧望之为前将军、少傅周堪为光禄大夫，并领尚书事，共同辅佐元帝。因好儒术，同时也担忧外戚专权，元帝继位后对两位老师尊崇信任，即位之初接连数次宴见萧、周，研究国事，讨论朝政。萧望之与周堪本为大儒，在他们的举荐下，大批儒生加入到统治集团中来。如名儒刘更生（汉成帝时改名刘向）与金敞经萧望之引荐，均被元帝委以重任，加官给事中，出入禁中，参与机密。元帝听说琅琊（今山东诸城）人王吉和贡禹是明经洁行的儒学大师，特征召其二人入京为官。王吉死于赴京途中，贡禹入京后即被拜为谏议大夫，不久更升任御史大夫，位列三公。

为了发展儒学，培养更多的儒生加入到统治集团中来，元帝曾一度取消了太学博士弟子定员的限制，并下诏凡能通一经的乡间儒生均免其兵役、徭役。后因儒生队伍过于庞大，政府用度不足，乃定博士弟子员千人，即使这样，也比宣帝末年的名额增长了五倍。

由于元帝"柔仁好儒"，不重视法治，他对朝政的治理呈现出一种疲软状态。因元帝的信任，萧望之、周堪与其所举荐的刘向、金敞等人同心辅政，外戚史高受到排挤而与朝中的宦官势力相勾结，形成了以外戚史高、宦官弘恭、石显为首的朋党集团。弘恭、石显随着受元帝的宠信日益加深，他们同以萧望之、周堪为首的儒臣集团发生了尖锐的矛盾，并主动攻击儒臣们私结朋党互相推举，数次诽谤大臣，攻击离间皇亲国戚，欲以专擅权势，为臣不忠，欺骗皇上不道德。元帝柔弱昏庸，无决断之才，对双方的斗争采取了折中的态度。最后弘恭、石显设计将萧望之下入狱中，并逼其自杀。周堪、贾捐之、京房等儒臣继续抗争，也相继被害。

儒臣集团失败后，元帝受石显的蒙蔽日深，将朝政全部委与石显，事无大小，因石显的话决定。石显权倾朝廷，元帝还要不断对其封赏，讨好于他，"石显所得赏赐与受贿资财多达一万万钱"。汉帝国进入宦官石显专权自恣的时代，朝政更加昏暗。

汉元帝治国专用"王道"，不重视法治，使吏治日益腐败。大小官吏横行肆虐，残酷地压榨刻薄百姓，政府官吏还同豪强地主勾结起来，沆瀣一气，共同鱼肉百姓，"上干王法，下乱吏治，身兼役使，侵渔子民，为百姓豺狼"。

由于官吏、豪强地主的强取豪夺加上频繁的天灾，百姓破产而流亡的人数日增，"民众久困，连年流离，离其城郭，相枕席于道路"。走投无路的百姓只有铤而走险，进行反抗斗争。西汉帝国乱象日呈，陷入了一场严重的危机中。

汉武帝内兴功作，外事征伐，为后继者留下了一个千疮百孔的烂摊子。昭帝与宣帝时期，完成了武帝末年开始的统治策略的转变，守成不失，与民休息，使汉帝国渡过了武帝末年的社会危机。但到了汉元帝统治时期，却又对武帝早年的统治策略矫枉过正，放弃了"霸王道杂之"的两手统治策略，不重视法治，而专任"王道"，使得其统治软弱无力，皇权日益旁落。连元帝本人也承认，天下"亦极乱耳，尚何道"。

⟡权柄外移与"弄臣"为辅

竟宁元年（前33），年仅四十三岁的汉元帝去世，太子刘骜即位，是为成帝。

成帝即位不久就将专权自恣的宦官石显罢免，并尽逐其党羽出朝廷。但成帝铲除了宦官势力后，并没有趁机加强皇权、整治朝纲，而是沉于酒色，将朝廷政事委与其母舅王氏一家人。王凤、王商、王根等相继专政，"王氏子弟皆卿大夫侍中诸曹，分据世官满朝"。王氏一门把持朝政期间，宠树亲党、排斥贤良、穷奢极欲、鱼肉百姓，使政治更加腐朽黑暗。

绥和二年（前7），成帝在长乐宫暴病死去，因其无子，其弟定陶王之子刘欣得立，是为汉哀帝。

汉哀帝以一位藩王的身份入承大统后，保持着清醒的头脑，深知其统治面临着严重的危机。一方面是外戚王氏把持朝政多年，在朝中的势力盘根错节，不断地侵凌皇权；另一方面是官僚、豪强生活腐化，一味强取豪夺，聚敛财富而不恤国事，使得百姓流离失所，怨声载道。哀帝在位七年，试行了各种策略，以解决日益严重的社会危机，力图挽汉帝国之大厦于将倾。

哀帝首先采取扶植其祖母傅太后与其母丁太后两家外戚的势力，以之与王氏对抗，以达到削夺王氏权力的目的。

哀帝即位伊始，便对傅氏与丁氏大肆分封。傅氏封侯者共六人，官拜大司马者二人，位列九卿二千石者六人，侍中诸曹者则十余人。丁氏一门封侯者二人，官拜大司马者一人，位列将军、九卿、二千石者六人，侍中诸曹者有十余人。在短短的一两年间，傅、丁二门外戚充斥于朝廷内外。

在尊崇傅、丁两门外戚，成功破除了王氏对朝政的垄断后，哀帝不遗余力地削夺王氏的权力。哀帝使司隶校尉解光弹劾王根及其侄儿王况，然后下诏令王根离朝就国，夺去王况的爵位，免其为庶人。过了不久，哀帝又使有司奏王莽前为大司马贬抑尊号之议有亏孝道，及平阿侯王仁（王谭之子）藏匿赵昭仪亲属，哀帝对其二人表示恩宠，"勿免，遣就国"，把其二人也逐出了朝廷。但此时，王氏的后台人物，元帝皇后王政君仍在世，王政君居宫中四十余年，其势力根深蒂固，对朝政有很大的影响力。因而，哀帝在削夺王氏权力的同时，也对其大加封赏，以免与王太后的矛盾太过激化。哀帝以曲阳侯王根为大司马时册立自己为太子有功，增封其二千户；太仆安阳侯于己有辅导之情，增封五百户；新都侯王莽忧劳国家有功，增封三百五十户。采取了上述策略后，虽然王氏的羽翼并没有得到解除，但毕竟其权力受到了极大的削弱，不可能再凌驾于皇权之上。

哀帝扶植傅、丁外戚，对抗王氏的策略虽然取得了一定的效果，但却非加强皇权的长久之计。因为代替王氏而起的又是傅、丁外戚的专权，朝政仍然不可避免地落于外戚之手，于是以重用"弄臣"董贤以削弱外戚权势。

汉哀帝不好女色，后宫中受宠幸的除了皇后外，只有一个昭仪。皇后是哀帝祖母傅太后从弟傅晏之女，而昭仪则是其弄臣董贤之妹。

董贤原任太子舍人，哀帝即位后随太子官属升迁为郎官，侍卫于哀帝左右。一次，董贤在殿下被哀帝见到，惊其长得俊美，拜为黄门郎，从此与其日夜厮混。

哀帝与董贤出则同辇，入则命其随侍于左右，甚至与其同卧起。一天，哀帝与董贤相拥午睡，哀帝醒后想要坐起，发现自己的长袖被董贤枕住，为了不惊醒董贤的美梦，哀帝取剪刀剪断了自己的袖子才悄悄地起来。董贤对哀帝也"性柔和便辟，善为媚以自固"，极尽讨好之能事。每次休假，董贤都不肯出宫，而留在哀帝身边与其厮混。

哀帝宠爱董贤的同时，对其及其家人大加封赏。董贤由黄门郎至驸马都尉侍中，再至大司马、大将军，使其位居三公，封高安侯，并将其妹封为昭仪，仅次于皇后，还将董贤妻接入宫中，与董贤同住。董贤的父亲恭义地位至三公，其岳父为将作大臣，其内弟为执金吾。一时，董贤"父子专朝"。哀帝对董贤的赏赐更是不计其数，上方珍宝、武库禁兵以至东园秘器、珠襦玉柙，皆以赐贤。哀帝还命将作大匠预起坟于自己的义陵旁，打算与其在阴间同享富贵。朝臣们对哀帝嬖昵男宠群起反对，哀帝乃下诏逼丞相王嘉自杀，罢免了大司马丁明以震慑群臣。

其实，哀帝所以宠幸董贤，有着难言的苦衷。哀帝即位时曾雄心勃勃，打算整饬朝纲，但其种种试图解决社会危机的策略，无一不以失败而告终，而且朝中派系林立，皇权日渐旁落，使他对前途失去了信心。加上哀帝即位时身患痿痹之疾，以后逐渐加重，不能亲近女色，所以他只好在董贤这个男宠身上寻求安慰，借以麻醉自己。另一方面，朝中王氏、傅氏、丁氏几派互相倾轧，只有董贤这样没有帮派、对其又柔媚体贴的男宠能使他放心。而且哀帝一味地尊崇董贤，也可以抑制朝中各派势力，使其牵制傅、丁外戚，还能起到强调皇权的作用。但是，以弄臣为辅，维护自己的统治的策略，所任非仁贤，坏了风气。

◇ "限田限奴婢"与"再受命"

成帝时，琅玡东武人师丹任太子太傅一职。哀帝即位后，师丹以师傅居三公之职。先是代王莽为大司马，不久，徙为大司空，辅政。

师丹是统治集团中颇有见地的一位知识分子，他看到权贵与豪富们对百姓土地的兼并是引发奴婢问题、流民问题、盗贼问题等的主要根源。初为大司马的师丹欲救社会之急，向哀帝提出了"限田""限奴婢"之议。他说："古之圣王莫不设井田，然后治理才可太平。孝文皇帝承亡周乱秦兵革之后，天下空虚，故务劝农桑，帅以节俭。民始充实，未有并兼之害，故不为民田及奴婢为限。今累世承平，豪富和官吏的资财数百万，而贫弱者更加穷困。盖君子为政，贵因循而慎改革，然之所以还是有改革，是要用来救急。也没有全改，宜略改为限。"

哀帝把师丹的建议交给群臣讨论。丞相孔光、大司空何武等皆认为限田、限奴婢可行，并提出了具体办法："诸侯王、列侯皆得名田（以私人名义占有的田地）国中。列侯在长安，公主名田县道，及关内侯，吏民名田皆毋过三十顷。诸侯王奴婢二百人，列侯、公主百人，关内侯、吏民三十人。期尽三年，违犯的没收入官府。"这样，就规定了统治集团中各个等级占有田地、奴婢的数量，不能违限，犯者惩办。

师丹、孔光、何武等人这一套限田、限奴婢的建议，并没有形成一整套系统的挽救社会的策略，而只是一个权宜之计，对权贵和豪富的疯狂兼并"略为限"而已。但即使这样一项不系统的方案，也遭到了权贵与豪富们的强烈反对。丁氏、傅氏等用事之外戚，董贤等隆贵之大臣都感到"不便"。

哀帝在外戚与董贤的鼓动下举棋不定，下诏"且须后"，即等待以后再办。后师丹受到丁氏、傅氏的倾轧，失去了辅政的地位，被排挤出了朝廷。限田、限奴婢之议也随着师丹的垮台而流产了，"遂寝不行"。

汉哀帝既用师丹辅政，又不能行其建议，对其颇多疑忌，并不让其掌握太大权力而放手去干，而是试图在师丹与外戚及男宠董贤间造成一种权力平衡。结果，师丹多为外戚钳制，任大司空"一年免"，其图谋解决社会危机的限田、限奴婢之议也就搁浅了。

董仲舒曾提出："国家将有失道的败坏事，而天就先出灾害来谴告它；不知自省，又出怪异以警惧它；尚不知变而伤败就会降临。以此可见天心仁爱人君而想止其乱……天之所以厚赐天下使人为王，必有非人力所能致而自然达到的事，这就是王者承受天命的征兆。天下之人同心归顺他，就像归顺父母一样，天命祥瑞感应也随之而至。"这一套系统的"天人感应""谴告""改制"理论到了汉末发展成为谶纬学说，乃至更受天命学说。谶纬学说是将自然界的奇异现象与国家的治乱兴衰联系起来，成为对以后政治事件的预言。

汉末，不断有人指出："日月失明，星辰逆行；山崩泉涌，地震，天落陨石；夏霜，冬雷；万物春凋秋荣，经霜不死；水旱，蝗虫；民人饥、疫；盗贼禁而不止；满街都是受刑之人，《春秋》所记灾异全都具备。"是"汉运"将终的表现，而应当重新从"天"那里接受一次任命，才能停止乱世。

开始，汉朝的统治者认为宣扬"汉运"将终，而要求更朝换代是"大逆不道"，把鼓吹者全部杀掉。但不久，统治者发现更受"天命"的理论对其有着有利的一面：因为这种理论只讲了更受"天命"，却没有指明受"天命"的是谁。那么毫无疑问，刘氏皇帝也可以重新从"天"那里接受任命了。

成帝时，齐人甘忠可伪造《天官历》与《包元太平经》，宣扬"汉家逢天地之大终，当更受命于天，天帝使真人赤精子，下教我此道"。哀帝时，甘忠可的弟子夏贺良又通过大臣解光、李寻鼓吹："汉的命运中衰，当再受命。"哀帝在其各种解决社会危机的策略失败后，已无法可施，万般无奈，只好宣布更受天命。

哀帝建平二年（前5），哀帝下诏：汉高祖受"天命"而建立汉帝国已历二百余年，现在结束。哀帝重新接受"天"的任命，以继续统治。宣布大赦天下，改本年"建平二年"为"太初元将元年"，自称"陈圣刘太子皇帝"，把计时用的漏器，改成一百二十度（旧制一百度，现增二十度）。

哀帝在回天乏术的情况下，妄图借"再受天命"这种自欺欺人的文字游戏，以造成一种乱世已过，升平景象即将到来的感觉，从而稳定摇摇欲坠的帝国统治。但实际上这套把戏骗不了任何人，包括哀帝自己，一个衰颓不堪的旧帝国不会萌发新的生机，而仅给人一种汉家气数将尽的感觉。而且，不久后夏贺良策划进一步夺取实权，建议罢黜丞相朱博与御史大夫赵玄，而以替他鼓吹的解光、李寻辅政，引起了哀帝及朝臣们的警觉。于是，哀帝下令处死夏贺良，放逐解光、李寻，并宣布："再受命"的措施中，除大赦天下一项外，全部废除。"再受命"的闹剧草草收场了，哀帝至此已无计可施。

易姓受命，新朝代汉

在挽救帝国危机的强烈呼声和运动中，王莽将哀帝的"再受命"演义为"易姓受命"，改朝换代，以"新朝"的面貌出现在世人面前。

◇折节恭俭，以要名誉

王莽易姓受命，以新代汉，经历了长久的苦心经营。

王莽，字巨君，元帝皇后王政君（称元后）的侄子。元后生成帝，成帝即位，外戚王氏逐渐专权。帝舅王凤为大司马大将军领尚书事，总理朝政，元后其他兄弟王商等六人皆被封侯，唯王莽父早死，未得封赏。王莽"幼孤不及等比"，元后怜其丧父，接至后宫抚养。

王莽幼年勤奋好学，拜名儒沛郡陈参为师，与饱学之士交游，孜孜不倦地攻读经书。在家中，他恭谨地侍奉寡母及寡嫂，教育亡兄留下的儿子，尤其是对执掌朝政的伯父王凤，更是恭谨顺从。阳朔三年（前22），王凤生病，王莽"亲尝药，乱首垢面，不解衣带连月"，终于感动了王凤。这一年，王凤在弥留之际将王莽嘱托给元后和成帝，二十四岁的王莽被任命为黄门郎，迁射声校尉，秩二千石。王莽以此为基点，开始了他在仕途上的爬升钻营之路。

踏上仕途后，王莽并没有志得意满，而是愈加显得恭谨。他一面讨好巴结各位叔父，一面交结朝野名士。与其堂兄弟们"乘时侈靡，以舆车马声色佚游相高"不同，王莽"折节而恭俭"，得到了包括其诸叔父在内的朝野一致好评。永始元年（前16），王莽叔父成都侯王商上书成帝，愿分自己的一部分食邑封王莽。同时，长乐少府戴崇、侍中金涉、胡骑校尉箕闳、上都尉阳并、中郎将陈汤等一班显贵，也都盛誉王莽。于是，在各方面的要求下，成帝封王莽为新都侯，食南阳新野之都邑一千五百户，升为骑都尉、光禄大夫侍中。

王莽升任宿卫近臣后，更加注意克制私欲，以沽名钓誉。他礼贤下士，延揽名士作为幕僚，并作出一副极其清廉的样子，每当从朝廷上得到赏赐，都分给幕客僚属，自己分文不取。他还特地为其长子与其亡兄之子同日成婚，以示一视同仁。在婚宴中，他又神色沉重地几次离席，称为生病的母亲去喂药，从而博得了"贤""孝"的名声。一次，王莽的母亲生病，一些公卿大夫的夫人们前往探视，她们皆绫罗锦衣，着金银珠宝之饰，而出来迎接的王莽妻却"衣不曳地，布蔽膝"，竟被客人误认作僮仆。而且，王莽待客礼数上十分周到，却只以一杯清茶待客。这些，又为他赢得了清廉节约的名声。

经过这一番作为，王莽显得与"众"不同，得到了朝野人士的盛赞，"虚誉日隆，倾其诸父矣"。

声誉是政治家的最大资本。王莽以克欲恭俭猎取令名，树立了自己的良好形象，为他逐步钻营奠定了基础。

◇ 阴求隐私以制人与"避帝外家"

在政治舞台上，揭露竞争对手腐败的隐私，击败竞争对手；形势不利时明哲保身，急流勇退，创造条件，东山再起。这是王莽取得和保持辅政地位的要诀。

1. 阴求隐私以制人

绥和元年（前8），王莽的另一个叔父，大司马大将军曲阳侯王根因久病，上疏请求离职养病。王莽是王氏中最合适的继任人选，但王莽还有一个强劲的对手，即定陵侯淳于长。淳于长是元后的姨甥，也属于王氏集团的成员，而且其曾助成帝立宠妃赵飞燕为皇后，颇得成帝信任。再者，淳于长此时位在王莽之上。综合起来看，淳于长似乎优势更大一些。但淳于长远没有王莽心机深沉，不久就被王莽找到了陷其于死地的突破口。

淳于长骄奢淫逸，他与寡居的已废之后许后之姐许嬺私通，娶其为妾，并多次写信戏侮曾贿赂他的许后。淳于长的这些隐私被王莽侦知后，他趁在王根左右殷勤侍疾的机会，旁敲侧击地对王根说：淳于长看到您即将病重离职，自料大司马之位已非他莫属而十分高兴。王根听后十分生气。王莽又向其讲述淳于长与许后之姐私通并戏弄许后一事，王根令其直接向元后报告。元后听后大怒，免淳于长官。接着，又发现了淳于长曾受许后欲求重立而送他的贿赂，一向信任淳于长的成帝闻之大怒，定其为大逆罪，命其在狱中自杀。

除掉了竞争对手，大司马之位非王莽莫属了。成帝绥和元年（前8），王根告退，推荐王莽代己辅政。这样，三十八岁的王莽被成帝擢升为大司马，继王凤、王商、王音、王根之后而取得了辅政地位。

"捷足先登"是指行动快，干在前头，先一步达到目的。在政治斗争中，捷足先登，抢先下手，掌握斗争的主动权是至关重要的。

当机遇来临时，王莽能够把握住时机，通过揭隐私的手段一举击败竞争对手，取得了自己梦寐以求的高位。反观淳于长，只是坐待幸运之神的降临，而且不注意德行的修养，为人捉住了把柄，不但失去了马上就要到手的大司马大将军的位子，甚至落得个官丢身死、全家流放的下场。

2. "避帝外家"，东山再起

王莽任大司马未及半年，成帝死，哀帝即位。哀帝是成帝的庶侄，与元后王政君无血缘关系，他采取策略，重用其祖母傅氏和母亲丁氏两家外戚，以贬抑王氏外戚集团。

王莽深谙宫廷风云变幻，自知哀帝欲损抑王氏，而自己作为王氏外戚的首脑人物必不能幸免。他先是主动上书哀帝，"乞骸骨"求隐退，没有得到批准。不久，在一次宫廷宴会上，王莽以傅太后乃藩妾，不得与帝并座为由下令撤掉为傅太后准备好的席位，借以触怒傅太后与哀帝。果然，建平元年（前4），哀帝以王莽反对傅太后、丁后皆称尊长（太太后、太后）为由，将王莽逐出朝廷，令其就南阳新都封国。王莽离开朝廷后，丁、傅氏外戚的势力更加扩大，王氏一门外戚纷纷被排挤出朝廷。

王莽下野后，并不甘心就此失势，而是积极培植势力，于乡里矫情干誉，以图东山再起。王莽初回封国，便注意笼络士人，结交地方官吏。南阳太守与王莽交好后，特地选了儒学名士孔休做他的新都相，王莽对孔休优礼有加，赠以美玉宝剑，"欲以为好"。因而，地方士人与官吏对王莽极有好感，乐意为他效命。一次，王莽的次子王获杀一奴婢，贵族杀奴婢本不至于偿命，但王莽却当众痛斥其子，并逼其自杀。

王莽这些沽名钓誉的举动，为他赢得了极大的声誉。因而，许多人为其罢职离开朝廷而不平，朝野上下为王莽喊冤叫屈者以百数，纷纷上书请求恢复他的官职。元寿元年（前 2），发生了日食，贤良之士周护、宋崇等借此大做文章，在哀帝面前替王莽鼓吹。迫于社会舆论的压力，哀帝以侍奉太皇太后的名义，召王莽回京师。但不久哀帝因王莽从弟王寻为其求特进给事中的官位，而贬王莽为河西尉，再次将他逐出长安。

一年后，哀帝死去。此前，哀帝将玺绶交给了他的男宠董贤，并叮嘱"勿妄予人"。但官至大司马卫将军的董贤除了以柔媚讨哀帝欢心外，无任何才干，甚至连调度丧事都不会。于是，元后以"佐"董贤治理哀帝丧事为借口，重召王莽回京。王莽回京，一待处理完哀帝丧事，便奏董贤"为大司马不合众心"。元后乃将原居于内宫的董贤逐出，收其大司马印绶，并通令董贤与其妻自杀。于是，元后将王莽重新任命为大司马，领尚书事，继续辅政。

在政治活动中，当形势不利时，隐退待机，重返政坛，此项谋略便是"东山再起"。

王莽能够失而复得大司马之位，可谓深得"东山再起"谋略的精髓。哀帝未能彻底铲除王氏外戚的势力，特别是不敢丝毫触动太皇太后王政君，这给王莽留下了卷土重来的机会。更重要的则是王莽下野后并不消沉，而是注意培植势力，矫情求誉，使其虽在朝廷失势但却于乡里名声日增，为其复出创造了条件。

✧诛子嫁女与固权显名

王莽重任大司马后，与元后议立中山王箕之子刘衎，元始元年（1），刘衎即帝位，是为汉平帝。平帝年幼而元后临朝称制，但元后已年届七十二岁，因而朝政完全为王莽所把持。王莽辅政伊始，立即剪除傅、丁外戚的势力，将成帝赵皇后和哀帝傅皇后废为庶人，逼令自杀。王莽还下令不准平帝之母卫氏入京。这样，其他外戚集团与王氏外戚对抗的可能性完全被根除了。

平帝之母卫姬及帝舅卫宝、卫玄不得入京师，乃与王莽长子王宇联络，请求其代为说情。王宇求其父不得同意，乃想与妻兄吕宽等用迷信手段令王莽改变主意。吕宽夜间在王莽门上洒血时被发觉逮捕，在狱中自杀。王宇被王莽奏请处死，宇妻待产后也被杀。王莽穷治吕宽之狱，因此诛杀了卫氏外戚，并株连敬武公主（元帝的姐姐）、梁王刘立、红阳侯王立、平阿侯王仁，逼令他们自杀。王莽还为此写书，宣扬自己毙杀亲子乃公而忘私、大义灭亲之举，并以此书发行全国，令学官教授。

王莽还借吕宽之狱打击不顾承自己的人。曾与他争夺大司马一职的前将军何武、右将军公孙禄、与卫氏相善的护羌校尉辛通、函谷都尉辛遵、水衡都尉辛茂等皆被王莽"致其罪"，下狱处死。吕宽之狱，王莽进一步清除了异己。

王莽清除异己时，自己并不出面，而是令其党羽代言，自己在幕后操纵。王莽以"太后所敬，天下信之"的名儒孔光为大司徒，并对孔光及其婿甄邯威胁利诱，为其所用。王莽欲陷害打击谁，就令孔光上奏元后，而自己又怂恿元后批准孔光的弹劾。这样，王莽得以胁持上下。"于是阿顺者拔擢，忤恨者诛灭"。王莽以王舜、王邑为心腹，甄丰、甄邯主击断，平晏领机事，刘歆典文章，孙建为爪牙，满朝皆为其党羽。

完全把持朝政后，王莽指示其党羽爪牙为自己歌功颂德，奏请封赏。而他则谦恭地推让，"上以惑太后，下以示信于众庶"。元始元年（1），在王莽的操纵下，群臣趁外族进献白雉之机，盛陈"莽功德致周成白雉之瑞，千载同符"，要求赐予王莽安汉公的封号。于是，元后封王莽为太傅，号安汉公，位在三公之上。不久，王莽觉得连元后都有些妨碍自己的手脚，便又让公卿奏言"太后不宜亲省小事"，迫使元后下诏"自今以来，唯封爵乃以闻。他事，安汉公、四辅平决"。这样，元后的权力也被王莽剥夺了。王莽"致密恩意，厚加赠送，其不合指，显奏免之，权与人主侔矣"。

为了进一步巩固自己的权位，王莽建议选美女入宫，并说"我无德，女儿才能低下，不宜与众女并选"。党羽领会其意，上奏"愿得公女为天下母"，于是，王莽的女儿作了平帝的皇后。此后，王莽的党羽陈崇又趁王莽不受聘礼封地之机，上奏"宜扩大安汉公的侯国，达到如同周公那样的标准，给安汉公之子立国，令如同周公长子伯禽"。王恽又"巡行天下"为王莽不受封地之事大肆宣扬鼓噪。于是，在元始四年（4）四月，平帝拜王莽为宰衡，位上公。王莽十分得意，让御史为其刻了一枚"宰衡太傅大司马印"，每日不断把玩。

平帝元始五年（5），官民因王莽不受新野田之封赐，四十八万七千五百七十二人上书要求加赏安汉公。迫于各方面的压力，元后又加王莽以"九锡"之礼，其权势大异于群臣。

◇ "金匮神禅"与"真天子"

受"九锡"之礼后不久，王莽觉察出日渐长大的平帝对自己的不满，于元始五年（5）献药酒给平帝。平帝喝后中毒，王莽诈依周公为武王请命之状，作策愿以身代，并藏策于金滕，置之于前殿，故意令诸公勿言。不久，平帝被毒死。

此时，元帝世绝，而宣帝曾孙数十人都已长大，不便于控制。于是，王莽在宣帝玄孙中选了一个年仅两岁的孺子婴，立为皇帝。此后，王莽"居摄践祚，如周公行事"，代行皇帝职权。一年后，即公元六年，王莽改年号为居摄元年，自己干脆称"假皇帝"，臣民则称其为"摄皇帝"。王莽已伸手可及权力的巅峰了。

居摄二年（7），王莽在为其登帝位积极准备，"遂谋即真之事矣"。适逢王莽母死，其党羽纷纷鼓吹，说王莽服母丧应当"如天子吊诸侯服，以应圣制"。王莽也对元后明言：我只对您报告时，自称"假皇帝"，而我号令天下，天下也向我言事，就不必言"摄"了。元后此时已无力阻止。于是，王莽改居摄三年为初始元年，以应天命。此时，王莽"即真"之心已是路人皆知了。

初始元年（8），一位"素无行，好为大言"的学子哀章猜准了王莽的心思，决定进行一次大的冒险。哀章伪造了两个铜匮及两张图谶，一张上书"天帝行玺金匮图"，另一张则写着"赤帝行玺某传予黄帝金策书"。书中说王莽当代汉而立，为"真天子"，元后应遵天意行事。书中还列举了包括哀章自己在内的十一个人的名字，说他们是王莽的辅佐。一日黄昏时分，哀章身着黄衣，手捧金匮送到高庙（刘邦庙）。王莽闻知，郑重其事地到高庙拜受金匮，宣布承天命代汉自立，定国号为"新"，改元始建国。

精心策划了一番后，始建国元年（9）元旦，王莽率公卿去见元后，奉上"新室文母太皇太后"的玺绶，让她去掉汉的封号。王莽立其妻王氏为皇后，王莽本有四子，长子王宇与次子王获都被王莽逼杀，三子王安神志不清，乃立四子王临为太子，并大赦天下。接着，王莽又下诏册命孺子婴为安定公。策命完毕后，王莽亲执五岁的孺子婴的双手，流涕歔欷而言："昔周公摄位，终能交还帝位让周成王行使王权，今我独迫于皇天的威命，不得如意！"并哀叹良久。孺子婴被中傅拉下殿后，立即被幽禁起来。

这样，王莽自阳朔三年（前22）步入仕途，从黄门郎、射声校尉、骑都尉光禄大夫侍中、大司马、安汉公、摄皇帝，步步攀升，终于在他五十三岁时实现了代汉而立，建立了一个"新"王朝。

王莽能够自立，除了西汉末年皇权旁落的客观因素之外，主观上则是王莽能够克己私欲，欺世盗名，处心积虑地以各种策略一步步实现他的攀升。王莽处于孤贫时，勤学恭俭、孝母敬嫂来装点门面，以博得好的声誉而进入仕途。踏上政治舞台后，王莽也没有像一般的世家子弟"乘时侈靡"，而是继续以行之有效的策略，"爵位愈尊，节操愈谦"，沽名钓誉以求得迅速的升迁。一旦大权在握，王莽则露出了其中山狼的面目，党同伐异，罗织各种罪名清除异己。而待其架空了元后，完全把持了朝政后，王莽实际上已行使起天子的职权来了。王莽最后演出的一幕代汉而立的闹剧，已不再是其权欲上的要求，而是一种名分上的满足。实已至此，再取虚名，当然是易如反掌了。

王莽建立"新"朝后，便改造五德终始学说，为自己的登基寻找借口。他下诏说："我德行浅薄，托身于皇初祖考黄帝的后代、皇始祖考虞帝的苗裔，以及太皇太后的支系亲属之中。皇天上帝隆显大佑，以既定天命命我继承帝位；符契图文、金匮策书、神灵诏告，把天下百姓托付给我；赤帝汉氏高皇帝的神灵，秉承天命，传禅让皇位的金策书，我十分敬畏，不敢不恭敬接受！在戊辰日（即建除十二直中的定日），我戴上皇冠，即真天子位，定有天下的国号叫'新'。改定正月朔日，改变服饰的颜色，更改牺牲（祭祀用的牲畜）的毛色，更换旗帜，重定器制。以今年十二月朔癸酉（初一）为建国元年正月之朔，以鸡鸣之时作为一天计时之始。颜色配土德尚黄，牺牲应正用白，使节用旄旛（牦牛尾装饰的旗帜）皆纯黄，上写'新使五威节'，以示秉承皇天上帝的威命。"

这封诏书里，王莽把自己与传说中的黄帝、虞帝联系起来，说自己是他们的后裔。而赤帝汉氏高皇帝（即刘邦）的神灵承天之命，将国传给了王莽，王莽敬受天命。"新"朝代汉是"上"德，而汉是"火"德。

当初，汉文帝、武帝以为秦是"水"德，"土克水"，汉胜秦，汉应是"土"德，并建立了相应的服色正朔。而此时，王莽宣布自己才是"土"德，把汉重新定为"火"德，自有他的道理。一是王莽自我标榜是黄帝、虞帝的后裔，依五德终始学说，黄帝、虞帝是"土"德，王莽承前人之德，"新"朝应是"土"德。二则王莽代汉而立，采取的是"平和"的方式，是受汉"禅让"。这样一来，五德终始学说中的五德相生之理论也就被王莽利用上了，"火生土"，王莽自己是"土"德，那么汉只好委屈一下，相应地改成了"火"德。

王莽新解五德终始学说，为自己代汉找到了合理的依据。这样一来。政权的转移就不是"篡位"，而是上承天命的五德正常转移了。王莽的发明，为后世一些新王朝的建立者们提供了一种模式。此后，中国历史上，改朝换代，异族用征伐，如元灭宋、明灭元、清灭明等，而同民族内部，只行禅让典礼了，如曹魏代汉、西晋代曹魏、北宋代周等。

◇托古"新政"与新室技穷

王莽依靠欺世盗名、矫情作伪等政治投机手段攫取了最高权力。但代汉而立后，王莽志大才疏，并没有系统解决元帝以来日益加重的社会危机的方案，而是病笃乱投医，从古书中生搬硬套一些名曰"新政"的措施。

针对土地兼并严重，百姓多破产流亡的问题，王莽提出了王田制的方案："今更名天下田曰'王田'，奴婢曰'私属'，皆不得买卖。其男口不盈八，而田过一井（九百亩）者，分余田予九族邻里乡党。故无田，今当受田者，如制度。"这套方案是想恢复春秋以前的井田制以解决现实问题，是一种托古改制。

所谓的王田实际上是将土地收归国有，然后再实行均田。此时，土地私有已成为一种普遍的占有形式，拥有土地的不仅有官僚、豪强，而且也有大量自耕农。无端地剥夺他们的土地，自然遭到了普遍的反对，"今欲违民心，追复千载绝迹的井田制，虽尧舜复起，而无百年时间逐渐适应，是不行的。"

至于王莽的奴婢政策，更是一种本末倒置的做法。因造成奴婢问题的原因是百姓破产而无以自存，只得自卖为人奴。不能解决百姓破产的问题，而只禁止买卖奴婢，无异于断了破产百姓的最后一条活路。所以，王田制方案遭到了"自诸卿大夫至于庶民"的一致反对。不得已，王莽于始建国四年（12）下诏"所有私人占有或朝廷赏赐的王田，皆可以出卖，不拘以法。犯私自买卖人口的，且一概不予惩治"。废止了这套方案。

王莽于始建国二年（10）又依据《周礼》《乐语》等古籍的记载，制定了五均赊贷六筦的政策。所谓五均是在长安、洛阳、邯郸、临淄、成都、宛六个城市设立官吏，以平抑物价。赊贷是根据情况，发放无息贷款（赊）或低息贷款（贷）。而六筦则是官府掌管六种经济事业，即由国家专卖盐、铁、酒，专营铸钱，征收山泽生产税，经办五均赊贷。王莽宣称六筦的目的是"齐众庶，抑兼并"，而实际上这不过是对汉武帝理财之道的稍加变通。但汉武帝的理财与治吏、打击豪强并举，因而能保证其畅行。而王莽时，吏治败坏，豪强难制，六筦反而成为官吏从中渔利和剥削百姓的工具。

王莽还无端地四次变更币制，旋立旋废，弄得币制混乱，百姓无所适从，"每一易钱，民用破业，而大陷刑"。

此外，王莽还热衷于改名，对地名、宫殿城门名和官名大加更易。如他根据《尚书·禹贡》的记载，把全国重新划分为九个州；图吉利而将长乐宫改为常乐宫；长安改为常安，根据《周礼》的记载，他又将大司农更名为羲和；后又改为纳言等。更有甚者，王莽还利用更名来侮辱周边少数民族，如将高句丽改为下句丽，将匈奴单于改为降奴单于。这引起了各少数民族的不满和对抗，特别是破坏了西汉中期以来与匈奴的和平友好关系，断绝了与西域的交通，无端引发战乱，造成了巨大的损失。

综合起来看，王莽托古而实行的"新政"，由于其本身盲目性及不系统性，及王莽对其的朝令夕改，几乎全盘失败。而且王莽专权，所任者多系阿谀奉承、钻营取巧之徒，无甚才干，却善于为非作歹，故成事不足，败事有余。这样，王莽的托古"新政"不但没有收到缓解社会危机的效果，反而加重了百姓的苦难，"害遍生民，辜及朽骨"，使社会危机进一步加剧。"新"莽政权的大厦在改制中迅速倾斜。

更始革命

革命一词古今之义不尽相同。古人认为帝王受命于天,称以武力手段,顺应天道和民意,实施朝代更替为革命。《周易·革·象辞》云:"汤(商汤王)、武(周武王)革命,顺乎天而应乎人。"即此之谓。

更始革命,能以武力推翻新莽王朝,建立更始政权,这除了战场上如昆阳之战等以少胜多的战略战术外,最主要的是顺应和利用了"人心思汉"的民意。

◇危机与革命

面对西汉后期社会危机,上层统治者从师丹的限田限奴婢至王莽的王田制,从哀帝的"再受命"到王莽的"易姓受命"直至技穷为止,均不仅不能挽救社会的危机,反而加剧了社会的混乱。王莽的改制就是如此。

王莽以欺世盗名的手段登上帝位后,其倒行逆施的托古"新政"使西汉末年的社会危机更加严重:农商凋敝,民不聊生,货币混乱,社会动荡,与周边少数民族的战事不断。王莽对于这一切,除了依靠谶纬宣扬"天命",以继续自欺欺人之外,拿不出任何有效的办法。挣扎在死亡线上的百姓只得奋起自救,到"新"莽末年,遂爆发了大规模的农民革命。

黄河南北及江汉地区先后起义的,有绿林、赤眉、东海力子都、城头子路、铜马、高湖、重连、青犊、大肜、五幡、尤来、大枪等数十部,达数百万人,以燎原之势迅速遍及全国。其中绿林、赤眉实力最强。

◇成昌、昆阳之战，绿林、赤眉智胜莽军

王莽天凤四年（17），荆州一带在沼泽地掘荸荠果腹的饥民，在新市（今湖北京山）人王匡、王凤带领下发动起义。他们雄踞绿林山（今湖北大洪山），被称为绿林军，几个月间就壮大到七八千人。

王莽罢免了主张招抚绿林军的大司马费兴，于地皇二年（21）派荆州牧率领二万人进攻绿林军。王匡等认为绿林军若固守绿林山待敌围攻，必将陷入被动挨打的局面，不如趁敌不备而主动出击。于是，王匡将绿林军埋伏于王莽军行经的云杜（今湖北京山县）道两旁，派马武率一队人马截断敌军退路。王莽军进入埋伏圈后，绿林军四面出击，王莽军数千人被歼，全线溃败，丢失全部辎重。绿林军乘胜连克竟陵（今湖北潜江西北）、云杜、安陆（今湖北安陆北），迅速壮大到五万余人。地皇三年（22），绿林山一带发生大瘟疫，将士死伤甚多，起义军分别离开了绿林山。

当绿林军离开绿林山以后，王莽以为绿林军已不足畏，便把注意力集中到了山东地区的赤眉军。赤眉军于天凤六年（19）在琅邪人樊崇的领导下发动起义。这支义军活动于泰山、沂蒙山一带，一年之内就发展到万余人。他们相约"杀人者死，伤人者偿创"，并建立了三级组织"最尊者号三老，次从事，次卒史，泛相称曰巨人"，队伍很快就壮大到十余万人。这支义军在东方的迅速发展，使王莽大为惊恐，他设置了前后左右中五个"大司马"，分别指挥各路兵马，围攻各地义军，并以东方战场为重点，派重兵镇压。

地皇三年（22）夏，王莽派太师王匡和更始将军廉丹率兵十余万东攻樊崇义军。王匡率军东行途中，于无盐（今山东东平一带）打败了义军的索卢恢部，屠杀了一万余人后气焰更加嚣张，大军转而掉头南下，向樊崇义军中董宪部袭来。王匡率领先头部队抢先南下，廉丹率余部尾随行进，但两军相距甚远。

樊崇见王匡军分割成两部，首尾脱离，乃决定趁敌混乱而予以打击。樊崇在作了周密部署后，恐双方交战时混在一起而无法识别，下令全军以朱红涂眉，由此号曰"赤眉军"。赤眉军与王匡军在无盐的成昌展开激战，王匡

军被打得大败，王匡只率几百兵丁逃回洛阳。廉丹率领的部队在王匡军与赤眉军相遇时，仍缩守在无盐城内。樊崇全歼了王匡军后，乘胜围攻无盐城，一举而下，廉丹部全军覆没，廉丹及其校尉二十余人被杀。成昌之战，有力地支持了绿林军的对外转移。

在莽军与赤眉大战于成昌之际，绿林军分两路离开绿林山。一路由王常、成丹率领少部分人马，西入南郡，吸引王莽军的注意力，称为"下江军"；另一路由王匡、王凤率领绿林军主力，北入南阳，称为"新市军"，并相机进图关中。新市军攻至随县，平林人陈牧、廖湛及汉宗室子弟刘玄率领数千人起义，称"平林军"。不久，南阳春陵（今湖北枣阳南）汉宗室子弟刘缤、刘秀兄弟怀着"复高祖之业"的企图，聚集了七八千人起义，称为"春陵军"。同年十一月，刘缤、刘秀以春陵军与新市、平林军联合向南阳进军，攻克棘阳（今河南泌阳一带）。起义军在进至小长安（今南阳南）时，与莽军甄阜、梁丘赐所率前锋部队发生遭遇战，大败，不得不退守棘阳。

地皇四年（23）正月，又联合刚刚北上的下江军在沘水（今河南南阳东南泌阳河一带）西，打败了王莽十万大军，毙其主将甄阜、梁丘赐。后又于淯阳（今河南新野北）击溃严尤、陈茂前来增援的部队。绿林军接连获胜后，队伍壮大到十万余人，随即进围南阳首府宛城。宛城有着极重要的战略地位，绿林军若能攻取，既可南控荆襄，又可西图长安，北进亦可威胁洛阳。

绿林军的发展壮大，使王莽十分恐慌，他把围攻东方赤眉军的主力部队转用于对付绿林军。三月，王莽派大司徒王寻、大司空王邑率精兵四十三万，连同各地征调来的后勤辎重部队，号称百万，由洛阳集结出发，向绿林军进攻。这支大军"旌旗辎重，千里不绝""车马兵甲之盛，自古出师未尝有"。为了壮军威，还从各地搜集了一批虎、豹、犀、象等猛兽及一个身高一丈的大个子巨无霸，浩浩荡荡，直扑宛城。

此时，绿林军正以主力围攻宛城，而由王凤、王常、刘秀率领万余人攻下了昆阳（今河南叶县）、定陵（今河南郾城西北）、郾县（今河南郾城南）等城，以牵制敌军的南下。在王邑大军南进的途中，严尤向主帅王邑建议："昆阳城小而坚，今假号者（指刘玄率的绿林军主力）在宛，亟进大兵，彼必奔走，昆阳自服。"即不受绿林军小股部队的牵制，而绕道直扑绿林军的统帅部。但王邑却目空一切地说："百万之师，所过当灭，今屠此城，喋血而进，前歌后舞，顾不快邪！"便下令围攻昆阳，于是爆发了著名的昆阳之战。

敌众我寡，昆阳城内绿林军将领有的提出："散归诸城"，即放弃坚守昆阳而化整为零，以图再举。但刘秀主张坚守昆阳以迟滞敌人，为主力攻克宛城争取时间并待机破敌，他说："今兵、谷既少，而外寇强大，并立御之，功庶可立，如欲分散，势无俱全。且宛城未拔，不能相救。昆阳既破，一日之间，诸部亦灭矣。"最后，大家同意了刘秀的主张，并制定了集中兵力坚守昆阳以迟滞、损耗王邑军兵力，掩护绿林军主力攻取宛城，然后内外夹击敌军的应战策略。还派刘秀、宗佻、李轶等到定陵、郾城等地收集兵力以接应昆阳。

五月，王邑率数十万大军兵临昆阳城下。为了显示威风，王邑命令大军将昆阳城围了几十重，扎下数百座大营，鸣金击鼓围攻昆阳。莽军挖掘地道，开动巨型冲车撞击城门，又令万弩齐发，箭如雨下。而绿林军在城内百姓的支援下，顽强抵抗，一次次击退了敌人的进攻，使莽军受到了很大的消耗和挫折。强攻不能下，严尤又建议："'归师勿遏，围城为之阙'，可如兵法，使得逸出，以怖宛下。"王邑还是拒绝采纳，而且以为昆阳城早晚必下，并不认真指挥作战，而忙于劫掠百姓财物，不把军事放在心上。

六月，刘秀率领从定陵、郾县调集来的援军一万多人赶到。刘秀亲率骑兵千余为前锋，与王邑派来阻击的部队交战，两次取胜。此时，宛城已被刘玄攻取，而刘秀尚不知。为了鼓舞士气，瓦解敌军的斗志，刘秀假造了攻克宛城的战报，用箭射入昆阳城内，又故意使莽军得到了一些战报。果然，消息传出后，昆阳城内坚守的绿林军斗志更加高昂，而莽军则士气更加沮丧。

刘秀趁敌人防守松懈和其主帅轻敌之机，精选了三千勇士组成敢死队，迂回到昆阳城西，突然涉过滍水（今河南境内鲁山、叶县境内的叶河），直捣王邑军的中坚。而王邑见袭来的绿林军不多，仍然轻敌，自率万人迎战，并下令各部不得擅动。刘秀所率的三千敢死队战士勇敢奋战，无不以一当百，大败王邑军。而王邑大军中的其余各部借口王邑有令在先，互不救援，任凭刘秀率众冲击，阵势大乱。"城中亦鼓噪而出，内外合击，震呼动天地，莽兵大溃，奔逃者互相践踏，死伤者遍布百余里"。此时，适逢大风，屋瓦皆飞，暴雨如注，滍水暴涨。王莽军丢盔弃甲，互相践踏，百余里内，死尸遍地；涉滍水而逃的淹死成千累万，"水为不流"。只有王邑、严尤、陈茂等少数将领轻骑乘死人渡水逃去，狼狈奔回洛阳。

昆阳大捷，绿林军全歼了王莽军的主力，并尽获其辎重。绿林军以不过两万兵力大败王莽四十三万之众，是由于绿林军实施了正确的作战策略。当时，绿林军主力正在攻宛城，王莽大军突然南下，迅速逼近，使绿林军陷入前有坚城未下，后有敌人重兵，欲进不能，欲退不得的危险境地。刘秀等绿林军将领面临强敌，没有自乱阵脚，而是坚守昆阳城，并迅速调集附近州县兵力，集中力量，从外线积极发动反攻，内外夹击，果然一举破敌。反观王莽军方面，其主帅王邑狂妄轻敌，只知依仗优势，强攻昆阳以显示兵威，完全不从作战全局出发，以致四十三万大军被一个小小的昆阳城所牵制，陷入被动，形成坚兵顿城，给绿林军造成了集中兵力，内外夹击的机会。

昆阳大捷，消灭了王莽军的主力部队，为绿林军攻入长安，取得最后胜利奠定了基础。

◇人心思汉与更始代新

地皇四年（23）二月，绿林军所属下江、新市、平林、舂陵各部集结于淯阳，经协议推举，立刘玄为帝，国号依旧为汉，建元更始元年。

刘玄能够被公推为帝，一是由于他为汉宗室子弟，而立刘氏子弟，"复兴汉业"是众望所归；二是由于刘玄投入平林军较早，平林部在绿林军中实力很大；三是由于刘玄个人较刘縯、刘秀等势单力薄，又"素懦弱"，容易被控制。

刘玄称帝后，立即着手于政权建设。以族父刘良为国三老，王匡为定国上公，王凤为成国上公，朱鲔为大司马，刘縯为大司徒，陈牧为大司空，其余列将分别为九卿、将军。

更始政权的建立，造成一种"刘氏复起"的舆论，成为一面号召百姓起来反抗王莽暴政的旗帜，极大地激励了各地义军的斗志。"是时海内豪杰翕然响应，皆杀其牧守，自称将军。用汉年号，以待诏命，旬月之间，遍于天下"，各地的反莽斗争更加高涨起来。

昆阳大捷后，更始军分路进击，一路由王匡率领向洛阳进攻，一路由申屠建率领攻武关向关中进军。王莽鉴于主力被歼，调回进攻青、徐赤眉军的王匡、哀章的军队驻守洛阳，派朱萌、宋纲扼守武关，又命九位亲信，称"九虎"将军，率精兵数万屯驻华阴（今陕西华阴县东）、回溪（今河南洛宁县东北）一线。但是，这一切都已无济于事了。

地皇四年（23）八月，绿林军兵临长安城下。走投无路的王莽效法秦二世，赦免诸狱囚徒，授以兵器，让他们饮猪血立誓效忠，在史谌率领下出城抵抗。然而这支临时编组起来的囚徒军队，刚过渭桥就发生哗变，一哄而散。九月一日，绿林军攻克长安，王莽被杀，"新"莽政权灭亡。

王莽以外戚辅佐汉室而篡汉，已给人留下了"篡盗"的恶感。窃位南面以后，又"奋其威诈，滔天虐民，穷凶极恶，毒流诸夏，乱延蛮貉"。"新"汉两相对比，"新"朝反而不如汉朝。因此，"新"莽时代产生了强烈的"人心思汉"的思潮。绿林军和赤眉军在建立政权之初或建立政权以后一段时间，都曾利用"人心思汉"的心理，更"新"代"汉"，这确实不失为一种顺乎人心的策略。不容讳言，它对号召百姓起来共同推翻腐朽的"新"莽政权，起过重大的作用，但也为刘氏宗室窃据农民起义的胜利果实，提供了顺利之路。

刘秀借符称帝与统一全国的军事谋略

刘秀初起时，除刘姓血统外，只是一位种地的农民，当他投入起义军对新莽军作战时，并没有多少可以凭恃的力量。但在两汉之际那个风云激荡，群雄逐鹿的时代，最后胜出，开创东汉二百来年的基业，充分显示出他的坚毅、勇敢，尤其是他的文韬武略。

委曲待机，借符称帝

刘秀 28 岁从故乡春陵起义，投入反莽战争，31 岁在河北鄗南被拥立皇帝，不到三年的时间，却经历了诸多的艰难险阻。刘秀靠自己的坚毅、勇敢，采取委曲待机、借诏扩张、推心置腹、借符称帝等策略，出生入死，发展壮大，最终实现了他的皇帝梦。

◇亲兄见害而谢罪，刘秀委曲以求全

刘秀，字文叔，南阳郡蔡阳县（今湖北枣阳西南）人，为汉高祖刘邦的九世孙，刘秀有兄弟三人，长兄刘縯，次兄刘仲。"新"莽政权末年，在全国各地波涛汹涌的反莽战争面前，刘秀、刘縯兄弟于王莽地皇三年（22）十月在宛（今南阳市）和春陵起兵，拉开了刘秀"复高祖之业，定万世之秋"的序幕。凭着自己的机智、勇敢和组织、指挥才能，刘秀在推翻"新"莽政权的昆阳等战役中立下了卓越的战功。

由于刘氏兄弟特别是刘縯在更始政权中的威望不断升高，更始帝等人感到自己的地位受到威胁，昆阳大战后便找借口杀了刘縯。刘縯被杀，表明更始帝君臣对刘縯兄弟的猜忌，刘秀心里明白，但此时的刘秀是无力和更始政权对抗的，为了释去更始帝君臣猜忌，刘秀只好将泪水强往肚里咽。当他得知刘縯被杀的消息之后，立即从城父赶到宛城向更始帝赔礼谢罪。不仅如此，刘秀在更始帝君臣面前既不自夸在昆阳的战功，也不为刘縯服丧，饮食言笑如平常。

刘秀表面如此恭谨，忠顺，正是为了掩饰内心的感情不外露而招致杀身之祸，实际上刘秀常独自为刘縯的被杀暗中悲痛，"每独居，辄不御酒肉，枕席有涕泣处"。通过这种委曲求全的韬晦之术，刘秀不但躲过了杀身之祸，而且使更始帝深感内疚，拜他为破虏大将军，封为武信侯。

◇借诏扩张，立足河北

更始元年（23）十月，更始帝命刘秀以大司马身份，"持节北渡河，镇慰州郡"。率一支军队镇抚河北，刘秀从此得以脱离更始帝君臣的监视和羁縻。他一到河北，便借奉更始令之名扩展自己的势力。刘秀采纳冯异"清理冤案，布施惠泽"和邓禹等人"延揽英雄，务悦民心"的建议，在河北大肆网罗人才，收买民心。所到之处上至郡守下至佐史之类的低级官史他都一一会见，以便拉拢，还赦免囚犯，废除王莽时的苛政。这些笼络、收买人心的措施使刘秀在河北深受欢迎，乃至出现"官民喜悦，争以牛酒迎接慰劳"的场面。

由于刘秀采取了笼络人心的策略，不仅地方官吏望风而降，河北的一些农民军（均不相统属）也不与刘秀为敌。刘秀在河北发展十分顺利，很快就扩展到邯郸和真定（今河北正定南）。更始元年（23）十二月，当刘秀进驻真定时，卜者王郎在邯郸诈为汉成帝子而自称天子，一些郡县纷纷倒向王郎。刘秀见王郎新盛，便北上蓟县（今北京），王郎通缉刘秀，蓟县生变，刘秀处境险恶，慌忙南下，历经艰险。后由于信都郡（今河北冀州市）太守任光的支持，才脱险境。修整部队，又进一步拉拢各地豪族地主的归附，其队伍增至数万人。以此为基础，在河北攻城略地，北击中山，占领卢奴（今河北定县），南击新市（今河北新乐南），真定，元氏（今河北元氏西北），防子（今河北高邑西南）。又在柏人（今河北柏乡南）大破王郎部将李育所统之兵。更始二年（24）五月，攻取邯郸、诛王郎，消灭了最主要的对手，刘秀从此在河北立下了脚跟。

刘秀的势力在河北日益扩大，尤其是王郎被灭后，引起了更始帝的恐惧，他害怕刘秀脱离自己的控制，于更始二年（24）五月便派侍御史持节立刘秀为萧王，并令他罢兵南归。刘秀羽翼渐丰，自然不肯轻易就范，便借口河北未平，委婉地拒绝了更始帝的诏命，开始与更始政权分庭抗礼。

◇ "推心置腹"，巩固和壮大队伍

刘秀笼络人的手段，主要是一个"诚"字，对人豁达大度，不计前嫌，以此得到部下的真诚拥戴，从而使自己的实力一步步壮大起来。

1. 焚叛己信件，反侧自安

上文讲过刘秀北上河北镇抚郡县曾一度遭遇险境。王郎在邯郸称天子后，通缉刘秀，声言"购光武（刘秀）十万户"，河北的一些郡县纷纷倒向王郎，刘秀只好北上蓟（今北京）招抚郡县。又逢刘接在蓟中起兵响应王郎，刘秀被迫南逃。在饶阳诈称王郎使者，入传舍（客馆）骗得一顿饭吃。至滹沱河又差点被俘，幸好河水结冰，才未被擒。时信都郡（今河北冀州市）没有归附王郎，刘秀逃到信都，太守任光开门出迎，才脱离险境，重整旗鼓。灭王郎后，发现在他危难之际，部下官员和王郎勾结来往毁谤自己的书信有几千份，刘秀不仅未根据这些文书捕杀有关的人，反而连看都没看，就召集诸将当众下令烧了这些文书。那些恐惧不安的人，因未被诛杀而对刘秀感恩不尽，此即所谓"令反侧子自安"。今成语"反侧自安"即由此而来处。

反侧自安，意指使心神不安翻来覆去难以入睡的人，自然而然地安下心来。刘秀这一招是很高明的，他不看那些反对他、毁谤他而暗中投靠王郎者的信，就不知道哪些人暗投王郎，从而使那些人可以感到安心而又自愧，促使他们幡然悔悟，并感激刘秀的宽容大度，心甘情愿为刘秀出力卖命。他如果看了，就真相大白，那些人也就无法自容，势必叛逃离散。刘秀这种以"诚"待人的态度，大大增加了凝聚力、向心力，使自己的势力迅速得到扩大。

2. 降将统降卒，赢得效死心

更始二年（24）秋，刘秀在鄡县（今河北辛集市东南）与铜马起义军交战。铜马起义军人数众多，多次挑战，刘秀均坚守营垒而不出战。每当铜马军出来掠取粮草时，刘秀就立即出兵消灭，以断绝铜马军的粮草供给。铜马军兵多粮少不能长久作战，刘秀则以饱待饥。一个多月之后，铜马军果因粮食吃尽而不得不撤走，刘秀率兵追赶，在馆陶（今河北馆陶县）大败铜马军。之后，又在蒲阳击溃铜马军并迫使铜马军归降。如何处置这支数量巨大的农民起义军呢？刘秀没有屠杀他们，刘秀因急需一支庞大的武装部队来开拓他的帝业，就采取了"降将统降卒"的策略，封投降的铜马军渠帅为列侯，以稳定降军的人心。虽是如此，但假若没有兵权，徒具虚名的渠帅仍是会担心朝不保夕的，为此，又令各渠帅仍各自回旧营带领原来的士兵。刘秀还单骑到降兵中部署了下步的行动，以示对他们的放心和信任。刘秀的这些举动终于使铜马军心悦归服，降者相互说："萧王（刘秀）这样推心置腹待人，我们能不以死相报吗！"随后，刘秀将他们分配给诸将统帅，乃至军队一下子达到数十万之多，关西因此称刘秀为"铜马帝"。

刘秀单骑巡营是要冒很大风险的，但唯有如此，才能"推心置腹"，消除诸降将的疑惧之心，正是由于这种军事家、政治家的胆略和气魄，最终使铜马诸军心悦诚服。

◇ 刘秀借符称帝

刘秀击败王郎，立足河北后，通过"焚叛己书信"，使内部不安者自安，又通过"降将统降卒"扩大了自己的队伍。建武元年（25）四月，刘秀亲统军北上消灭了尤来、大枪、五幡等农民起义军，从而控制了河北全境。与此同时，乘赤眉和更始两支农民大军剧烈火并之机，刘秀又派部将邓禹率军西征，进攻河内。六月，邓禹打败更始军王匡部，迫使黄河北岸的更始军撤退，与此同时，刘秀又派部将冯异扼守孟津（今河南孟县东北）；寇恂任太守留守河内，以控制河南咽喉战略要地。寇恂在此练兵习射，砍伐淇园的竹子，制成一百多万支箭，养马两千匹，收租粮四百万斛，运送前方供给军队。从物质上有力地支持刘秀在河北的军事行动。不久，冯异拔上党两城及成皋以东十三县，又引兵渡河，进围洛阳。

邓禹、寇恂、冯异等诸将在河东、河南成功的消息不断北传，刘秀身边的将领知道他早有称帝之意，便乘机"上尊号"，劝刘秀称帝。起先，其部将马武对刘秀说："天下无主，如果有圣人趁衰败的局面兴起，即使孔子为相，孙武为将，还要担心不能有所补益。泼出了的水是收不回的，机会失去，后悔无及。大王虽执意谦让，怎么对得起汉家的祖宗和天下呢？"世上没有后悔药，要他不要错过时机，回到蓟县就登位，刘秀惊曰："何将军出是言，诚可斩首！"这年四月，巴蜀的公孙述称天子。刘秀也顺利解决了蓟县的农民军问题回到中山，部将又奏请他称帝，说："论武力没有谁敢抗拒您，讲文德则更没有话说。即论文论武，你都是天下第一，因此希望大王为国家着想，为天下百姓着想，早登帝位。"遭到刘秀的再次拒绝。早就对帝位梦寐以求的刘秀，为何一再拒绝部将的好意而忸怩作态呢？还是让我们来看看刘秀自己的回答吧，"寇贼没有剿灭，四面受敌，何必匆匆称帝呢？"也就是说刘秀之所以一再拒绝称帝倒不是他不愿称帝，而是因当时全国一片混乱，如果过早称帝则容易成为众矢之的，招致覆亡之祸。与其这样，倒不如不动声色地聚积力量，以待最佳时机的到来。

　　刘秀称帝的欲望出于战略和发展的考虑而强自抑制。当部队行至南平棘的时候，诸将再次坚决请求刘秀登基，耿纯进言晓以利害，说：天下的有识之士"捐亲戚，弃土壤"，跟随刘秀出生入死，无非是希望攀龙附凤，成全自己的志向。现在功成名就，全国的民众都起来响应，如果大王"留时逆众"，不登皇位，会使大家感到绝望而离开，而大家一旦分散，再要聚集起来就很难了，众人的愿望不可违避。刘秀见耿纯所言甚恳切，并深为感动，回答"吾将思之"。六月，刘秀一行到达鄗城（河北柏乡县北）时，恰有刘秀从前的同学，儒生强华从关中捧《赤伏符》来献，符文是："刘秀发兵捕不道，四夷云集龙斗野、四七之际火为主。"按当时流行的谶纬之学和五德终始说解释："四七"二十八，自西汉高祖建立汉王朝至刘秀初起，共二百二十八年，即"四七之际"，汉为火德，"火为主"即汉室应该复兴了。这是"天"要刘秀当皇帝的证据，众将因此又复奏请，要刘秀登皇位以顺应天意，满足民众要求。既然自己当皇帝不仅深孚众望，而且是"天意"，"天意"是不可违的，刘秀当然"不敢"再推辞了。于是，就在鄗县南边的千秋亭举行登基典礼。刘秀即位，是谓光武帝，改年号为建武，正式建立东汉王朝。

在登基大典上，刘秀告祭天神地祇的祝文："皇天上帝，后土神祇，眷顾降命，把黎民百姓托付我刘秀，为人父母，秀不敢当。群下百官，不谋同辞，都说：'王莽篡位，秀发愤兴兵，破王寻、王邑于昆阳，诛王郎、铜马于河北，平定天下，海内蒙恩。上符天地之心，下为百姓所归心拥戴。'谶记说：'刘秀发兵捕不道，卯金修德为天子。'秀还是坚决推辞，一辞、再辞，以至三次推辞。群下都说：'皇天大命，不可稽延。'我刘秀不敢不敬承天命。"这篇祝文实际上就是刘秀的就职演说。其中除了进一步强调自己的功业而外，最主要是利用谶语，说明他即皇位是"天意"和"民望"。从而表明在众多的称帝者中，他登基称帝的合理性，是无可比拟的"真命天子"。

自秦以来，中国封建社会的皇位继承便有正统和非正统之别。具有正统地位的嗣君继袭皇位在人们的心目中是天经地义，自然而然的事，谁也不会去怀疑他的合法性。而那些通过武力征战或阴谋政变手段夺取皇位的所谓非正统之君，尽管他们完成了"朕即国家"的愿望，但在人们的心目中毕竟有"僭位"之嫌，按皇位世袭的正统原则，他们是不应继承皇位的。因为，他们称帝缺乏为天下臣民真正信服的正统性，这无疑会损害"一言九鼎"的君主们的威信。于是，历史上开国君王登位之初所要做的最重要的事情恐怕就是证明自己登基的正统性及树立自己的威权。因而要借助神的力量，制造天意，即君权神授的舆论。

刘秀借谶纬之言证明他即位的正统性，合理性，正是利用人们信神、信天命的心理，借助"天意"这一至高无上的威严来慑服臣民，使臣民自愿、虔诚而不是被迫地听从他的号令，从而建立起自己的威权，以有利于政权的稳固和统治。

占领两京，"处乎中土"

　　两京指西京长安和东都洛阳（或称三辅地区、关洛地区）。这里历来是帝王之都，天下臣民所仰望之地。若占领两京，定都其中，就取得了统一天下的有利的地位。刘秀称帝后，首先瞄准的就是这两京地区。

◇ "不计小怨"，换得洛阳为都城

　　建武元年（25），刘秀称帝时，黄河北岸虽已收复，但洛阳一带仍是更始政权的势力范围，洛阳城则为更始政权大司马朱鲔率重兵把守。刘秀称帝后，便于同年七月，派大司马吴汉等将领率兵进围洛阳，但久攻不下。于是刘秀便派曾在朱鲔手下担任过校尉的岑彭前去劝降，岑彭向朱鲔分析说，目前赤眉军已占长安，更始政权已发生内讧，不能维持长久。光武帝刘秀受天命为帝，平定了燕赵，并已占有幽、冀两地，天下的百姓无不顺从，圣贤俊杰，也都云集在他的身边。光武帝刘秀又已亲自率大军前来加紧进攻洛阳。因此他劝朱鲔认清形势及早归顺刘秀。朱鲔之所以迟迟不降，也有他的苦衷，刘秀的亲兄刘縯被害时，他曾参与密谋，更始帝派刘秀到河北镇抚郡县时，也出来劝阻更始帝。朱鲔因此担心投降后会遭到刘秀报复。岑彭得知朱鲔的心思后，回去向刘秀如实汇报。刘秀说"建大事者，不计小怨"，并表示朱鲔如果现在投降，可以保住官爵，绝不会诛罚他。还对着黄河发誓说："河水在此，吾不食言。"岑彭将刘秀的意思转告朱鲔。朱鲔同意投降。五天后，朱鲔打算先去打探虚实，命其部将坚守等待，如若不还，就改投郾王

（更始帝所封）。然后"面缚"与岑彭一起去见刘秀，刘秀亲自上前释绑召见，随即令岑彭夜送朱鲔归洛阳城。第二天清晨，朱鲔便率众出城投降，刘秀不仅不杀他，还拜他为平狄将军，封扶沟侯。洛阳得手，把东汉政权的领地扩展到中原腹心地区。同年十月，刘秀宣布定都洛阳。

"不计小怨"，既是一种开阔的心胸，也是一种争取敌对力量的策略。吴汉等以大军围攻数月而不下，刘秀仅以此谋数日而下洛阳，甚得其要领。而刘秀定都洛阳，即获得了比其他割据势力更有利的地势。

✧ 以饱待饥，占领关中

建武元年（25），在吴汉等受命围攻洛阳的同时，大司徒邓禹破安邑（今山西夏县北），收复河内以后，西渡黄河，大败更始政权中郎将左辅都尉公乘歙与左冯翊的联军。而赤眉军也攻入长安，更始帝出逃，时在九月。

自赤眉入长安后，关中地区的形势已发生了重大的变化：更始政权已被赤眉军打击得七零八落，更始帝已从长安出逃。赤眉军实力甚强，进城后，已失去了先前革命纪律，大肆烧杀掠抢而贪财物，而且王莽政权被推翻，更始政权被击破后，战斗已经失去明确的政治目标而成为流寇。作为刘秀方面而言，面对这种情况，若同赤眉军硬打硬拼，就会遭到失败。邓禹在关中初觉赤眉军锐不可当，而稍避其锋芒。建武二年（26）正月，乘长安粮尽，赤眉军西上就食之机，邓禹占领长安，但仅是座残破的空城而已。当赤眉军西上受阻还军长安，又一举击破了邓禹军，进而导致了邓禹军的内部变乱。

刘秀在这方面的头脑是清醒的，对更始和赤眉军均采取分化瓦解，以饱待饥的策略。当赤眉攻占长安，更始出逃其部下多降赤眉。刘秀发布诏令封更始帝刘玄为"淮阳王"，"吏人敢有贼（杀）害者，罪同大逆"，以争取更始帝的部下。邓禹军内部变乱以后，刘秀改派偏将冯异取代邓禹进攻赤眉军，送行时嘱咐冯异到关中后，不要专事征杀，只要将赤眉的首领送往京师，令其众解散从事农桑耕种，"不复聚"即可。并强调指出，"今之征伐，不必掠地屠城，重要在于平定后安抚百姓。"当他从关中调回邓禹时说："赤眉缺粮，自当东来，我只用折断的策马杖就可打败他们。不是诸将值得忧虑的，不得再妄动进兵。"在战略部署上，刘秀命冯异占领华阴（今陕西华阴），从西阻击赤眉，侯进等屯兵新安（今河南渑池东），耿弇等屯兵宜阳（今河南宜阳东）。并且拟定作战方针：赤眉军若东走，可引宜阳兵会新安；若南走，可引新安兵会宜阳。这一战略部署和作战方针体现了刘秀抓住赤眉军缺粮的致命弱点而定下的"以饱待饥，以逸待劳"和"东西夹击"的战略指导思想。光武三年（27）闰正月，冯异在崤底用计大败因就粮无着落而东归的赤眉军，俘八万余人。余下十余万疲困、饥饿不堪的赤眉军在刘秀严阵以待的强大军队面前，未进行交锋，就弃戈请降。刘秀接受了赤眉军的投降。

收降赤眉军以后，冯异于同年三月打败更始政权余部延岑的军队，终于占领了长安。

纵观整个战役过程，刘秀及时抓住赤眉、绿林两大农民军在关中火并之机，先后派邓禹、冯异率军进入关中坐收渔人之利，并针对赤眉军存在的缺粮的致命弱点，以饱待饥、以逸待劳。又不计前嫌，宽宏诱降朱鲔，抢占了战略要地洛阳，扼住赤眉东归的要冲，同时拉拢隗嚣等割据势力，派冯异进据华阴，实现其四面困锁赤眉的目的。尔后又授冯异适应关中地区形势的谋略，终于达到了预期的战争目标。而赤眉军虽英勇善战，但由于领导集团没有明确的政治纲领和全盘的军事战略计划，因而在巩固政权争取人心和恢复社会秩序等方面，没有提出和采取任何相应的政策和措施；对关中周围的地方割据势力，赤眉军也未采取任何争取、安抚的办法，致使他们被刘秀拉拢利用。军事上的无全盘战略指导，导致他们只知在长安周围东驰西奔，流动作战，不知道建立稳定的根据地和组织恢复生产，终导致赤眉军粮尽兵疲，全军覆灭。

刘秀完全控制两京，对于东汉统一战争的顺利进行，具有重大意义。其一，长安、洛阳是西汉皇朝的京畿所在。刘秀以兴复汉室相号召，夺取两京不仅使自身的政治影响大大增强，而且赢得更广泛的社会支持。其二，长安自西周以来，即为中国政治中心、争夺中原的战略基地，关东无机可乘，则闭关息民，讲武强兵；一旦有衅可寻，则可进兵俯瞰中原。洛阳在当时是天下财富之区，亦为关东的战略要地，就其周围的山川形势而论，可称冲要之地。因此两京的夺占使刘秀处于对中原地位有形制之胜的有利地位。其三，两京三辅地区的夺占，使刘秀占有全国三分之一的地区，且连成一片，其人力、物力、财力的充足使任何一个割据势力再也不能和他分庭抗礼了。然而关洛地区的夺取，亦使刘秀集团更直接处于同其他割据势力对峙和东西两面临敌作战的境地。这些情况是刘秀决策下一阶段战略的出发点。

"释关陇之忧，专精东伐"

根据当时各支割据势力的地理位置及其力量强弱，刘秀制定了由近及远、先东后西、逐个击破的战略方针。为了贯彻这个方针，刘秀采纳了部将的建议，"联陇制蜀"，使汉军得以偏师扼守关中，主力则瞄准东方。

◇ 联陇制蜀，解除东征后顾之忧

刘秀取得两京三辅地区时，全国其他地区还有不少割据势力。其中最主要的有：以睢阳（今河南商丘）为中心，割据今豫东、皖北一带的、与刘秀同年称帝的刘永；以临淄为中心，割据今山东境内的张步；以东海（今山东郯城）为中心，据有今苏北一带的董宪；以庐江（今安徽舒城）为中心，据有今安徽境内的李宪；以黎丘（今湖北宜城）为中心，据有今湖北境内的秦丰；以成都为中心，据有今四川、重庆及贵州、云南部分地区的公孙述；以天水为中心，据有今甘肃境陇西地区的隗嚣；以安定（今甘肃固原）为中心，据有今陕北和内蒙古一带，有匈奴作后台的卢芳；作割据甘肃河西地区的窦融。此外，还有背叛刘秀，以渔阳（今河北密云）为中心，据有今河北北部燕王的彭宠，以及受彭宠影响背叛刘秀而据有涿郡（今河北涿州一带）的张丰。这些割据势力都分布在刘秀统治区的四周并大都与其接壤。如何消灭这些割据势力，不仅要使用武力，更重要的还有一个策略问题，弄得不好，就会四面受敌，顾此失彼，穷于应付，处于被动局面。

刘秀十分清楚，在这些割据势力中，对其威胁最大的莫过于刘永。刘永，是西汉梁孝王的八世孙，其父刘立继承祖业亦为梁王。更始元年（23）刘永被更始帝封为梁王，以睢阳（今河南商丘）为都城。次年，赤眉及刘秀军队攻入关中，刘永见更始政权大势已去，便据国起兵，先后攻下济阳（今山东定陶）、山阳（今山东金乡西）等二十八城，并拉拢东海（今山东郯县西）的董宪，琅琊（今山东诸城东南）的张步，庐江的李宪，连成一个颇大的军事同盟。公元 25 年 6 月，当刘秀称帝时，刘永也于同年十一月在睢阳称帝。刘永不仅控制了鲁西、苏北、皖北、豫东广大的地区，专制东方，而且在刘氏皇室中的地位远高于刘秀，这样他的号召力和迷惑性自然要比刘秀大得多，这种情况使刘秀如芒刺在背。刘秀在权衡轻重缓急之后，决定首先对东方（指除洛阳地区以外的广大的关东地区），尤其是刘永用兵。但又不能不令人担心的是：陇、蜀集团乘其东征之机而出兵，使其处于两方受敌的境地。为此，刘秀特地问计于太中大夫来歙。来歙认为刘秀东进，西方最可能趁机出兵来攻的是成都的公孙述，并据此提出了一个联陇制蜀的策略。他认为如说服以复兴汉室为名的隗嚣归附，使陇蜀互相攻伐，既牵制、打击了公孙述，又相对削弱了隗嚣，也解除了用兵东方的后顾之忧，可谓一举三得。刘秀一眼洞悉这是一个高明的策略；他立即表示同意并派他出使陇西。随后，刘秀通过对隗嚣集团的笼络、利诱等手段，终于争取到隗嚣集团的支持。果然，公孙述在多次出兵北进均遭陇汉联军打击后不再轻举妄动了。这样，刘秀集中兵力专力对付东方的后顾之忧便解除了。

于是，刘秀经过近三年的时间，即到建武五年（29）为止，摧毁了刘永的割据政权，铲除了董宪、张步、李宪等东方割据势力。同时，又南征消灭了割据江汉地区的秦丰等势力，并且还平定了河北北部彭宠、张丰等人的叛乱，达到了预期的效果。

◇吴汉"裹创"激众，东汉军消灭刘永

东征刘永的战争过程打得相当艰苦，其中吴汉裹创激众进攻广乐之役是硬仗加智谋，可歌可泣。

建武二年（26）四月，刘秀首次大军进攻刘永。因军中不合，将军苏茂

反叛，杀淮阳太守，掠得数县，割据广乐投靠刘永。刘永封苏茂为大司马、淮阳王。使得盖延在睢阳围攻刘永达数月之久，才破城取胜。刘永败逃湖陵（今山东金乡南）后，继续加强同张步和董宪的联盟。于建武三年（27）二月，遣使立张步为齐王，董宪为海西王，企图垂死挣扎。

同年四月，刘秀派吴汉等将领率军进攻刘永的部将苏茂，并将其围困在广乐（今河南虞城），刘永的部将周建则率军十余万救广乐。初战，吴汉失利，他本人亦在战斗中坠马伤膝。大敌当前，为振奋将士的士气，吴汉忍痛裹好膝部创伤而起，亲自到军中激励将士："贼众虽多，皆劫掠群盗，胜不相让，败不相救，没有仗节愿为义而死的。今日是建功封侯的良机，诸君多加勉励。"于是，军士激怒，人倍其气。第二天，苏茂与周建围攻吴汉军，吴汉身先士卒与奋勇争先的将士一起冲锋陷阵，终于获胜，苏茂亦败走湖陵，汉军遂占领了广乐城。

不久，睢阳反叛，复迎刘永入城，吴汉即率兵增援盖延，再次围攻睢阳。百日之后，城中粮尽，刘永突围出城，被其部将所杀。遂收复了刘永所据的梁地。

在战争中，当主帅受伤或死亡都会极大地动摇军心。吴汉深知其情，忍痛裹伤，强打精神，激励将士并带头冲锋陷阵，不仅取得了广乐之役的胜利，而且直接影响着对与刘永作战的整个战局，亦使刘永再次弃城出逃时被杀。

✿先近后远，近胜远亦胜

正当刘秀派大军进攻刘永的时候，其河北的渔阳太守彭宠公开背叛刘秀，并率兵进攻蓟城。刘秀派游击将军邓隆救蓟亦为彭宠所破。建武三年（27）三月，彭宠攻占蓟城后，自称燕王。涿郡太守张丰也趁机反叛，自称"无上大将军"与彭宠结盟。同时彭宠又北与匈奴和亲并借兵，南同张步等割据势力勾结，与东汉政权相对抗。

这样，刘秀面前的形势一时间异常复杂，东边有劲敌正与刘秀集团作战，南面江汉地区还有秦丰等割据对抗，北方又增加了彭宠、张丰叛乱。如何把握战局呢？刘秀对背叛自己的彭宠十分恼怒，准备亲征彭宠。大司徒伏湛则不赞同，他上疏劝阻，指出：京师已经空匮，资用不足。且渔阳逼近北狄，必借兵相助，大军远征，人马疲劳，转粮艰阻；而兖、豫、青、冀为中原之地而寇贼（指刘永、张步等及流寇的农民军）纵横，未及收复。不可"舍近务远，弃易求难"。从而提出了近攻远守，先近后边塞的战略思想。刘秀采纳了伏湛的建议，一面派部分兵力对北方的彭宠采取守势，一面继续用主力打击刘永集团，刘永死后，刘秀遣耿弇、祭遵等将于建武四年（28）五月北伐生擒张丰，进逼渔阳。建武五年春，彭宠及其妻被其身边的苍头子密和两个小奴所杀，彭宠内部混乱，结果兵不血刃，刘秀便占领渔阳，平定了叛乱。

◇ "击一得二"，败张步、平齐地

当刘永、彭宠等割据势力被消灭以后，拥有齐地的张步，便成为关东实力最强的割据势力，故北方一定，刘秀立即令耿弇移军南下，进攻张步。时在建武五年（29）二月。耿弇率军南渡济水，打破张步的层层防守，攻占历下（今济南市）数城，平定了济南。当时，张步都剧城（今山东寿光县南纪台村），令其弟张蓝领精兵二万守西安（今山东桓台东），并召集各郡太守，征集万余人马守临淄。两城之间相距四十里。耿弇进占了西安与临淄两城之间的画中，是先攻西安还是临淄呢？经过一番侦察，耿弇发现：西安城虽然小，但很坚固，而且守城将士全是精锐；临淄城大，但兵力较弱，容易进攻。于是他命令全军做好准备，声称五天后攻打西安。张蓝听到这个消息后，加紧备战，日夜警戒。到五天后的半夜，耿弇却突然改变命令，要全体将士在天亮时赶至临淄城下。其部将不明其故，多认为攻打西安更容易成功。耿弇道出了其中的奥妙：西安守军听说我们要前往攻打，正日夜防备。临淄守军也以为我们是攻打西安，因而放松了防备，如果我军突然兵临临淄城下，必使临淄守军猝不及防，用不了一天就可以攻破。攻下临淄也就孤立了西安守军，隔断了它和张步的联系，西安孤立无援，势必会弃城逃跑，这就是所谓的"击一得二"的战法。反之，如果先打西安，必然会顿兵坚城，增加伤亡。即使攻下西安，张蓝军将会退向临淄，两军联合起来抵抗我军，那样，就延长了作战时间。这对于深入敌境，粮运不继的我军来说是十分危险的。耿弇的这番话，对进攻两城的利弊分析得十分透彻，可谓知己知彼，令诸将心服口服。果然不出耿弇所料，耿弇仅用半天时间就攻占了疏于防范的临淄城。张蓝听说临淄失守，不敢再同耿弇交战，遂放弃西安逃归剧城，耿弇又拿下西安。此即所谓"击一得二"。

张步以为耿弇兵少又疲劳，便亲率十二万众，进逼临淄，攻打耿弇军。耿弇用张步轻敌心理，以少胜多，大破张步军。此时刘秀亲自东征至齐，张步投降，时在建武五年（29）十月。数月后消灭割据江淮的李宪，攻斩叛将庞萌和董宪等刘永的残余将领，齐地江淮地区悉平。至此，函谷关以东地区尽为刘秀所有。

东方战役历时四年，其纷繁复杂、纵横交错的战局，为群雄施展才华，发挥机智提供了纵横捭阖的壮阔舞台。刘秀及其部下将领精彩纷呈的用兵谋略至今仍闪耀着智慧的火花，权衡轻重缓急，集中兵力，从而保证自己在主攻方向上以众对寡，以强对弱，是刘秀能在短短四年时间就将东方群雄次第消灭的奥秘所在。东方战事的结束，不仅使京师洛阳的严重威胁基本解除，而且使刘秀政权的实力又大大增强，齐地较为发达的盐铁业、农业为刘秀政权提供了重要财政来源，从而有力地支援了随之而来的对陇蜀的战争。

分化加征讨，平西土、定塞上

为了配合统一全国这个总战略方针的顺利贯彻，刘秀总能审时度势，根据需要和可能，分化瓦解或争取次要敌对势力，使其或发兵助攻，或保持中立，或釜底抽薪于主要敌人。这个策略屡试不爽。

◇分化瓦解，"招融逼嚣、述"

光武帝刘秀平定关东地区后，已是"四分天下而有其三"了。是时，西土还有三大割据势力，分别是天水的隗嚣，占有陇西（今甘肃东南部）；河西的窦融，占据甘肃河西走廊一带；巴蜀的公孙述，占据今四川及云南、贵州大部分地区。其中隗嚣居河西、巴蜀与东汉之间。另外又以九原（今内蒙古包头市西）为中心的卢芳割据塞上，接近西土。如何把握全局，掌握主动权，这是刘秀所面临的一大战略问题。

前面已讲到过刘秀专精东方战场时就对隗嚣大加笼络。隗嚣曾一度与刘秀联盟，甚至出兵帮助刘秀抗击公孙述，刘秀因此得以全力经略关东地区。然而，随着东方的逐渐平定，刘秀和隗嚣之间的矛盾也日益尖锐起来。作为刘秀一方来说，统一全国是其既定的战略目标，东方战场告捷，自然要把矛头转向西土。隗嚣最初和刘秀结盟，帮助刘秀出兵抗击公孙述的目的是借联盟来发展自己的势力，以确保独霸陇西地区，所以当刘秀在关东的军事行动取得重大进展时，隗嚣感到恐惧，他已清醒地意识到自己将是刘秀的下一个打击目标，于是，他对刘秀要他出兵讨蜀的多次示意都借口"关中三辅实力空虚，北面又有刘文伯（卢芳）的威胁，现在还不宜征蜀"来加以敷衍和婉言拒绝。显然，隗嚣宁愿公孙述存在下来以牵制刘秀、保全自己，而不愿公孙述被消灭。刘秀当然也看出了隗嚣这种"欲持两端、不愿天下统一"的狡猾态度和真实意图，于是就稍黜其礼。二者的矛盾便显露出来。

隗嚣深知自己的实力不能和刘秀匹敌，因此他要竭力拉拢陇蜀以结外援而自保。而刘秀闻河西富庶，地接陇、蜀，常想把窦融招来以逼隗嚣和公孙述。这样，窦融就成为隗嚣与刘秀竭力争取的对象。何去何从呢？窦融的选择有三：或投靠隗嚣；或投靠刘秀；或谁也不投靠而独立割据河西。

建武五年（29）四月，隗嚣派辩士张玄去游说窦融："今豪杰竞争，胜负未决，当各据其地盘，与陇、蜀合纵，高可像六国一样成一国之王，下也不会比赵佗差。"对张玄的游说，窦融集团内部看法不一，但有一点他们是看得非常清楚的，那就是隗嚣集团的实力远不及刘秀集团，加之窦融是汉室外戚，因此，在隗嚣和刘秀两大集团的选择上，窦融审时度势"决策东向"，也就是说窦融是比较倾向刘秀集团的。但为慎重起见，他并未立即公开反对隗嚣，而是派部属刘钧到洛阳奉书献马联络。刘秀厚待刘钧，赏赐窦融黄金二百斤，并封他为凉州牧。窦融接受刘秀的封号并与隗嚣决裂。刘秀打破了隗嚣和窦融的联合，成功地实现了联合河西夹击陇右的战略。不久，刘秀下诏窦融："今关东盗贼已平定，大军今当全部向西，将军请秣马厉兵，以等待会师。"窦融当即表示赞同。于是，展开了对隗嚣集团两面夹击的战略态势。

在争取窦融的斗争中，刘秀实力强大，封官赏赐，以诚相见，取得成功。而隗嚣势力弱小，只求自保，败亡之势显而易见，自然争取不到窦融的支持，反而自取其侮，表明其不识时务。刘秀与窦融联盟成功，为其平定西土奠定了良好的基础。

◇ "借陇道伐蜀"，以揭隗嚣之诈

尽管刘秀对隗嚣的征讨之势日益明朗，但刘秀仍想通过战争以外的途径来解决陇西问题。此时，东汉和隗嚣的联盟尚未彻底破裂，因此，他多次派来歙、马援为使者，前去劝说隗嚣入朝受封。隗嚣在联合窦融的图谋失败后，其割据陇西的企图并没有改变。面对刘秀要其入朝的压力，他接连派使者前往婉言推辞，说他自己无功无德，只想在四方平定后，就退隐闾里。也就是说隗嚣是死活不愿东去离开自己的老巢的。建武五年（29），刘秀再次派来歙说服隗嚣派儿子去京师入侍，这时，东方的刘永、彭宠都已被破灭，在刘秀强大实力的威慑下，隗嚣不得不派长子隗恂去朝廷作人质，虽然如此，隗嚣内心仍赞同部将王元的计谋，"畜养士马，据隘自守，旷日持久，以待四方之变，图王不成，其弊犹足以称霸"。可见，隗嚣并未诚心归顺刘秀，他仍想依靠其地势险要，粮草充足，兵强马壮的有利形势负隅顽抗。

面对隗嚣阳奉阴违、不战不降的拖延伎俩，刘秀再也沉不住气了，决定揭开其真实面目。当时正值公孙述派兵攻打南郡（今湖北江汉地区一带），刘秀便下诏要隗嚣从天水伐蜀，但再一次遭其拒绝，理由是"白水地势险阻，栈阁绝败"。不仅如此，隗嚣还暗自在东部沿边多设关卡，以防刘秀的军队进攻。

建武六年（30）三月，刘秀派来歙通知隗嚣，将借陇道伐蜀。这一着，使隗嚣无拒绝之理而显现原形。于是，隗嚣派王元据守陇坻（今陇山要津），砍伐树木堵塞道路，公然对抗刘秀。刘秀接受了祭遵的意见，当即定下进攻陇西的决心。同年四月，刘秀亲到长安作进攻部署，派建威大将军耿弇等分数路攻陇。

战初，隗军以逸待劳，凭借地理优势，居高临下使汉军进攻受挫，但随着隗军将领王元和行巡从西、北来击长安战略攻势失败，隗军转入守势。狡猾的隗嚣见势不妙，向刘秀上书，推卸责任说："吏人闻大兵突然而至，惊恐自救，臣隗嚣不能禁止，"他愿洗心改过，希望刘秀宽容。刘秀则不与他兜圈子，赐书回复，再次劝他束手归降，"可爵禄获全，有浩大之福"。并明确地告诉他，"吾年龄快四十，在兵中十岁，厌浮语虚辞。即不欲（指归降），不要回报。"隗嚣知刘秀已审其诈，便亮出真相，遂遣使向公孙述称臣。次年（建武七年，31），公孙述封隗嚣为朔宁王，并遣兵为援。建武八年（32）正月，刘秀的大将来歙领兵秘密从山道袭取了隗嚣的战略要地略阳（今甘肃秦安东北）。刘秀闻讯，高兴之情溢于言表："略阳（隗）嚣所依阻，心腹已坏，则易制其支体。"隗嚣封锁陇山各要隘后，亲率主力围攻略阳。公孙述也派兵来援助。隗嚣引水灌城，来歙率将士奋力坚守，城中箭用完了，来歙军拆屋断木以为兵器。隗嚣围攻数月，略阳仍未易手。这年四月，刘秀亲统大军进攻陇西。窦融亦率军从西面策应刘秀。在汉军强大攻势的威慑下，隗军大都闻风而降，隗嚣被迫退保西城（今甘肃天水西南），苟延残喘。

◇ "发间使招携贰"，分化瓦解平陇西

在展开强大的军事攻势的同时，刘秀始终注意分化、瓦解隗嚣集团的内部力量并加以任用。如建武六年（30），刘秀特地向隗嚣统治下的天水、陇西等地下诏赦免隗嚣控制下的有罪官吏和百姓，用以动摇其统治区的人心，进而瓦解隗嚣的统治基础。

隗嚣的部将王遵常有归汉之意，曾到天水拜访过来歙，并吐露了归顺之心，刘秀抓住这一有可能争取王遵的机会，立即派来歙以书信招降王遵，拜为太中大夫，并封为向义侯。王遵归降刘秀之后，又写信劝导他的好朋友牛邯前来归顺，牛邯接信后，反复思考吟读了十余天，最后亦投奔了刘秀。在他们的影响下，隗嚣手下先后有十三名大将，十六个属县，十余万将士投降了刘秀，从而大大削弱了隗嚣的实力。

刘秀对来归附他的原隗嚣集团的士人不计前嫌，宽宏录用。诸如马援、王遵、申屠刚等，刘秀均委以重职。而这些人因在隗嚣政权中服务过，熟悉内部情况，在平定隗嚣的过程中这部分士人起了很大作用。如马援归降后，刘秀派他率领精骑五千，往来游说隗嚣的将领高峻、任禹等人，以及羌人首领，以离间隗嚣的党羽。在略阳一役中，刘秀问计于马援，马援分析深入细致，明白易懂。刘秀依其计行事，果然将隗嚣打得大败。刘秀的利诱、瓦解策略使隗嚣集团众叛亲离，从而为取胜创造了有利条件。

略阳争夺战失败后，隗嚣逃往西城，刘秀派吴汉、岑彭率军围攻，就在西城将破之际，隗嚣的部将王元、行巡率领五千蜀军救兵突然赶到，他们鼓噪大呼："我们百万大军来也！"汉军大惊，还没来得及列阵，王元等就冲入

城中，将隗嚣接应出城，投奔冀县（今甘肃天水市西）。而这时，汉军的粮食也已告罄，遂全部撤退而去。于是，安定、北地、天水、陇西又重为隗嚣据有。虽然如此，隗嚣的势力经此打击，已元气大伤，日渐衰微。建武九年（33）春，隗嚣在饥病忧愤中死去；部将拥立其子隗纯为王，继续垂死挣扎。次年，隗纯等无力抵挡来歙、耿弇等所率汉军的进攻，被迫投降。隗嚣割据势力终于被铲除，陇西悉平。

◇ "得陇望蜀"，乘胜攻占巴蜀

"得陇望蜀"，顾名思义，意思是已经取得陇右，还想攻取西蜀。这个成语常用来讥讽那些"贪心不足"的人。而光武帝正是在不断的"得陇望蜀"中，连续进击，穷追猛打，不给对手以喘息和反扑的可能，加速统一大业的完成。

1. 南北并进，进围成都

刘秀经略西北的成功为巴蜀公孙述集团的灭亡敲响了丧钟。从当时的全盘形势来看，除九原的卢芳勾结匈奴尚存外，其余的割据势力已被刘秀逐一消灭，巴蜀的公孙述已处于"独钓寒江雪"的孤零境地了。公孙述集团是西土最强大的割据势力，一直是刘秀的极大忧患，在时机不成熟的情况下，刘秀对公孙述的军事挑衅只能采取守势，甚至不惜承认他"公孙皇帝"的地位以稳住公孙述。随着平陇战争胜利定局的日渐明显，消灭公孙述势力也提到了刘秀统一的日程上来了。建武八年（32），刘秀指示围攻陇地西城和上邽（治所在今甘肃天水市）的岑彭诸将："两城若下，便可将兵南击蜀虏。人苦不知足，既平陇、复望蜀。"陇西一定，刘秀随即调兵遣将，吹响进军巴蜀的号角。

建武十年（34）三月至建武十二年十一月为刘秀的灭蜀战役阶段。在这一阶段里，刘秀总的战略方针是：兵分两路，一路以江陵为策源地沿长江西攻，一路以陇西为策源地，从阳平关捷径南下进攻，水陆两路大军展开钳形攻势，目标直指成都。两路大军的攻击步骤是：南路水军先行进攻，伺机越过三峡、进占江州（今重庆）后，北路大军始发动攻击。这样行动的意图就是让南路水军攻占江州,进入战略转换,以构成南北合击的有利态势。

就公孙述方面而言,面对刘秀在西北战场的频频得手和隗嚣的渐渐败亡,公孙述也日益感到事态的严重,在救援隗嚣无望的情况下,他一方面派田戎、任满等率数万人由江关(今重庆奉节)东下,抢先占据长江天险的荆门、虎牙两山(在今湖北宜昌市东南),控制三峡的门户,以防止汉军沿江西进;另一方面又派王元、环安据守北面的战略要地河池(今甘肃徽县),以阻止汉军由陇地南下。

按照预先策定时战略方针和公孙述集团的战略布防,刘秀的水陆两路大军分别在岑彭和来歙率领下先后行动。南路水军很快进至江州,之后,岑彭留下冯骏率一部分兵力围困城固、粮多,难以迅速攻拔的江州,自己则率主力汉军一路过关斩将,以疾风迅雷之势长驱直入,进据武阳(今四川彭山县),闪击广都(今四川成都南),逼近成都。公孙述闻讯大惊失色,以杖击地说"何其神也";北路汉军亦击败王元、环安等部,顺利攻下河池、下辨(今甘肃成县西北),并继续南下。为了迟滞汉军的进攻,公孙述派人暗杀了来歙,刘秀立即派马成前去指挥。不久,公孙述又派人刺死了岑彭,刘秀急调吴汉赶赴前线指挥作战,同时指示吴汉"直取广都、据其腹心"。

2. "敌疲乃击",攻克成都

建武十二年(36)春,吴汉大败蜀军,攻占了离成都仅数十里的广都。北路汉军也一路拔城得地,直趋成都城下。决战成都前夕,刘秀再度诏示吴汉:"成都十余万众,不可轻视。但只要坚守据有广都,待其来攻,勿与其争锋。若其不敢来,公转营迫使其交战,须其力疲,才可主动攻击。"刘秀给吴汉的这种作战方案是符合实际的。因为,蜀军主力已全部收缩于成都附近,灭亡之前,必将拼死顽抗,如轻敌冒进,就会顿兵挫锐,予人以隙。所以刘秀主张吴汉坚据广都,诱敌来攻,敌劳我逸,敌疲再打。这实际上是使自己立于不败之地的用兵谋略。然而,吴汉连连获胜,产生了麻痹轻敌的思想,他没有采纳刘秀的作战方案,与副将刘尚分兵两处,相距二十余里,在成都附近扎营,摆出攻打成都的架势。公孙述派主力十多万人进攻吴汉,另派万余人牵制刘尚,使吴、刘两军不能相救。苦战一日,吴汉兵败退回军营，一度陷入公孙述军的包围之中，差点全军覆没。

退回广都后，吴汉严格遵循刘秀的作战方针，同蜀军战于广都、成都之间，八战八胜，并在北路汉军的配合下，终于于建武十二年（36）秋，攻克成都，消灭了公孙述集团，平定西南。

◇卢芳的割据手段与刘秀的统一对策

卢芳利用自己处于东汉与匈奴两大势力之间的地理优势，以匈奴为靠山，割据塞上。面对统一道路上的最后一个障碍，刘秀在进行怀柔的同时，保持高度警惕，对卢芳的扩张活动给予坚决的打击和遏制，最终顺利地实行了统一。

1. 卢芳的割据手段

巴蜀政权灭亡后，剩下的最后一个割据势力，即九原的卢芳。卢芳是安定郡（今宁夏固原）三水县（今宁夏同心县）人，王莽末年，他利用天下思汉的心理，诈称他是西汉武帝的曾孙刘文伯，并在安定各地进行诳惑。更始时期，卢芳被任命为骑都尉，镇抚安定以西。更始政权失败后，三水地方豪强受卢芳的诳惑，公立他为上将军，西平王，并派使者去与西羌、匈奴和亲，希望依附匈奴。匈奴单于则认为匈奴本与汉约为兄弟，后匈奴中衰，呼韩邪单于归汉，汉为发兵拥护，世世称臣。"今汉祚亦中绝，刘氏来归我，亦当立他为汉帝。令尊事我"。匈奴遂立卢芳为汉帝。

卢芳的地盘处于东汉与匈奴两大势力之间，而东汉与匈奴尚不能互相征服，卢芳生存在两强夹缝之中。也打着"复汉"的旗号，以匈奴为靠山，对抗刘秀，割据塞上，发展自己。到建武五年，卢芳以九原县为都城，已据有五原、朔方、云中、定襄、雁门五郡。建武六年（公元30年）卢芳的将军贾览率胡骑击杀代郡太守刘兴，卢芳的势力在北部猖獗一时。

2. 刘秀恩威并济平塞上

匈奴立卢芳为汉帝并对他不断支持，这无疑表明匈奴单于对刘秀这个汉帝的轻视与敌视态度。刘秀在统一战争尚未结束的情况下，是无力应付匈奴的挑战的，因而，他对匈奴这种"不友好"的态度只好听之任之了。但刘秀对卢芳势力采取的对策却截然不同。由于卢芳亦打着刘氏宗族的招牌，加上他与胡（匈奴）通兵，使北部边疆饱受侵略和苦难，对刘秀构成较大的威胁，如任其肆掠塞上，会贻后患。因此，刘秀在隗嚣和公孙述战争方酣的时候，就对卢芳在北部边境的侵扰活动给予极大的关注。建武六年，卢芳的朔方太守田飒，云中太守桥扈举郡投降。刘秀不咎既往，令他们仍担任旧职，在施恩感召、大胆任用卢芳降将的同时，刘秀在军事上对卢芳的扩张活动给予坚决的打击和遏制。从建武六年后，刘秀派大司马吴汉，骠骑大将军杜茂多次出击卢芳。

建武十二年（36），卢芳率兵攻打云中，久攻不下。见此情形，卢芳的九原太守随昱欲胁迫卢芳降汉，卢芳见他下面的人外附汉室，心腹从内部叛离，就丢弃辎重，与十余骑逃入匈奴。

建武十六年（40），从匈奴返回内地的卢芳遣使向刘秀请降。刘秀不计前嫌，接受了卢芳的投降，并立他为代王，赐缯二万匹，令他"和集匈奴"。刘秀此举仍是企图通过笼络的方法换取与匈奴关系密切的卢芳的诚心归附，从而求得北部边境的安宁而致力于国内政治、经济的稳定与恢复。但不久，卢芳又叛逃匈奴，十余年后，病死匈奴，塞上悉平。刘秀对内地的统一战争亦宣告结束。

分化瓦解，在对敌斗争中并不罕见，但刘秀在平定西土和塞上的过程中运用得尤其突出和成功。平定西土和塞上的整个过程中，最初争取隗嚣以陇制蜀，解除了东征的后顾之忧。东方战场结束后，陇汉矛盾已不可调和，而刘秀成功地争取到河西窦融的归顺，对隗嚣和公孙述的陇、蜀割据势力造成了夹击态势，创先从战略上把握了整个西部战场的主动权，继而又对隗嚣集团内部进行了成功的分化瓦解。陇西得手后，公孙述便处于孤立无援的境地，因而较快地平定了西南。

卢芳割据势力虽近西土，但其主要活动则在塞上。卢芳利用有利的地理位置，依靠匈奴，对抗刘秀。刘秀仍然在武力征讨的基础上，实行分化瓦解和怀柔政策，因此在平定塞上的过程中没有更多地与匈奴发生冲突。

另外，古者军队在前线君主都不约束，而光武帝刘秀在派遣将领时皆授以作战方略，使其奉图进军，其中那些违背方略者没有不遭受挫折损失的，也是比较突出的权谋现象。这种现象充分显示了刘秀卓越的智谋。

征抚兼用定沙塞

汉初，光武帝刘秀因国力有限，时机不成熟，被迫对匈奴采取妥协。随着中原政治局势的稳定和社会经济的恢复发展，东汉国力增强，东汉政府开始改变对匈奴的态度，采取恩威并施的政策。

◇区别对待，处理南北匈奴的关系

匈奴在东汉时分裂为南北两部，东汉政府对其采取了不同的政策：对南匈奴在政治上承认并确认其西汉宣帝和昭帝以来的藩属国地位，经济上给予大量赏赐与资助；对北匈奴则采取先羁縻后攻伐的政策。

1. "修旧约"，南匈奴"奉藩称臣"

东汉初年，匈奴趁中原混乱局面扩展势力。刘秀正致力于削平群雄的统一大业，无暇、也无力北顾，对匈奴采取妥协退让的策略。这种局面一直持续到建武二十二年（46）才有所改变。这年匈奴单于舆去世，内部因继位问题开始产生矛盾。呼韩邪单于的孙子、匈奴南边诸部首领右薁鞬日逐王比自以为可继单于位，谁知被短命的单于舆之子、乌达鞬侯所继承，接着又被乌达鞬侯之弟蒲奴所接替。右薁鞬日逐王比为此一直不满。蒲奴立为单于后不仅内部矛盾尖锐，而且连年旱蝗，赤地数千里，人畜死耗大半。恐汉趁机进攻，便主动派人请"和亲"。比则公开与蒲奴分裂，于建武二十四年（48）自立为呼韩邪单于，表示内附汉朝，愿永为汉朝的屏障，抵御北匈奴，得到光武帝刘秀的许可。从此匈奴分为南北两部。

南匈奴归附汉朝后，单于比于建武二十五年（49）派左贤王莫率兵万余人进击北匈奴，生擒北匈奴单于之弟薁鞬左贤王，又破北单于帐下，俘获甚众，北匈奴震恐，却地千里。这时，另有三万余北匈奴人归附南匈奴。为表明诚心归汉，南匈奴遣使到洛阳以藩国之礼称臣，献珍宝，求使者监护，遣侍子，修旧约。还分派部众，协助汉边郡吏民戍守，侦察北匈奴动静。

按西汉旧例，南匈奴单于在每年年终就遣奉奏章，送侍子入朝。东汉政府则"遣谒者送前侍子还单于庭，交会道路。正月初一朝廷举行朝拜庆贺，在拜祭陵墓和宗庙毕，汉朝就打发单于使者回去，令谒者将送，赐彩缯千匹，锦四端，金十斤等丰厚物品，每年作为常例"。不仅如此，每当南匈奴发生灾荒时，东汉政府更是慷慨相助，赐其米粮、牛羊以助其度过灾荒。

"修旧约"，就是指西汉武帝以后，从宣帝、元帝开始，匈奴对汉的臣属关系以及汉朝廷对匈奴的羁縻安抚。由于这种"修旧约"是南匈奴与汉朝的共同心愿，因而进一步巩固了匈汉间的友善关系，对北中国长城内外经济文化的发展无疑也具有积极作用。

2. "赏赐略与所献相当"，对北匈奴的羁縻之策

东汉政府和南匈奴关系的日益密切，使北匈奴蒲奴单于惶恐不安，为了阻止这种局面继续发展下去，蒲奴单于便假意派使者要求与汉和亲。一方面可稳住东汉政府，以免其趁危来攻；另一方面可离间南匈奴与东汉政府的关系，以从中渔利。

对于北单于的诡计，东汉皇太子刘庄一眼洞穿，他对刘秀分析说："南单于新附，北虏（北匈奴）惧怕被攻伐，故倾耳而听，争着想归附正义。现今我们未能出兵，而反交通北虏，臣恐南单于将有二心，希望北虏降者不要再来了。"不难看出，刘庄是反对接受北匈奴归附的，这在当时代表了一部分群臣的意见，另一部分人则主张趁北匈奴饥疫内乱，遣军将其彻底消灭。但刘秀认为："今国无善政，灾变不息，百姓惊惶，人不自保，还想远征边外吗？……且北狄尚强，而屯田警备军队传闻之事，常多失实。诚能举天下之半以灭大寇，难道不是我最大的心愿么？如果时机不成熟，不如让百姓休养生息。"也就是说，刘秀考虑在国家尚未完全稳定，而北匈奴实力尚强的情况下是不宜同北匈奴开战的。既不能接受其归附，又不能同其开战，于是

刘秀决定对北匈奴采取不战不和的羁縻政策。他一方面对北匈奴颇加赏赐，略与所献的财物价值相当；另一方面，只是以玺书回复北匈奴而不遣使者。

如何处理好与一对互相为敌的两方的关系，确是件难事。是平等对待他们，还是加以区别对待，或是站在亲近的一方去打击另一方，都得慎重决策。刘秀对南北匈奴的关系上，采取区别对待，即在保证同南匈奴的亲近关系的同时，对北匈奴采取以"玺书"代使者，回赐略与所献相当的不冷不热、不战不和的羁縻政策，使得北部边陲地区出现了十几年的安宁局面。直到明帝初年，仍然采取这种策略，保持着这种微妙的关系。明帝永平七年（64），准许北匈奴合市，并遣使回访，汉与北匈奴的关系和缓，但也引起了部分南匈奴上层的猜忌和叛乱。

◇联合南匈奴，彻底击溃北匈奴

东汉政府与北匈奴关系的缓和，引起南匈奴部分上层的猜忌，以须卜骨都侯为首的一部分贵族勾结部分北匈奴贵族，企图趁机发动叛乱，后因被东汉政府及时发觉，才使其叛乱遭到挫败，但已叛乱的匈奴贵族不断向河西诸郡发动进攻，他们焚烧城邑、杀掠甚众，永平十五年（72），入侵河西，而且胁迫西域诸国一道入侵。永平十六年（73）又入侵云中，云阳，对东汉政府造成很大威胁。事实表明，北匈奴始终是北部边境不安宁的隐患。

鉴于此，东汉的许多将领一再向明帝要求出击北匈奴。明帝也认为与北匈奴势所必战，加之国势逐渐强盛，于是决心遵武帝故事，反击北匈奴。永平十六年（73），明帝派耿秉、窦固等将领率汉军和南匈奴、羌胡等族士兵共四五万人分兵四路出击。窦固与耿忠挺进天山，击破北匈奴呼衍王部，斩首千余级。耿秉部击匈林王，绝幕六百里。

北匈奴势力猖獗的一个重要原因是他们控制着西域。本来东汉初年，西域诸国纷纷遣使要求东汉政府在西域重置都护，但刘秀因忙于巩固帝位和怕得罪匈奴，而未予应允，于是北匈奴趁机控制西域绝大部分国家，并胁迫他们共同与东汉王朝对立。所以，不解决西域问题是难以制服北匈奴的，因此，汉王朝在进攻北匈奴的同时，也展开了对西域的争夺，以断其右臂。永平十七年（74），窦固、耿秉率兵征服车师，复置西域都护及戊、己校尉。恢复中断了六十余年与西域的交通。

然而，西域是北匈奴重要的战略基地，岂肯善罢甘休？于是北匈奴与东汉在西域展开了激烈的争夺。永平十八年（75），北单于派骑兵二万进攻戊校尉耿恭、己校尉关宠，接着焉耆、龟兹等又攻杀西域都护陈睦。耿恭率几百戊兵，勇敢机智地同强大的匈奴军队战斗，在众寡悬殊的情况下，在粮尽援绝的绝境中，他们榨马粪汁而饮，煮铠弩上筋革充饥，不屈不挠，坚守到次年三月，终被前来营救的汉军接回，衣鞋破烂、形体枯瘦、面容憔悴的生还者只剩十三人。经过这次争夺战，东汉王朝几乎失掉对西域的控制，只剩势单力孤的班超继续自愿在西域顽强不屈地抗争。不过，北匈奴在西域的反扑虽连连得手，但这种局面不久便发生了变化：首先是不断有北匈奴人南下归汉，大大削减了其人力；其次，南匈奴和鲜卑等族在汉王朝的支持下不断进袭北匈奴，北匈奴日渐衰弱。章和二年（88），汉章帝死，和帝即位。北匈奴内乱，又遭蝗灾饥荒。南匈奴单于上书请求派兵平定北匈奴。

当时和帝年幼，窦太后临朝执政，她就南单于的上书征询耿秉的意见：耿秉说："从前武帝用尽全力想臣服匈奴，未碰上时机没能成功，今幸遇天赐良机，北虏分裂相争，以夷攻夷，国家之利，应该答应。"窦太后同意耿秉的建议。和帝永元元年（89），窦宪、耿秉率八千精骑，南单于率骑兵万余及邓鸿率羌胡骑兵八千及南匈奴左贤王骑兵万余分三路出击，与北单于大战于稽落山（今漠北西北部的额布根山），北单于败逃，汉军追击，斩获颇多，俘北匈奴部众八十一部，二十多万人慑于汉军兵威，向汉投降。窦宪大军抵达燕然山，刻石而还。次年，南单于又上书要求乘胜击灭北匈奴，于是南单于派八千骑兵会同汉一部分骑兵远征至河云北，北单于受重伤后仅带数十轻骑逃走，其夫人及家属五人均被俘获。永元三年（91），窦宪见北匈奴残余已相当微弱，便又遣左校尉耿夔等率兵远击北匈奴于金微山（今阿尔泰山）。从此北匈奴势力被彻底击溃。北匈奴逃离漠北，后因其故地漠北被鲜卑族所占领，北匈奴便逐步向遥远的西方迁徙（大约三个世纪以后，匈奴人在匈牙利平原建立了国家，并以其强大的骑队，席卷欧洲大部，对瓦解东、西罗马奴隶制国家起了催化作用），匈奴为患的问题也因此解除。

　　联合南匈奴击北匈奴，就是耿秉回答窦太后询问时所说的"以夷伐夷"之策，共有两次大的协作。若丢开民族歧视的成见，就战争的正义性而论，这种策略应当是符合情理的。南匈奴了解北匈奴，习惯于大漠草原作战，且与北匈奴就近，都是极其有利因素。尽管彻底击溃北匈奴不可全部归功于南匈奴，但南匈奴所起的作用则是不可小视的。

班超智复西域，酬就壮志

如前所述，由于北匈奴以西域为其右臂并胁迫西域各国与东汉王朝对立，明帝时期，东汉王朝便决策双管齐下，在直接与北匈奴进行军事对垒的同时经略西域，以断北匈奴右臂。班超就是在这样的历史时期，因势而动，脱颖而出的时代英雄。

班超凭自己的大智大勇，不屈不挠，经营西域三十多年，终于使西域五十余国都交纳人质，并表示归服汉朝，成为东汉版图的一部分。

◇把握时势，获得施展"大志"的机运

班超字仲升，扶风平陵人，是东汉初年儒学大师班彪的少子。《汉书》作者班固及女史学家班昭是其兄妹。班超自幼就胸怀大志，不拘小节。因家贫，他常替官府抄写文章来养家糊口。当时，北匈奴不断骚扰边境，朝廷内外一片抗击匈奴的气氛，班超曾投笔叹息道：大丈夫最少就应像傅介子、张骞那样为国干出一番事业来，"立功异域，以取封侯，安能久事笔砚间乎？"旁人听了，都嘲笑他，班超说："小子安知壮士志哉。"后来因其才能受明帝赏识，被封为兰台令史，不久因别人牵连而被免官。

时势造英雄；英雄也应识时势。明帝永平十六年（73），窦固奉命出征匈奴。班超认为施展抱负的机会来临，毅然投笔从戎，为军队假司马，跟随窦固出征。班超奉命率一支军队攻打西域门户——伊吾，与北匈奴军战于蒲类海，得胜而还，初步显示出军事才能。于是窦固便派他出使西域，获得了

施展抱负的机会。

人的一生中都有许多好的机运，这些机运无论大小都是其时代所赐予的。能不能获得所处时代赐予的机运，就在于你本人如何把握时代、建立志向、塑造自我，主动迎取机运。班超在这方面是位完满的成功者，值得立志建业者借鉴。

◇ "不入虎穴不得虎子"，降服鄯善的谋略

班超以使者的身份出使西域，随行吏士仅三十六人而已。班超意识到只有以智谋来完成使命。

鄯善属于城邦国家，国都扞泥城（今新疆若羌附近）。东通敦煌，西通且末、精绝、拘弥、于阗，东北通车师，西北通焉耆，扼丝绸之路东端要冲，是汉、匈争夺最激烈的一个据点。因此，鄯善王往往动摇不定。班超一行首先来到鄯善，鄯善王开始用十分周到的礼节接待他们。但过了几天，态度突然变得怠慢起来。是什么原因导致鄯善王的行为前后判若两人呢？班超经过仔细观察和思索，明白了其中的奥妙。为了证实自己的判断，班超召来鄯善侍者，假装已知内情，诈唬道："匈奴使者已来好几天了，现在住在什么地方？"侍者惶恐不知所措，便如实相告。班超把侍者关起来，以防他出去泄露消息。接着叫来随行的三十六人一道饮酒。饮到酣畅之际，班超借着酒兴向大家说："诸位同我到这边远的西域，就是想建立大功，求得富贵荣华，但如今北匈奴使者才来几天，鄯善王就不大尊敬咱们了。如果北匈奴使者命令鄯善王把咱们抓起来送到匈奴那里去，那么，别说是建功立业，就是咱们这身骨头恐怕只有长留异域喂豺狼的分了。咱们岂能束手待毙？"班超的慷慨陈词又晓以利害的鼓动，激起了随行吏士的斗志。班超便趁机将自己火攻匈奴使者的计策如实相告。当时匈奴使者有一百余人，是汉使的数倍，因此，班超说："不入虎穴，不得虎子！"鼓动随行吏士勇敢行动。

当晚，班超率随从们直奔北匈奴使者营地，也是天遂人愿。当时正碰上大风，班超令十人拿着大鼓躲在匈奴人的住所之后，以火起为号，擂鼓呐喊，其余的人则手持刀剑弓弩，埋伏在门口。一切准备就绪后，班超亲自顺

风纵火。大火一起，前后鼓声齐鸣，杀声震天。匈奴使者突然听鼓声和震天动地的杀喊声以为有千军万马杀来，顿时大乱。班超带头，亲手杀了三人，随行吏士奋勇杀敌，取得成功。班超一行斩杀匈奴使者及其随行者共三十余人，其余的一百多人皆被烧死。第二天，班超把匈奴首级献给鄯善王，鄯善"一国震怖"，班超趁势对鄯善王晓之以理，宣告汉政府抚慰之意。使动摇不定的鄯善王终于下定决心，摆脱匈奴，纳子为质，归附东汉王朝。

"不入虎穴，不得虎子"的谋略，首出班超。即指不入险境就不能取得异常的成功。班超趁夜火攻匈奴使者并降服鄯善王的事迹，都生动地说明了这一点。

同时，在计谋实施过程中，班超还使用了诈探敌情、激励士气、先谋后事、虚张声势、出其不意等精彩纷呈的谋略。这些谋略的实施，促成其智降鄯善王首告成功，班超也因此名震西域。

◇斩巫首送阗王，制服于阗

班超降服鄯善后，受到明帝的赏识。明帝下诏升任班超为军司马，委其继续完成使命。窦固本打算给班超增加士兵，但班超说："愿将本所从三十余人足矣，如有不虞，多益为累。"

班超一行离开鄯善向西出使的下一个目标是于阗，于阗亦属城邦国家，国都在西城（今新疆和田南）。东通拘弥、精绝、且末、鄯善，西北通皮山、莎车、疏勒。明帝永平四年（61），于阗王广德率兵破莎车，自近旁精绝西北至疏勒十三国皆服从于阗，势力正强，北匈奴又派有使臣驻地监护。因此，对班超一行来说，于阗不亚于龙潭虎穴，弄不好会抛尸异乡。

果然，班超一行来到于阗后，于阗王广德的态度十分冷淡。于阗有信奉巫术的习俗，广德听信巫师的煽动，要用班超的马祭神。班超得知这一情况后，心中有了对策。他佯装答应广德的要求，但要巫师亲自来取马。等巫师一到，班超立即斩其首给于阗王送去，并痛斥于阗王无礼。于阗王早已听说班超在鄯善斩杀匈奴使者的威名，又亲见其神勇和凛然正气，大为惶恐，遂下令攻杀驻地监护的匈奴使者归降东汉。班超便重赏于阗王及其官员，并进行安抚，以表汉朝廷的恩惠。

斩巫首送阗王，是一种威慑性质的策略。于阗"其俗信巫"。巫即巫师，大凡巫师皆神通广大。班超进入于阗首先拿巫师开刀，这对信巫术、尊奉巫师的于阗王来说实为当头一棒。故于阗王见巫首后"大惶恐"，终于俯首归附东汉王朝。班超也完成了降服于阗的使命。

◇擒获兜题，智定疏勒

于阗臣服后，班超就进而解决疏勒问题。

疏勒国都疏勒城（今新疆喀什附近），东通姑墨、龟兹，南通莎车、于阗，西通大宛、康居，扼丝绸之路的要冲，是北匈奴争夺的一个重点。明帝永平十六年（73），龟兹在匈奴的支持下杀疏勒王而将龟兹人兜题立为疏勒王。针对这一形势，班超心中有了对策。

永平十七年（74）春，班超前往疏勒，行至距兜题所住的盘橐城九十里处，先派从吏田虑去招降。班超向田虑面授机宜说："兜题不是疏勒人，得不到疏勒人的支持。如果他不投降，你可以找机会把他抓起来。"田虑到后，兜题见他人少力弱，没有放在心上，也没有归降之意。田虑遵照班超之谋，趁其不备，突然冲上去把他捆绑起来，兜题左右果然如班超所料，惊恐逃散。班超闻讯立即赶到，他召集疏勒官员，历数龟兹罪恶，以激起疏勒人对龟兹以及对匈奴的憎恨而一心向汉。班超又依疏勒人的愿望，立原疏勒王的侄子忠为王。疏勒人极为高兴，归顺东汉王朝。疏勒王忠及其属官都请求杀兜题，班超考虑同龟兹的关系，便将兜题释放并遣出疏勒。

擒获兜题，是智定疏勒的策略，也就是"擒贼先擒王"计策的具体运用。班超利用疏勒人憎恶兜题及兜题十分孤立的处境，以少数几个人趁其不备，一举将其擒获，从而迅速地解决了疏勒的问题。疏勒归汉，对于控制整个西域的局势及其丝绸之路的畅通皆具有重大意义。

◇ "转侧绝域""因其兵众"，定西域而"遂本志"

班超以谋略使鄯善、于阗、疏勒归服。与此同时，窦固、耿秉用武力制服车师，并恢复了西域都护及戊、己校尉。永平十八年（75）二月，窦固等奉诏罢兵还京师。八月明帝死。北匈奴趁机猛烈反攻，东汉政府在西域设置的西域都护，戊、己校尉或被杀，或被困。因都护陈睦被攻杀，故又称此次西域变乱为"陈睦之变"。章帝即位后，不愿兴师动众，决意放弃西域。于是，在建初元年（76），下令撤销西域都护及戊、己校尉的建制，并召还留在疏勒国的班超回京。当班超即将归国之际，引起了疏勒和于阗国内极大恐慌。疏勒都尉黎弇由于挽留不住班超竟然持刀自杀。班超到于阗时，国内王侯以下皆号哭涕泣，甚至抱住班超的马不让其走。因为他们知道，汉军一退，匈奴必卷土重来，故苦苦哀求班超留下。班超亦感到壮志未酬，民心可用，便毅然复回疏勒。返回后，班超清除了一些动摇分子，稳定了局势，从此疏勒就成为班超在西域坚持与匈奴斗争的根据地。

虽然有了疏勒这块抗击匈奴的阵地，但班超的处境依然是危险的，因为此时班超已和东汉政府失去了联系而实际上处于孤立无援的境地。要摆脱这种处境，就不能仅困守小小的疏勒一国而坐等匈奴的进攻。于是，班超决意采取"以夷狄攻夷狄"的策略，以摆脱困境。

建初三年（78），班超联络疏勒、于阗、康居等国士兵一万人进攻位于疏勒西北的姑墨并取得了胜利，这样就解除了匈奴利用姑墨威胁疏勒等国的企图。初步巩固了阵地，并扩大了东汉在西域的影响。随后，莎车、月氏、乌孙等表示愿意归附，巩固了其在西域的阵地。

建初五年（80），与东汉政府断绝联系五年之久的班超，才得以上书给汉章帝，报告西域的形势，他指出西域诸国绝大多数倾向汉王朝，只有龟兹一国与汉为敌，如能集中兵力攻破龟兹，则西域未服者百分之一。同时，他还分析了西域各国同龟兹的矛盾，认为"以夷狄攻夷狄，计之善者也"，章帝认为这个建议可行，便派徐干率千余人前往助援。这时莎车已投降龟兹，疏勒都尉番辰亦已叛汉。徐干援军到后，班超便与他合兵击灭番辰，重新稳住了局面。

元和元年（84），章帝又派假司马和恭等率八百士兵援助班超，加上原有将士共一千八百余汉军。班超就以这支部队为基本力量，联合亲汉诸国，在西域开始反攻。

当年，班超即发疏勒、于阗兵进攻投靠龟兹的莎车，莎车见势不妙，以重利引诱疏勒王忠叛变。忠据乌即城与班超军对峙半年之久。后又有康居国派兵援忠。在力量悬殊的情况下，班超利用针对康居与月氏的姻亲关系，来了个釜底抽薪之计，即请月氏出面晓示康居王退兵，于是，很快攻下乌即城。

三年后，随康居王而去的忠又向康居借兵，盘踞损中，并暗地与龟兹国密谋，派人到班超处诈降，准备里应外合发动叛乱。然而班超早已洞悉其奸，便将计就计，佯装应允。忠以为阴谋得逞，亲率轻骑到班超驻地。班超隆重接纳，设宴款待，酒酣之际，一声令下，埋伏于左右的汉军便将忠擒拿，其所率随从也分别被俘或被杀。这样，西域南道的障碍终于被拔除。

章和元年（87），班超发于阗等南道诸国兵二万五千人再次进攻莎车，而龟兹王亦派左将军率五万人来救。二万五对五万多，班超明白不能硬拼。于是，声称夜间退兵，令于阗军向东、自己率兵向西撤退，并故意放松对俘虏的看守而任其逃归。龟兹王闻讯大喜，当夜将主力分兵两处埋伏于东、西。班超见其中计便勒兵反驰，于鸡鸣时直捣莎车大营，一举将其击溃，莎车遂投降，龟兹见大势已去，只好退兵。

东汉时的大月氏，亦名贵霜帝国，活动于今阿富汗、克什米尔、巴基斯坦和印度西北地区，与东汉、罗马、安息并列为当时世界的四大强国。大月氏因求亲未遂而与汉结怨。和帝永元二年（90）五月，大月氏派七万军队由副王谢率领向班超进攻。

面对着气势汹汹、数量众多的敌军，班超镇定自如，针对敌军翻山越岭远道而来这一弱点，班超采取了以逸待劳、坚壁清野的战术，即所谓"收谷坚守"，使爬越帕米尔高原来攻的月氏军处于攻城不下，又钞掠无所得的被动境地。同时，班超估计月氏军会向龟兹求援，于是便又派一支军队埋伏于去龟兹的东界路上，谢果然派兵持金银珠玉去龟兹求救，结果被班超所埋伏的军队击杀，并将其首领之头送给谢，谢知自己已陷入外无救兵、内无粮草的绝境，遂向班超请罪，求得生还回国。大月氏因此举国震惊，岁奉贡献。次年，龟兹、姑墨、温宿皆降。汉廷恢复西域都护，以班超为都护，进驻龟兹它干城。

龟兹等国归顺后，西域仅焉耆及其附近的尉犁、危须等三国未定。到永元六年（94），班超发龟兹、鄯善等八国兵讨伐终于降服焉耆等三国。至此，西域五十余国都成为东汉版图的一部分，全都交纳人质归服汉朝。永元七年（95），和帝下诏奖赏，封班超为定远侯。

永元十四年（102）八月，在西域苦心经营三十一年之久的班超，以七十一岁的高龄回到洛阳。和帝感其功德，又拜超为射声校尉。同年九月，班超病逝于洛阳。

"因其兵众"，是班昭替胞兄班超向朝廷上书时所言班超后期经营西域的主要谋略。这个谋略也就是班超本人所说的"以夷狄攻夷狄"的"善计"。用此计策者，古今中外并不鲜见，唯有班超所用最为典型。当年，"陈睦之变"以后，北匈奴再度控制西域局势，西域道路阻隔，又失去朝廷支持，超仅"以一身转侧绝域"，依靠当地人民的力量，抗击北匈奴的势力，即所谓"因其兵众"或"以夷狄攻夷狄"之策。班超孤胆勇智奋战达十八年之久，终于平定西域，升任都护，爵列通侯，实现了他年轻时所定"立功异域，以取封侯"的"大志"。

在"以夷狄攻夷狄"的过程中，班超还使用了诸多值得一提的谋略。如其中如上所述的：破莎车、退龟兹之役，采取"佯退突进"之计，结果以少胜多；在制服大月氏时，采取"收谷坚壁"之策，使月氏大军不战自降等等，也都是十分宝贵的谋略财富。

班超自明帝永平十六年（73）以三十六人出使鄯善开始，到和帝永元十四年（102）西归洛阳为止，经营西域长达三十一年之久。之所以能奋展抱负，功德圆满，彪炳史册，除了其大勇大智而外，还与他为人处世的策略有关。这方面他自己有过总结。班超在离任返回洛阳前夕，将西域都护一职委托给当时的戊、己校尉任尚，任尚受职时请教奇策。班超回答说："塞外吏士，本非孝子顺孙，皆因罪过被徙补戍边屯田。而蛮夷又怀禽兽之心，难以教养而容易坏事。今您性情严厉而急躁。水太清则无大鱼，察严密政不得下和。应该宽松简易行事，宽容小过失，总揽大纲就行了。"当班超离去后，任尚私下对人说："我以为班君当有奇策，今所言平平。"的确，班超一生的人生经历，不过如此平平数语，但就是这平平的人生使他终成大功。而任尚小视且不能借鉴这平平的良策，数年以后，便导致西域反叛，而因此获罪。这其中的微妙实在是难以言传。

第七章

CHAPTER7

"柔道"政治

有创业，便有守成。经过许多年月的征战，东汉王朝固然已天下一统，但如何恢复战争的创伤，如何治理并守住这份家业呢？刘秀及其后继者明帝、章帝及和帝都曾采取了"柔道之术"来治理天下。

统治天下的"柔道"

　　"柔道"最初是刘秀提出来的。建武十七年（41）十月，刘秀光临章陵（今湖北枣阳），修筑园庙，整理旧居，观察田庐，摆酒作乐，赏赐礼物。这时本家族的各位母亲辈者都因喝酒而高兴，相互说道："文叔少时谨慎诚信，不与旁人应酬，仅仅以直柔（坦诚温和）待人罢了，今天竟然能当上皇帝！"刘秀听罢大笑，说："我治理天下，也要用柔道来施行政教。"所谓"柔道"，刘秀有他自己的解释。他说："《黄石公记》曰：'柔能制刚，弱能制强。'柔就如德，刚就如贼，弱者易得到仁爱的帮助，强者易成怨恨的归宿。故曰有德之君，以其所乐者乐人；无德之君，以其所乐而独乐其身。能乐人者其乐必长久，独乐其身者不久而国亡。舍近谋远，往往劳而无功；舍远谋近，往往安逸而有好结果。逸政多忠臣，劳政多乱人。故曰力求扩地的地会荒芜，力求推广德政的国会强盛。有其应该有的会心安，贪他人所有的会遭殃。残暴之政，虽成于一时而最终必败。"从中我们可以看出，刘秀的柔道就是所谓德政，逸政。

　　光武帝刘秀长于民间，了解民情，知道稼穑的艰难，百姓的疾苦。自陇、蜀平定以后，非紧急情况刘秀不复言军旅之事。所谓"柔道""逸政"，就是在天下已定的情况下"务用安静"，与民休养，发展生产，恢复长期战乱后的社会秩序。对边境少数民族，则以怀柔为主，征伐为辅。总之，通过对内息民，对边境及少数民族"怀柔"的"逸政"，"以柔制刚"，达到"善政"的境地。继光武帝刘秀之后，明帝、章帝、和帝皆"遵奉建武制度"，施行"柔道"之术，治理天下，均卓有成效。

"俱存不扰"，防患于未然

帝王离不开臣和民，民是帝王的统治基础，臣是帝王的统治助手。三者的关系，和谐则国家兴旺，不和谐则国家衰落，甚至因此而灭亡。兴盛衰败之间，就要看帝王对臣下的驾驭技巧和对民众的统治之术了。东汉前期，光武帝刘秀及其后继者明帝和章帝都深知其理，对功臣、外戚、诸王及民众采取的一系列策略都是比较成功的。

◇高秩厚禄退功臣，功臣、皇权两受益

古代中国，专制皇帝与功臣是矛盾的统一，开国之君大都遇到如何安置与其一同创业的功臣的问题。但往往不是"敌国破，谋臣亡"，就是功臣势力膨胀，威胁了皇权。如吴王夫差、越王勾践、汉高祖刘邦，都曾以大肆诛杀功臣来巩固专制君权，而光武帝刘秀则采取了"高秩厚禄退功臣"的对策，使功臣、皇权两受益。

1. 不任吏职，完其福禄

同历史上每位开国皇帝一样，刘秀同样面临着要提防开国功臣"功高震主，权大欺主"，尾大不掉的难堪局面。为确保刘氏皇位的稳固、提防少数心怀叵测的功臣觊觎皇权，刘秀采取了果断的措施。军官中除大将军等少数职务外，一般的将军之职并不常设，事毕即罢。随着统一战争的结束，一些功臣的将军职务亦随之自然解除。而刘秀班劳策勋之际，对功臣只封赏而不任以吏职。至于因需要而仍然握有重兵的少数几个功臣，如冯异、岑彭、耿

弇、王霸等，均让其远离首都，长期驻守在外地或边境。如王霸仅在上谷便有二十余年。这样做，一方面使这些拥有重兵的将领远离东汉政治中心，即使有个别谋反为患也不致发生全国性影响；另一方面又继续发挥了武将的作用。

刘秀对功臣不任以吏职，而只是增邑加封，一般不让其参与国事。当时封侯者百余人，但能参议国家大事的仅邓禹、李通、贾复三人而已，其余大多数功臣都以列侯奉朝请，是"委而勿用"。刘秀不任用功臣，从表面上来看，他是"以天下既定，思念欲定功臣爵、土，不让他们以吏职获得罪过，故皆以列侯就第（退休）"，也就是功臣们在打下天下之后，让他们悠哉乐哉、安度余年。从实质上看，刘秀这样做的目的是要防止功臣任职后，因权势过重而导致野心的膨胀。另外，刘秀的这种做法也解决了对不胜其职的功臣不好处理的难题。功臣无职便无责，这就使他们减少了同皇帝的利害冲突和犯法违禁的机会，也不会因构成权大欺主的威胁而遭猜忌和迫害。因此，功臣们虽不任以吏职，但皆保其福禄，终无诛杀谪降的。中国历史上往往是"高鸟尽，良弓藏；狡兔死，走狗烹；敌国灭，谋臣亡"，而东汉的开国功臣们皆得善终，这是刘秀的成功之处。

2. 褒奖、宴乐、宽科，示以不忘功臣

刘秀不仅对功臣加封晋爵，而且还时常当众褒奖。如刘秀经常当着群臣的面称赞李通"率下江诸将辅翼汉室，心如金石，真忠臣"。

刘秀不仅对活着的功臣如此，就是对去世的功臣，也往往亲临吊唁。征房将军祭遵去世，刘秀悼念尤勤。祭遵的灵柩到达河南时，他下诏让朝廷百官先聚集在安丧的地方等候，自己则亲着素服，乘车前往吊唁，哀恸涕泣，不能自已。下葬时，刘秀又亲临现场，赠与祭遵将军侯印绶、朱轮容车、甲士军阵送葬。

至于平时，刘秀也和功臣们保持亲密的关系，他时刻不忘功臣，始终和他们共享胜利的愉悦。远方进贡来的珍品甘味，必先遍赐列侯，而到太官（掌宫廷饮食）那里的却很少。在一次宴会上，刘秀让功臣们讨论假如不跟他起事的话能取得何等官禄？邓禹率先回答自我估计一下，说，可以当上郡文学博士。刘秀说他太谦虚了，认为凭邓禹的志向、品行至少可当功曹。其他大臣也依次作答。待到马武时，他说他可以当一个捉盗贼的尉。哪知刘秀却笑着说：你怎能当尉？只要不当盗贼被捉住就差不多了。弄得大家捧腹大笑。如此轻松的气氛，亲昵的说笑，赢得了君臣间的和睦。

刘秀对功臣们的优厚礼遇，还表现在他对于功臣们的小过能宽宏大量，不加计较，绝不像众多开国皇帝对于功臣那样，即便是没有错也要置于死地而后快的残酷做法。至于罚，非到不罚不足以惩后时才罚，即便罚，也尽量从轻，绝不轻易杀戮功臣。即所谓"帝虽制约驾御功臣，而每每能曲法宽容，原谅其小过"。功臣马武酷爱喝酒，每每喝醉之后便在御前斥骂其他大臣，对他们说长道短，刘秀对马武这种大发酒疯、无所避忌的行为是"放纵之，以为笑乐"，从不追究。

刘秀对功臣的这般崇高的礼遇，既保持了刘秀同功臣们在战斗中结成的深厚情感，又对功臣们产生强大的精神感召力，使他们的心理得到满足，功臣们觉得自己确实是遇上了一个同甘苦、共患难的贤明君主，从而心悦诚服，对刘秀感恩戴德而安于现状，无有异心。

◇ "不得封侯与政"，严格防范外戚

古代中国，外戚后党仅凭裙带关系就可获取优厚的经济待遇和尊崇的政治地位及其特权，最易干预朝政，威胁皇权，甚或取而代之。西汉末年外戚干政造成的吏治腐败，特别是王莽凭借外戚的地位，最终篡夺了皇位的历史教训，不能不使东汉的创建者刘秀及其后继者为之戒惧。因而，刘秀在东汉政权建立之初，就对外戚势力加以限制，以免重蹈西汉政权灭亡的覆辙。

首先，鉴于西汉外戚交结宾客、培植党羽、扰乱朝政的教训，刘秀对外戚结交宾客进行严格的限制和打击。如"幼有奇才""博通群书"的名士冯衍，因交结外戚阴兴和阴就被发现而终不得用。对阴氏交结的其余宾客皆绳之以法，重者判死罪或流徙，其余被贬黜。这次虽只打击宾客，但也给阴氏及其他外戚以极大震慑，使他们不敢觊觎过多的权势，甚至不敢作非分之想。而那些宾客在这次打击的威慑之下，亦都闭门自保，不敢再与亲故通。

其次，支持打击外戚及其宾客的违法活动。建武二十四年（48），外戚

阴氏的宾客马成常为奸盗，洛阳令虞延就逮捕了他。阴氏派人前去求情，遭到拒绝。阴氏于是向刘秀诬告虞延多所冤枉。可是，刘秀经过调查，得知虞延是秉公执法的，因而他对喊"冤"的马成道："汝犯王法，身自取之！"得到刘秀支持的虞延，几天后便处死了马成。

刘秀任用虞延一类刚直不阿的官吏的目的正是要防止京城"外戚骄，宾客放滥"情况的继续发展。

如果说刘秀在其统治前期，着重是限制外戚交结宾客的话，那么在他统治后期，对外戚本身的限制就更加严厉了。他规定"后宫外戚，不得封侯参政"，禁令一下，不少外戚、后族皆知守富贵而避权势，以免遭皇帝疑忌。刘秀的母舅樊宏为人谦和谨慎有戒惧，不以不正当手段谋取功名利禄。常告诫其子曰："富贵盈满，未能有善终者。我非不喜荣耀和权势，天道恶满而好谦，前世贵戚的下场皆明戒啊。保身全己，岂不快乐吗？"在这一时期，外戚担任国家重要官职和封侯的特权都被取消。

由于刘秀对外戚有效防范，所以刘秀一朝，外戚后亲皆遵纪守法，无结党营私之名。甚至乘牛车出入，像平民一样。这一策略对巩固皇权、稳定封建政权上层秩序有重要意义，因而对强化专制政权是有重大作用的。

刘秀死后，继位的明帝及随后的章帝，继续奉行刘秀"后宫之家，不得封侯与政"的规定。明帝"防慎舅氏，不令在枢机之位"，甚至馆陶公主（刘秀之女）为其子求为郎官一职，竟遭到明帝拒绝，理由是："郎官能对应天上的星宿，出任为官宰辖百里，如果用非其人，则民受其殃，因此难从公主之愿。"又如马援，自建武二十四年（48）就跟随刘秀南征北战，尤其是在平定羌人和越人叛乱中，屡立大功。在东汉初的功臣中算得上是军功显赫的一员大将。但由于他的女儿为明帝皇后，因此，明帝时刻注意限制其名声地位，明帝曾在云台绘画刘秀时期名臣，其中独独没有军功卓著的马援。当东平宪王刘苍看完图后，对明帝说："为何不画伏波将军马援呢？"明帝只是笑而不答。连名臣的荣誉都不给马援，这是尽量缩小外戚在政治上的影响。

同处理功臣办法相类似，尽管对外戚在政治上加以防范，却在经济上对他们相当优待。就连一郎官之职也不授予外戚的明帝，却对外戚赐钱千万。虽然对马援政治上特意防范，但对于他在经济方面的要求，皇帝则尽可能满足。马援因为三辅地广土肥，而他的宾客众多，就上书请求到上林苑中屯田，皇帝答应了他。皇帝连自己的上林苑中都准许其屯田，其宽优程度由此可见。

东汉前期的统治者，尤其是光武帝刘秀、明帝严格执行外戚"不得封侯与政"的政策，既避免了外戚对皇权的威胁，也使那些外戚后党得以保身全己，确实十分成功。但是他们却忽略了经济上过度宽容的弊病。随着经济势力的扩大，必然会导致政治实力的膨胀，发展到一定极限，难免会发生外戚干政的局面。东汉后期出现的外戚专权现象的根源就在于此。所以采取一项策略不可只看一面一时，要具有发展的战略眼光，才能立于不败之地。

◇ 恩威相待以制诸王

古代中国争夺皇权、皇位的威胁不仅来自外姓强臣悍将，在皇族内部同样存在侵夺皇权和争夺皇位的斗争，有时甚至更激烈。东汉政权建立后，为防止皇室诸侯王势力的坐大，刘秀对诸侯王采取了严密的防范措施。

1. 小其封区，"不得临民干政"

西汉初的王国大多是"跨州兼郡，连城数十"。而刘秀则大大缩小了诸侯王封国的领地范围，东汉初王国的领地一般只是一个郡，最多的是两个郡。而且，就是在这不大的封地上，刘秀对诸侯王的权力给予了限制。东汉初的诸侯王只有经济上的食封权，而无政治上的治民权，王国内的一些重要官吏，如相、傅、中尉、郎中令、仆等，诸侯王都无权任命，必须由皇帝或中央政府任命，这与西汉初年的诸侯王拥有对封国境内的所有权力，俨然独立王国形成鲜明的对比。

为防范诸王阿附结党，发展个人势力，刘秀还严格禁止诸王与臣民交往，对封国，只能"衣食租税""不得临民干预政事"，也就是说严禁诸侯王染指封国的政事。

明帝即位后，继续加强对诸侯王有限实力的削弱。永丰十五年（72），明帝查看地图，将封诸皇子采邑，全部只给一半封国。马皇后认为皇子们的采邑被裁去了几县，同祖制相比显得太少了，明帝答曰："我子岂宜与先帝子等乎？岁给二千万足矣。"就这样，诸王子的收入被减少了一半。

在刘秀等东汉前期皇帝的刻意防范下，诸侯王不得不趋安避危，明哲保身。明帝时，敬王刘睦一次派中大夫去京师朝贺，临行前，刘睦问中大夫如果朝廷问起他时怎样回答。中大夫说将如实回答：大王忠孝仁慈，尊敬贤才，爱惜名士。刘睦急忙告诉中大夫说这样回答就等于置他于危难之中，他要中大夫告诉皇帝自从他继承王位以来，意志衰惰，声色是娱，犬马是好。由此可见，在皇权的威严下，诸侯王只好谦卑自保。

刘秀等东汉前期皇帝减少诸侯王的封地，其对巩固皇权的意图是明显的。在国家总的财政来源不变的情况下，诸侯王封地减少，收入自然就随之减少，这就意味着国家和帝室收入的增加，从而使得皇权更加强大，反过来，诸侯王收入的减少，使其实力更加削弱。一长一消，诸侯王是很难有实力觊觎和争夺皇位的。而王国重要官吏的任免权被收归中央，一方面限制了诸侯王培植和发展私人势力的企图，另一方面则加强了中央对诸侯王的监视，东汉皇权在刘秀等前期君主的层层设防下日益稳固和加强。

2. 恩威相待

对违法越制的诸侯王，西汉皇帝的处理办法是动辄除国或处以极刑，而东汉前期的皇帝则多采取仁慈和宽容的态度。中山简王刘焉，是东海靖王刘政之叔，刘政竟趁刘焉的丧礼之际私娶其妃，若以汉制应确属"禽兽行"，当被处以极刑。然当豫州刺史、鲁相据法请求将犯"禽兽行"的刘政处死时，明帝则仅削去其薛县的食邑就算了事。又如和帝时期汝南王刘畅少贵骄，颇不遵法度。归国后，从官卜忌自言善占梦，刘畅数次让他卜筮。忌等谄媚，说神言畅当为天子，畅心喜，与相应答。永元五年，豫州刺史梁相举奏刘畅犯有谋反罪，考讯不服。有司请征刘畅到廷尉审问治罪，和帝不许。有司重奏除掉刘畅的封国，和帝不忍心，仅削其二县了事。对构成谋反之罪的刘畅仅处以削二县的惩罚确是够宽大的了，若在西汉，刘畅早已身首异地，被处以极刑。东汉前期之所以对那些违法越制的诸侯王一般不轻易处以死刑，也不轻易削王夺爵，只是削减食邑，最主要的是，这些诸侯王根本没有谋反的实力。在这种情况下，网开一面的怀柔政策收到了单纯镇压所得不到的效果。如刘畅犯法被宽免后，就上疏谢恩表示痛改前非。由此可见，东汉前期皇帝的豁达宽宏，法外施恩，非但没有松弛皇帝对诸侯王的控制，反而促使有罪过的诸侯王因感恩戴德，更加自觉自愿地效忠皇上了。

当然，和其他任何朝代一样，一旦皇权真正受到威胁，就不会手下留情了，必要严谴重罚、穷追猛究，置其死地而后安。如楚王刘英作金龟玉鹤，刻文字以为符瑞，准备谋反，篡夺皇位，但不久，刘英的活动就被人告发。经审讯，证据确凿，于是有司"请诛之"，明帝虽因"亲亲不忍"，赦其死罪，但将他流放丹阳泾县。刘英到丹阳不久就畏罪自杀。刘英虽死，但搜捕其党羽的行动并未随着刘英的自杀而结束。穷治楚狱至刘英死后一年还继续进行，其供词相牵连的，自京师亲戚、诸侯、州郡豪杰及办案官吏，阿附相谄，受牵连处死和流徙者上千数。追查中发现，刘英所记的天下"名士"中，有吴郡太守尹兴的名字，竟将尹兴及其掾史五百余人都捕捉起来进行严刑拷问，结果大半被毒打至死，还有数以千计的人被送入牢狱，不少人被满门抄斩。此时的皇恩则荡然无存了。

对于刘英的谋反，皇帝之所以如此龙颜大怒，大动干戈，是因为刘英不同于其他企图谋反而又毫无实力的诸侯王。刘英自幼好游交通宾客，善于结交天下名士，因而在一部分人中有相当的基础，若不趁机翦其羽翼，对其皇权是有威胁的，因此，不得不变宽仁为大肆捕杀。

对诸侯王恩威兼施之策，历史上并不少见，然刘氏诸帝以宽仁为主而恩威兼施，且能牢牢地掌握对诸侯王的控制权却是很有特点的。刘氏王朝之所以能如此，主要基于诸侯王实力甚微和皇权的基石稳固。

◇安抚为主的治民术

刘秀以"柔道"理国的政略思想，不仅表现在对统治阶级内部成员"多仁少杀"的态度上，而且表现在对被统治阶级的态度上，即采取安抚、怀柔的缓和政策。

对参加起义的人民以招抚为主，镇压为辅。建武六年（30）五月，刘秀下诏："三辅地区遭赤眉之难时，有犯法不守正道者，自死罪以下皆赦免。"不仅如此，刘秀甚至不赞成各地官吏严厉镇压盗贼。建武十六年（40）十月，刘秀遣使到各地治理群盗的措施是利用群盗的内部矛盾，五个人联合杀掉一个盗贼，就可以免除他们的罪过。而且，对于那些故意回避群盗，甚至因害怕群盗而放弃城池严重失职的官吏，刘秀都不追究他们的责任。对群盗的首领还采取迁移到别的郡县，并给田耕种。刘秀这种怀柔、招抚的策略收到了明显的成效，那些屯聚山泽和流亡在外的农民纷纷返回故土，社会秩序明显好转。

刘秀从建国伊始，就果断地着手解决西汉后期以来长期未能解决的奴婢过多这一大社会弊病，从建武二年（26）到建武十四年（38），他先后下了七道释放奴婢的诏书，并规定凡虐待杀伤奴婢者都要"论如律"，即追究法律责任。奴婢恢复庶人身份不仅缓和了阶级矛盾，而且扩大了国家赋税和兵员来源，同时也增加了社会劳动力，促进了经济的恢复和发展。另外，刘秀下诏释放奴婢的地区，主要是青、徐、凉、益等州，即刘秀的政敌统治区。因此，刘秀释放奴婢又起到了瓦解敌军，壮大自己的作用，同时，为了缓和广大劳动人民怨气满腹，消除潜在的动乱危险，刘秀一方面薄赋，下诏恢复西汉前期的三十税一的赋制，另一方面省刑法，大量被关押的囚徒亦被释放，这不仅增加了社会劳动力，而且缓和了自新莽以来愈来愈紧张的阶级关系，也有利于社会秩序的稳定。

光武帝之后的明、章、和帝继续奉行刘秀以柔道理天下的政略。多次下诏减免赋税徭役，减轻刑罚，慎用刑罚，以轻为德。

明帝、章帝、和帝采用假民公田的办法，以消除潜藏的不稳定因素。"假民公田"就是把掌握在封建国家手里的荒地苑囿、山林川泽租借给无地的农民耕种。从永平九年（66）至元兴元年（105）的四十年中，东汉政府颁布"假民公田"的诏令多达二十次。在"假田"贫民的同时，政府还予其一些优待。如国家在三五年内不向被"假田"者收税，还可以借贷给其种子、粮食和牛、农具等生产工具。"假民公田"由于一方面国家把部分无用或暂时无用的土地租借给无田的贫民，使这些无田的贫民变为租种国家土地的佃农，从而可以增加皇室和国家的财政收入；另一方面解决了一些破产农民无田可种的问题，使一些因丧失土地而流亡的农民得到安置，从而减少社会的动荡不安因素。

　　刘秀等东汉前期皇帝以"柔道"治理天下，对人民以安抚为主的策略，对安定社会秩序、恢复社会生产，取得了显著的效果，使东汉帝国处于兴盛时代。

强干弱枝，塞"窃命"之路

皇权和相权、中央和地方的矛盾，是中国古代社会两对基本的矛盾。这两对矛盾倘若处理不善，轻则强臣窃命，君主成为傀儡；重则王朝易姓，国家陷入战乱。前事不忘后事之师，刘秀吸取前朝的经验教训，从政治、军事、思想方面采取措施以维护东汉王朝的长治久安。

◇政不任下，三公徒具虚名

在封建统治集团中，皇权和相权的矛盾是始终存在的。西汉武帝时以中朝分相权，成帝时始建三公制，平分丞相职掌，始使宰相由一人（不计副职）变为三人。三公地位均等，然时尚尤重大司马，王莽以大司马执掌朝政，并阴谋篡权。光武帝刘秀有鉴于此，建制伊始便削弱三公权力。

刘秀削弱三公权力的办法主要是扩大尚书台的权力。西汉武帝置中朝为决策集团，而尚书则是这个集团的办事机关。成帝时下设四曹（相当于今天的部），刘秀增至六曹，即主公卿的吏曹，主郡国二千石事的二千石曹，主官吏上书事的民曹，主断狱事的三公曹，主少数民族及外国事的南北主客曹，管治安的中都官曹。过去汉武帝的中朝削夺外朝的某些决策权，而光武帝刘秀则进一步利用六曹来削夺三公九卿的某些执政权力。

六曹最高长官设尚书令一人，副职长官尚书仆射一人，六曹长官则各设尚书一人。这八人称为"八座"，他们是皇帝的喉舌，"出纳王命，赋政四海，权尊势重"。然而尚书令的品级是"千石"，仅相当于大县的县令。尚书仆射及六曹尚书品级更低，只"六百石"，相当于中小县的县令，官位很低。这样一来，有位的无权，有权的无位，既防止了强臣"窃命"，又有利于皇帝操纵驱使，从而更加集中了皇权。

同时，刘秀还进一步完善监察系统。首先提高御史中丞（原属御史大夫两丞之一）的地位，与尚书台地位等同，取代御史大夫职掌，设御史台（府），监察百官。继续设州刺史，以监察地方郡县百官及豪强，且其权力不断扩大（东汉末年刺史有领兵之权，渐成为郡一级地方最高机构，其性质发生变化），而司隶校尉职权更加增大，不仅监察京师所在的河南等七郡，朝廷除三公之外均在其纠察之列。朝会时竟与尚书令、御史中丞、司隶校尉并列专席而坐，号为"三独坐"。三套监察系统，直接对皇帝负责，更有利于皇权的强化。

◇强干削枝，取消地方常备军

刘秀是马上打天下的皇帝，对于军事力量的重要性的了解就不待而言了。为了集中军权，将军权牢牢掌握在自己手中，刘秀便取消地方的常备军。

西汉时期的军队，包括中央军和地方军两部分。中央军主要是南北军，地方军主要是各郡的轻车、骑士、楼船、材官等常备军。建武六年（30），刘秀下诏"罢郡国都尉官"，即撤销了内地地方军的统帅——郡都尉。随后，刘秀又废除了内地各郡的地方常备军队，也取消了郡内每年征兵训练时的郡试。这样一来，一旦民众仓促起义闹事，其战斗力低下则便于镇压，这正是刘秀废除地方武装力量的意图之一。刘秀废除地方武装力量还有另一目的，王莽在位时，东郡太守翟义就是在检阅地方武装时利用兵力集中起来的机会发动反抗的；后来刘秀和李通等谋划起兵时，也曾预定要借检阅地方武装的时机发动起义，这些记忆犹新的教训，使得刘秀不得不把地方武装看作皇权的潜在威胁而加以取消，仅剩能维持地方治安的武装而已。

在取消地方武装部队的同时，刘秀加紧了对中央军队的控制。东汉的中央军主要有四支，首都有南、北军两支。南军又分两部分，分别由光禄勋

（或郎中令）统率和卫尉统辖，负责宫城、宫殿内外的守卫。北军由中侯统辖，下设五营，每营设校尉一人，负责守卫京师。南、北军力量基本相等，具有一定的互相牵制的作用。另外两支，一为黎阳营，驻黎阳（今河南浚县东），以谒者监军，主守黄河以北，为首都洛阳的北面屏障。另一支为雍营，驻雍（今陕西凤翔南）主卫关中三辅，作为首都的西部屏障。东汉安帝时，又增渔阳营，驻渔阳（今北京怀柔），以防御鲜卑。此外，还在边远少数民族地区设将军、校尉率兵驻守，以维护多民族国家的一统化。

由于"三公"之一的太尉没有统兵的实权，在东汉朝廷上，最高的统兵之官为大将军、骠骑将军、车骑将军、卫将军。但这四官并不常设，只在战时才临时任命，这样不会造成日久坐大，尾大不掉的局面。因此，他们不会对朝廷形成威胁。最高统率权则直属皇帝一人掌握。刘秀就是通过这种加强中央军队、取消内地军队的策略，彻底改变了先秦以来军队地方众、中央少的局面。一方面用以防止地方分裂和动乱，另一方面则是为了实行军权权力的一体化。

◆ "宣布图谶于天下"，强化统治思想

在封建的专制体制下，帝王在加强其专制统治时，不仅依靠暴力去慑服臣民，而且以实行思想控制来进一步强化对臣民的统治。东汉王朝建立不久，光武帝刘秀宣布图谶于天下，其目的也正在于此。

如前所述，刘秀受命登基的理论根据便是他的同学强华献给他的图谶《赤伏符》，从而名正言顺地登上皇帝宝座的。刘秀因为图谶兴起，即位后，便大力提倡谶纬。所谓谶纬，即神的预言，其主要特点是用神秘的隐语、预言作为神向人们昭告治乱兴衰和祸福吉凶的启示。由于它有图有文，所以也称图谶。正因为谶纬是神对人们传达天意，而神的意志是不可违背的。因而，谶纬备受刘秀的青睐。刘秀用人施政都要从谶纬那里找到根据，重大问题的决策也以谶纬来决定。刘秀如此重视谶纬，无非向臣民表明他的一切行动都是符合天意的。

刘秀对反谶纬者则严厉打击，以维护谶纬之学的权威性。中元元年

（56），东汉皇权初起灵台（观察天象的地方），刘秀事先诏令群臣商谈灵台建在何处，他对桓谭道："我想用谶来决定，怎么样？"桓谭沉默了一会儿，说："臣不读谶。"随后又极言谶不是正道，而是迷信把戏。刘秀大怒，指责桓谭"非圣无法"，令带下去斩首。后经桓谭叩头流血良久才罢休。不久，刘秀宣布图谶于天下，进一步向天下臣民昭告了谶纬之学的统治地位。

为满足加强思想统治的需要，明帝即位后，亲自主持谶书纬书编写工作，以谶纬解释经义。章帝建初四年（79），他亲自主持召开了一次大规模的经学讨论会——"白虎观会议"，来自全国各地的名儒在会上共正经议，讨论五经异同，会议的记录后来由班固整理成《白虎通德论》。白虎观会议使谶纬之学达到了最盛之时，经学更加谶纬化、神学化。

东汉统治者极力推崇谶纬之学，实际上是借助人们对神这一至高无上的权威的敬畏和崇拜来推行自己的意志，以加强对人民的统治。皇权受命于天，帝王的一切都符合天意，臣民尊君就是奉天。从逻辑上诱导臣民唯命是从、安于现状、循规蹈矩，服从专制帝王的意志和统治。

第
八
章

CHAPTER8

走入崩溃的后汉韬略

东汉中后期的政治舞台上活跃着三股势力，即外戚势力、宦官势力和官僚宰辅势力。自和帝以后，由于主幼政弛，外戚势力和宦官势力竞相擅权干政，互相倾轧争斗。朝政昏暗，佞人升迁，忠良受斥，民众遭殃。对此，一部分正直的官僚士大夫表现出极大的愤慨，做出了不屈不挠的抗争。

太后、外戚擅权的阴谋

东汉一代，"临朝者六后"，这六后指的是：窦、邓、阎、梁、窦、何六位皇太后。一般说来，女后临朝的时日，也就是外戚势力喧嚣一时、横行一世的时日。这是因为女后长期深居后宫，不晓政事，在残酷的权力争斗中，不得不依靠她们所信赖的娘家的父兄，外戚专权的局面就是在这样的背景下形成的。为了永久地控制炙手可热的权力，一些外戚、太后绞尽了脑汁，施尽了阴谋诡计。

◇ "贪孩童以久其政"

贪立幼主、控制皇帝是太后、外戚为达到专权目的而施用的伎俩之一。皇帝是封建社会最高权力的象征。谁控制着皇帝，谁就控制着国家，掌握了最高权力。东汉一朝，开太后、外戚专权之先河的是和帝时期的窦太后及窦氏兄弟。公元 88 年，章帝死，即位的和帝年仅十岁，其母窦太后临朝听政，并委任她的兄弟窦宪等执掌实权，由此开始了外戚专权的局面。太后及窦氏兄弟能大权独揽，是因为和帝年幼为其提供了契机。这虽是个偶然情况，也许是从这一事件中受到启发，也许是东汉王朝劫数难逃，窦氏以后的外戚大多贪立幼主。例如，公元 105 年，汉和帝去世，和帝的遗孀邓后却不立长子，而将生下刚百余日的少子刘隆扶上皇帝的御座，是为殇帝。百余日的婴儿连话都不会说，哪有能力秉理军国大事。短命的殇帝刘隆即位不到一年便在不堪重任中死去。邓氏早已胸有成竹，她会同自己的哥哥车骑将军邓骘定策禁中，将十三岁的清河王之子刘祜送上帝位，是为安帝。安帝死后，阎太后与其兄车骑将军阎显立久病不起的小孩刘懿为帝。更有甚者，外戚梁冀专权近二十年，擅立幼帝成癖，先是立二岁的刘炳为帝（冲帝），刘炳即位不到一年便死去，梁氏外戚又立八岁的刘缵为帝（质帝）。毒死质帝刘缵后，更立十五岁的刘志为桓帝，在立桓帝的过程中，梁冀颇下了一番工夫。

　　质帝被害死后，鉴于幼帝年少无知、无能而完全成为梁冀专权工具的现实，朝中大臣李固等人觉得不能再立幼帝，拿国家社稷的命运做儿戏，就和其他大臣写了一封信给梁冀，大意是说朝廷这一年之中连失三帝，实非正常，如今又当立帝之秋，此乃万事当中的头等大事，要广泛征求朝臣们的意见，选立贤明之君。梁冀阅信之后极不高兴，本想一口拒绝，但转念一想何不借机看看我梁冀在朝中到底有多大的威权。于是就同意召集大臣们商议此事。李固等人主张立贤德年长、有一定声望且在皇室中地位最高、血缘最近的清河王刘蒜为帝。但梁冀的如意算盘却与此正好相反，他想立的是十五岁的蠡吾侯刘志。因为刘志已聘定他的妹妹，一旦立年少的刘志为帝，自己不仅便于控制，而且必定会更加威权显赫。然而在公卿大臣朝议时，多支持李固、杜乔的主张。梁冀见状，很不满意，便决定采用强硬手段，第二天朝会时，他气势汹汹，而言辞激切，这种大发淫威的蛮横态度，使得许多大臣莫不慑悼之。李固等少数大臣虽坚守本议，但梁冀随即通过梁太后罢免了李固的太尉官职。障碍扫除后，梁冀终于如愿以偿地把刘志扶上皇帝的宝座。

　　桓帝死后，又有窦太后与其父窦武迎立年仅十二岁的刘宏为灵帝。灵帝死后，何太后及其兄立刘辩为帝，年十七。

　　皇帝幼小为东汉的外戚把持朝柄提供了良机，而把持朝中大权反过来又为外戚拥立幼主、久专国政创造了条件。东汉王朝便在这一恶性循环中走上了衰亡之路。

◇控制禁中、把握关键

　　权力的诱惑是令人心醉的。为了在权力争斗场上占据天时地利，太后、外戚都极力控制要害部门，把握关键职务。

东汉的禁军是保卫皇宫、皇帝的中央卫队，战斗力十分强。外戚掌权后，都非常重视对禁军的控制。和帝时，外戚窦宪、窦笃先后为虎贲中郎将之职，窦宪在率军击败匈奴后，又被封为大将军，位在三公之上；邓氏外戚上台后，邓皇后之兄邓骘为虎贲中郎将，后又被封为车骑将军，大将军；阎太后临朝时，其兄弟显、景、耀、晏并为卿校，典禁军。后来，显又被提升为车骑将军，仪同三司，景为卫尉，耀为城门校尉，晏为执金吾，兄弟都位居权要，作威作福，自由自在；梁太后称制时，外戚梁冀先后当过黄门侍郎、步兵校尉、执金吾、大将军等职；窦太后时，其父窦武先为城门校尉，后被拜为大将军；何太后时，以其兄何进为大将军。以上虎贲中郎将、卿校、城门校尉、车骑将军、大将军等都是在一定程度上掌握部分或全部禁军及京城城防部队，占据这些职位，无疑意味着对宫廷中枢重地乃至皇帝人身安全大权的执掌，这样既便于自己凭武装力量自重，又可以便于在变幻莫测的政坛角逐中处于主动地位。

除掌典军中要职外，太后、外戚也往往占据朝中显要官职，以竖起保护他们专权的又一道屏障。窦后时，窦宪以侍中内管机密，出宣诏命，窦景、窦壤并为中常侍；邓后时，其兄弟邓弘、邓阊均为侍中；何后时，何进以大将军录尚书事，出入宫廷内外。东汉的侍中，中常侍是皇帝或太后身边重要职位，由于其掌管机密、出宣诏命，直接参与最高决策和机密，因而其在专权和同政敌斗争中的地位和作用也就特别重要。

◇ "抑明贤植同党，以专其威"

打击贤能正直之士，排除异己，扶植同党、亲信是太后、外戚弄权的又一手腕。凭掖庭之宠上台执政的外戚，为了长久地保住显赫的地位和手中的权力，对妨碍自己专权的正直、贤良官吏进行无情打击和排斥。下邳人吴树出任宛县令，赴任时去向梁冀辞行。梁冀的亲戚朋友多在宛县，梁冀就当面替他们说情，托吴树关照。哪知吴树却回答说："奸邪小人是国家的蛀虫，有多少该诛多少，今将军担任大将军的职位，应推荐贤良之士来弥补朝廷的缺失。宛城是国家的大都会，自从我随从在旁，向您请教以来，没有听您讲起一位忠厚长者，而托给我的却多是些不三不四的人。这的确不敢听命！"
梁冀听了心里很不高兴。吴树到任后，把梁冀的亲友中危害百姓的坏蛋杀了
几十人。这还了得，梁冀对吴树恨得咬牙切齿。后来，吴树调任荆州刺史，
临行前去向梁冀辞行。梁冀假意设酒替他饯行，趁机在酒中下毒，吴树一出
梁门，就死在车上。又有十九岁的郎中小官袁著，他血气方刚，实在看不惯
梁冀的凶横不法，就斗胆给皇帝上书，指出朝廷已"势分权臣"，大权旁落。
这还罢了，他又建议梁冀最好"功成身退"、回家养神，"以全其身"，否则
难逃覆亡下场。权势如日中天的梁冀岂听得进这逆耳之言，他当然也不会放
过这不识时务的狂妄之徒，袁著被他派人活活打死。不仅如此，袁著的好
友，当时的名士刘常、胡武、郝絮等人都遭连累。郝絮起初想逃走，但无论
逃到哪里，都有梁冀的爪牙。后来他发现实在无法逃脱，就干脆抬着棺材，
在梁冀的家门口服毒身亡，以保全家人的性命。梁冀的凶横由此可见一斑。

梁冀的专权和跋扈到桓帝初年发展到极点，当时人的描述是"富比王
府，势倾天地。指责者必遭灭族，依附者必荣华。忠臣惧死而紧闭口，万夫
怕祸而不动舌"。

在打击、抑制、陷害贤能正直官吏的同时，太后、外戚专权自任，大力
扶植自己的亲信、同党。如前所述，每一太后、外戚上台，几乎都是以大将
军等身份辅政，然后其父子兄弟大都身居要位，把持朝中大权。同时培植一
大批忠于他们自己的亲信，并将亲信安插到中央和地方的各级重要部门。如
外戚窦宪擅权时，各地刺史、太守、县令多出其门。这样，自上而下，外戚
势力成为一棵盘根错节的大树，即便日后小皇帝长大当政也很难一下子动摇
这棵根深蒂固的大树。

◇ 凭借权势，聚敛钱财

外戚登上政治舞台后，大都施行种种手段聚敛钱财。梁冀专权时，到他
那里去的官吏带着财物到梁家求官请罪者，道路相望。百官升迁都必须先到
梁冀家里谢恩，然后才敢到官府报到。梁冀为了榨取钱财，往往先指使奴客
冒名登记富人名册，然后罗织罪名，关在监狱拷打，使出钱自赎，资物少者

甚至被处死或流徙。为了保全性命，谁不想花钱消灾。扶风人士孙奋家中富有，但此人生性吝啬。为了敲诈这块肥肉，梁冀想了个办法，他送给士孙奋几匹马，然后向士孙奋索要钱五千万，但士孙奋只给了三千万。梁冀大怒，便诬告士孙奋的母亲曾是他家守库房的奴婢，盗了他家白珠十斛，紫金千斤。于是，士孙奋竟被拷死狱中，其家财一亿七千万全归梁冀。

◇联姻固本

以联姻的方式长久地把持朝政是太后、外戚的另一弄权手段。封建社会，能成为皇亲国戚，就意味着飞黄腾达，荣宠无比。有鉴于此，外戚竭力将自己的姊妹、儿女嫁给皇帝，并想方设法地将他们推上皇后、贵人的地位。这方面最典型的恐怕要数梁氏外戚了。梁氏一门，先后有三个皇后、六个贵人。由于有皇后、贵人坐镇宫中，梁氏外戚荣耀无比，肆无忌惮，史称其权势穷极满盛、威行朝廷内外，百僚侧目，莫敢违命，天子恭敬谦让而不得亲自处理政务。

通过联姻的方式，外戚既可以借宠揽权，巩固地位，又可以通过皇后、贵人监听皇帝的一言一行，以便及时采取对策。由此可见，在政治活动中，作为秦晋之好的联姻常常作为一个重要的谋略手段被加以利用。历史上有和亲以罢兵戈，有联姻以结党营私，而东汉外戚则通过联姻作为猎取国家权力的阶梯。

宦官专权的权谋

宦官是封建专制政体特有产物。东汉自中期开始，多幼主即位，政权往往旁落皇太后和外戚手中，小皇帝成年以后，不甘心于外戚专权并欲铲除外戚势力。但由于皇帝处于专权外戚的监控之下，平常所能接触到的都是些宦官，要从外戚手中夺回权力，便只得依靠身边贴心的宦官。宦官在帮助皇帝铲除外戚集团的斗争中形成政治集团。在皇帝看来"中人（宦官）无外党，精专可信任，遂委以政"。而宦官集团取代外戚集团后，操纵政权，尤其到了东汉末年，宦官更是窃持国柄，手握封王封爵权力，专横跋扈。

◇欺君惑上，专谋禁中

东汉宦官上层机构所任重要官职有：小黄门，官秩为六百石，侍候皇帝身边，接受尚书交代的工作。皇帝在内宫，则沟通宫内外联系，充任皇帝和群臣的联络者，此外，还常代替皇帝慰问公主和王妃的疾苦；中常侍，官秩比二千石，在皇帝身边辅助皇帝处理内宫众事，应对顾问并为皇帝出谋划策。小黄门和中常侍是内宫两个重要职官，著名宦官郑众、左悺、唐衡、赵忠、曹节、张让等都曾任过小黄门，后又分别升任为中常侍；大长秋，官秩为二千石，宣达皇帝旨意，管理宫中事宜，它本是中宫（皇后宫）高级官职，但东汉皇帝幼弱，女主临朝，地位显得格外重要，一些权势显赫的宦官如郑众、江京、曹腾、赵忠、曹节等人都因功被皇帝由中常侍而提升为大长秋。因而大长秋后来实际成为整个宦官的总首领。不难看出，以上几个官职虽在禁中，实居权力要害之处，所以一直为宦官所看重。

宦官为了能在权力争斗的旋涡中占据有利地位，利用自己日夜侍从皇帝左右，为皇帝起草诏书，出诏纳奏的"先天优势"，屡屡矫诏、胁诏、改诏、寝奏。矫诏就是伪造诏书；胁诏是指胁迫皇帝按他们的意志下诏；改诏就是故意篡改皇帝的诏书；寝奏就是扣压政敌的奏章而不让皇帝知晓。安帝时，宦官樊丰想兴建土木，遭到大臣杨震等人的反对，樊丰在取得安帝支持的计划破产后并不死心，他瞒着安帝伪造诏书，提取国库的钱粮作为经费开支，还调拨木材和劳力，使他的计划如愿以偿。顺帝时，宦官张逵、杨定等人和曹腾、孟贲争权，张、杨以曹、孟和外戚勾结谋反为由，伪造诏书，逮捕了曹、孟二人。灵帝死后，外戚何进欲诛杀宦官，但反为宦官所杀，之后，大权独揽的宦官自行伪造诏书，任命自己内部成员以要职。

桓帝死后不久，外戚窦武与党人欲除宦官，反被宦官强迫灵帝下诏镇压下去。为了自身集团的利害关系，宦官也不惜改诏。宦官孙璋在宣读皇帝诏书时，就出现过"误言"，显然"误"是一种微妙的策略，因为到底是"误"还是"故"，恐怕只有宦官本人心里最明白了。但这一"误"却往往会"误"致宦官转危为安，柳暗花明，而"误"致政敌祸从天降乃至身首异地。

至于寝奏，就更是宦官们的拿手好戏了。顺帝时，大臣虞诩多次告发宦官张防利用职权，收受贿赂，但这些奏章竟屡次被宦官悄悄扣压而石沉大海。

◇利用刑狱、打击政敌

秦汉时期，掌管司法、刑罚的是廷尉，在东汉，廷尉虽依然存在，却经常受到宦官的干预。东汉后期，朝廷设立了一座叫"黄门北寺狱"的监狱，它主管监禁、审讯地位较高、名气较大的将相大臣，以及受理与中央尤其是与皇帝直接有关的案件。而这一司法权却被宦官垄断。于是，宦官往往利用这一特权，趁机打击报复政敌。如被宦官视为眼中钉的党人在这里就备受宦官迫害，范滂入狱后，脖子上和手脚都被戴上桎梏，暴露于阶下，受尽严刑酷法的摧残。陈蕃入狱时，狱吏边走边用脚踢他，嘴里骂道："老死鬼，看你还能不能损我人员，毁我辈饭碗。"结果，陈蕃当天就被害死。宦官势力对司法刑狱的干预、控制，使他们在同政敌的对垒中处于更加有利的地位。

◇控制禁军，干预军事

如同外戚一样，宦官也竭尽所能染指禁军。当初，桓帝为诛杀外戚梁冀，曾令宦官具瑗带领禁军约一千人和司隶校尉一起参与行动。自此，便开了宦官掌领禁军的先例。之后，宦官便想方设法控制这一强有力的斗争工具并利用它来争权夺利和与政敌对抗。如，当外戚窦武准备诛除宦官时，宦官首领曹节、王甫率领禁军几千人与窦武军对阵并一举击溃窦武军。

此外，宦官还经常监军统军，以加强对军队的影响和控制。灵帝时，黄巾起义爆发后，卢植率兵攻打起义军，战斗中，灵帝派宦官左丰前往战地了解形势。左丰名为了解形势，实际上是控制、监视卢植。有人劝卢植贿赂左丰，卢植不听。左丰怀恨在心，回到朝廷便参了卢植一本，在参本中，他说"卢植该攻不攻，却偃旗息兵，坐守待毙"。结果，卢植从前线被押回朝廷，差点治了死罪。

东汉军衔最高、军权最大的宦官要数蹇硕，他是中国历史上第一位宦官元帅，当时东汉中央政府的王牌军队——西园八校尉就由他统领，后来著名的大军阀袁绍、曹操等人都曾是他的部下。不仅如此，凡是司隶校尉以下、包括各级大将军也都由他统属。

◇干预征辟察举，垄断仕途，结党营私

征辟制和察举制是东汉主要的选官制度，把持、控制征辟和察举就意味着控制了用人权。随着东汉宦官势力的发展，宦官们要结党营私，要安插自己的亲戚、朋友为官，便将魔掌伸向了征辟、察举制，"盖其时入仕之途惟征辟察举二事，宦官既据权要，则征辟察举者无不望风迎附，非其子弟，即其亲知，并有赂宦官以辗转于请者。"在宦官干预、把持选官制度的背景下，东汉政府所选出的官是"举秀才，不知书。察孝廉，父别居。寒素清白浊如泥，高弟良将怯如鸡"。这既反映了宦官把持下的选官制度的混乱和所选官

吏素质低劣，同时也是对当时选官制度极为生动形象而辛辣的讽刺。通过把持征辟、察举制，凡与权宦沾亲带故者，均可为官。例如，在协助桓帝除去梁冀过程中，宦官单超、徐璜、具瑗、左悺、唐衡立有大功，他们五人也因功同日被封侯，史称"五侯"。这"五侯"不仅自己挟权自重，作威作福，俗语称他们为"左回天（左悺权能回天），具独坐（具瑗骄贵无偶），徐卧虎（徐璜恶似老虎），唐两墯（唐衡随心所欲）"，而且宦官的党羽布列职署，或年少庸人，占据守宰之职，单超之弟单安是河东太守，侄单匡为济阳太守，外甥董援为朔方太守。徐璜之兄徐曾是平原国相，弟徐盛是河内太守。左悺之弟左敏为陈留太守。具瑗之兄具恭是沛相。唐衡之弟唐玹是京兆尹，真乃"一人得道，鸡犬升天"。那些被宦官荐举的官员，对保荐自己的宦官自然感恩戴德，忠心耿耿，他们在宦官面前趋炎附势，阿谀奉承，唯命是听。这样宦官便通过控制仕途，结党营私的手段，使其势力由中央扩展到地方，形成一个上上下下、盘根错节的庞大集团。

宦官以"刀锯刑余之人"的卑贱、可怜身份进入宫廷，他们本是封建制度的受害者，可一旦专权得势，不仅政治上无法无天，威福权要，生活上更是骄奢淫逸，极尽奢华挥霍之能事，五侯"皆竞起住宅，楼观壮丽，穷极技巧。金银毛织品，施于犬马"，他们还霸占美女，娶妻妾，养嗣子。这些生理和心理均畸形之小人，一旦得势，其贪婪、凶残更甚于常人。

盛极必衰，物之常理。宦官权倾人主，势力发展到登峰造极的地步也就是这股势力走到了尽头。灵帝中平六年，代表豪强大族利益的袁绍率兵杀入宫廷，结果大大小小二千"宦官"被杀，"无少长悉斩之"。至此，宦官集团遭到了毁灭性的打击。

诸葛亮在《出师表》中曾感叹说"亲贤臣，远小人，此先汉所以兴隆也；亲小人，远贤臣，此后汉所以倾颓也"，诸葛亮所感叹的，与其说是桓灵之政，不如说是整个东汉后期的腐朽政治。东汉外戚、宦官自和帝时干政以来，互相倾轧近百年之久。外戚也好，宦官也罢，无论谁上台都是穷尽心机，揽权结势，在他们的淫威之下，不仅忠良受斥，佞人递进，民众遭殃，就是皇帝也不得不匍匐在他们的权杖之下。如是，伴随着他们的凶残、狠毒和狡诈，在自身不可调和的矛盾和危机中，东汉朝廷走向穷途末路。

清流、党人反对外戚宦官的斗争策略

东汉中、后期，外戚和宦官长期垄断政坛，轮流擅权，使东汉政治舞台上的官僚宰辅势力的地位日趋下降，导致官僚宰辅集团的不满。而外戚、宦官统治下的东汉政权危机四伏，社会动荡不安，引起官僚宰辅集团中一部分坚持以正统的儒家之道治国的人的抗争。这些官僚士大夫"怀王臣之节"，自称"清流"，以示自己不同于污浊的奸佞小人。

尤其是东汉末年，外戚、宦官专权达到登峰造极地步，无法取得早已大权旁落的皇帝的支持。在朝官僚便去团结颇有名气的地方士人和京城中的太学生以及郡国生徒，试图通过舆论和力量来影响朝政。当时，由于外戚、宦官专权，官吏的推荐和选拔大权被他们一手把持，士人入仕甚难，甚至通过太学做官这条本已十分狭窄的途径也被堵塞，以致太学生年年积压，到桓帝时洛阳太学生竟多达三万人。士人和太学生的晋升之路被堵，自然引起他们的愤懑，因此当在朝官僚召唤他们时，他们以及郡国生徒便一呼百应，与官僚士大夫结成同盟，即所谓"党人"，共同抗争黑暗的时局。

◇ "上奏" "埋轮" 与 "清流" "党人" 的斗争策略

尽管外戚、宦官肆无忌惮，专横跋扈到了令人发指的程度，尽管不少人在他们的淫威之下卑躬屈膝，甚至见风使舵，卖身求荣，却仍有不少章言之士，他们正气浩然，置生死于度外，上疏直陈外戚、宦官的罪恶，其言辞之激烈，奏疏之频繁，大有舍生取义，前仆后继之势。

　　顺帝安汉元年（142），外戚梁冀把持下的东汉政府派杜乔、张纲等八位特使分别到各州县"徇行风俗"，监察各地吏治。张纲在八人中年龄最小、官位最低，受命后，他却将用于出去"考察"的车辆的轮子埋在洛阳都亭，表示自己不愿去搞所谓的"徇行风俗"，其理由是"豺狼当道，安问狐狸"，也就是说东汉政府不应放着朝中当权的"豺狼"不惩治而去惩治什么"狐狸"。这里，"豺狼"无疑是暗射外戚梁氏之流。张纲通过"埋轮"大造舆论，又以"豺狼"影射外戚和宦官的策略，巧妙地揭露了外戚、宦官的丑恶面目。"张纲埋轮"之举，曾一度震动京师洛阳，大灭外戚、宦官威风。

　　顺帝时，李固在应答皇帝的策问时，也毫无顾忌地指出皇帝对外戚梁氏宠任过甚，不合东汉初年"后宫之家不得封侯与政"的规定，应当免除梁氏外戚的官职，"使权去外戚，政归国家"。

　　桓帝时，朱穆在上疏中直言不讳地痛斥宦官说："从光武帝建武年间开始，就大量地使用宦官。从汉殇帝延年年间以来，宦官越来越骄贵气盛，国家大事全掌握在他们手中，他们大权倾盖全国，他们的宠贵达到了极点。而他们的子弟亲戚都得到高官厚禄。所以在各地横行霸道，无人能制止。"陈蕃也多次上疏为宦官迫害的官吏申冤，并且直言责骂宦官赵津"肆行贪虐，奸媚左右"，徐宣"死有余辜"。

◇党人的"清议"策略

　　渺茫的国家前途，残酷的政治现实，坎坷的个人命运，使官僚士大夫和学生不畏权势，对当时的政局提出尖锐的批评，而对忧国忧民的人物则大加赞赏，这就是所谓的"清议"运动。

　　"清议"是无权的官僚士大夫和太学生反对外戚、宦官，宣扬自己主张的最主要的策略。在"清议"运动中，官僚士大夫和太学生经常聚在一起"激扬名声、互相题拂，品核公卿，裁量执政"，所谓"激扬名声，互相题拂"就是他们之间互相标榜，互相捧场，从而使其中的一些领袖人物，如陈蕃、李膺、郭泰等名声大增，这不仅扩大了他们在社会上的影响力和号召力，也促进了知识分子与"清流"官僚士大夫终于结合在一起，成为"党人"。所谓"品核公卿，裁量执政"，就是议论朝政，对外戚、宦官的专权、腐败进行直接的抨击。

"清议"是党人抨击外戚、宦官腐败政治的一种手段，也是党人制造舆论的重要方式。他们对于朝廷施政的好坏，官吏人品的高低，以及吏治的清浊等众多方面都加以品评。而品评的结果又被编为生动形象、朗朗上口的谣谚广为传播，这就更扩大了这种舆论在社会中的影响，从而起到扬善抑恶的作用。如桓帝时有周福（字伸进）和房植（字伯武）两人，周福无能但因曾为桓帝的老师而官至尚书，同郡的河南尹房植刚素有盛名，于是党人就对两人清议，后传为谣谚"天下规矩房伯武，因师获印周仲进"，房植被誉为"天下规矩"意在颂其人品高洁，周福被称为"因师获印"，暗讥其庸碌无才，只因侥幸为帝师而得官。另有谣谚如"天下楷模李元礼，不畏强御陈仲举，天下俊秀王叔茂"。赞李元礼（李膺）为"天下楷模"言其品德高尚，陈仲举（陈蕃）为"不畏强御"，言其为官刚正不阿，王叔茂（王畅）为"天下俊秀"，是说他公正严明。当时，对众望所归的全国 35 名士人，封"三君""八俊""八顾""八及""八厨"的称号，"君"意为当世所敬崇，"俊"意为人中的精英，"顾"指能以德行引导别人，"及"指能引导别人赶上先进，"厨"指能以财救助别人。

党人的这些评议虽有互相标榜之处，但他们所褒扬的大多是不畏强权，敢于同外戚、宦官等恶势力斗争的正直之士。这种清议虽对改善吏治，惩恶扬善，扭转社会风气起不到根本作用，但党人"危言深论，不隐豪强"的慷慨正直之语对贵戚权宦、奸佞之徒还是有一定的威胁抑制作用的，因而自公卿以下，莫不畏其贬议，纷纷急着上门结交。再者，"清议"的结果往往被当作谣谚而得到广泛传播，可以使广大人民对东汉政治的腐败、黑暗有较清醒的认识，并自觉加入党人斗争的行列，从而壮大了党人的声威和力量。

◇ "诣阙上书"，反对宦官，营救"清流"

除了用清议这种舆论力量的策略来影响政治外，党人还聚众闹学，直接向统治者施加压力的策略，反对宦官的为所欲为。桓帝永兴元年（153），朱穆出任冀州刺史，当时正值黄河泛滥，广大人民流离失所，出外逃荒，而宦官奢华依旧。权宦赵忠埋葬亡父越制用金缕五衣等器物。朱穆得知后，下令挖墓剖棺，查实后就逮捕其家属治罪。朱穆这下可捅马蜂窝了。在宦官的唆使下，桓帝将朱穆撤职，并判刑服苦役。此事在太学生中引起极大反响，他们极为愤怒。于是以刘陶为首的太学生联络京师的太学生几千人，到皇宫门前请愿，要求释放朱穆。他们给皇帝的上书，慷慨激昂，为朱穆鸣不平，痛斥权宦的罪恶，其曰："伏见受刑囚徒朱穆，处公忧国，拜为州刺史之日，志清奸恶。实因常侍贵宠，父兄子弟广布在州郡，竟为虎狼，吞食小民，故穆张理法网，补缀漏洞，捕取残贼祸首，以满足上天意愿。由此宫中内官共同愤恨，诽谤大兴，谗言离间随之而起，极其刑谪，输作左校。……当今中官（宦官）亲近皇上，窃持国柄，手握封王封爵权力，口里的话就是法令……臣愿受黥首系趾刑罚，代朱穆校作。"这篇奏书，更主要的是因数千太学生的一致行动，使桓帝觉得众怒难犯，不得不改变对朱穆的处置，终于"赦之"。

公元 162 年，太学生又举行了另一次请愿活动，这次是因皇甫案而引起的。皇甫规在平西羌中卓有战功，冲帝、质帝时，曾对外戚梁冀有所指斥，并提出"君主如舟，人民如水，群臣如乘舟者，将军兄弟如操桨者。若能平心竭力，借元元之水以渡，这是福；如果怠惰松劲，就会沉没于波涛之中"的警告。可见其为有远见之士。由于皇甫规对梁冀有所讥刺，使梁冀怀恨不已，"几陷死者再三"，但皆未得逞。皇甫规为官始终不畏权贵，不趋炎附势。他嫉恶如仇，对依恃宦官为非作歹的恶吏、豪强皆无情打击，从而与宦官集团结下了不解之仇。公元 162 年，皇甫规被征拜议郎，因平羌乱有功当封，但由于拒绝宦官徐璜、左悺的索贿，反被陷害无端入狱，服苦役。这一冤案激起了太学生们的愤慨。于是一些官吏和太学生张凤带三百多人聚集一起，到皇宫门前请愿，终于使皇甫规获得释放。

◇依权执法，打击宦官

结合大造舆论，给皇帝上书痛陈宦官外戚罪恶的策略的同时，一些"清流"官僚还直接利用自己手中十分有限的权力，在各地用各种方式对宦官集团及其爪牙进行了针锋相对的斗争。桓帝时，太原太守刘，诛杀"贪横放恣"的宦官赵津。山阳太守翟超没收权宦侯览的家产，南阳太守成缙诛杀与宦官勾结"乘执犯法"的张汜，等等。在对宦官集团的打击中，作为知名学者又是当代名臣的李膺要算最为严厉了。他任司隶校尉时，权宦张让的弟弟张朔仗势无恶不作，竟至杀孕妇取乐。事发后，他怕李膺治罪，便逃回京城，到张让家里以躲避惩罚。张让把张朔藏在一个特别的合柱当中。李膺知晓后，不惧张让是横行朝廷的权宦，带人到张让家中搜查，劈开柱子，搜捕了张朔，审讯完毕就处死了张朔。

张让跑到桓帝那里去哭诉，桓帝把李膺召进殿内，责备他未经请示便擅自处决。李膺毫不惊慌，他不卑不亢地说："从前孔子当鲁国司寇时，七天就杀了少正卯，现在我到任官已十来天了，才干了一件事，我暗以为皇上会因为我没有尽快地惩治坏人来责备我，没料到因惩治坏人太快而受责备。我自知有失职责，死期马上就要来临。特请陛下再宽限我五天，让我把大坏蛋杀光，然后再回来受死，也就死而甘心了。"李膺这番话实在高明，他首先依据汉朝以《春秋》决狱的制度，引用孔子的例子说明自己杀坏人并不轻率，然后表面承认自己有罪，以不给桓帝过分难堪，但实际上又是暗示说你桓帝总不至于昏庸得因我惩处坏蛋而治我的罪吧。果然，桓帝听后，无法辩驳，只好回过头来对张让说："这全怪你弟弟有罪，司隶校尉没错。"这件事在当时影响很大。宦官集团的嚣张气焰遭到一次沉重打击而不得不暂时有所收敛。从这以后，宦官们都小心谨慎，连休假都不敢出宫门。桓帝见状，感到很奇怪，便问其中的原因，宦官们都叩头哭泣说他们怕李校尉。

◇借助外戚力量打击宦官

借助、联合外戚的力量是党人同宦官斗争的又一策略。由于宦官集团把持朝政，外戚在政治上受到很大压制。如，桓帝的岳父窦武仅任越骑校尉、城门校尉等职，一直到灵帝时才升为大将军；灵帝的何后之兄何进虽然是大将军，在军事上却要屈属于身为元帅的宦官蹇硕。面对这一状况，外戚当然心怀不满，一旦出现反宦官的潮流，他们有可能要加入到其中。而由于他们可以和宦官一样出入内宫，侍从皇帝左右，置身于权力中心，所以如能联合、借助某些外戚反对宦官必能使党人本身力量倍增。正是因为外戚反对宦官的可能性和重要性，桓帝以后，党人较注意联合外戚，试图借助外戚的力量铲除宦官集团。如桓帝死后，党人陈蕃、刘瑜等屡次怂恿并联合外戚窦武诛杀宦官。可惜因窦氏的优柔寡断而失败。灵帝死后，官僚、名士又联合外戚何进诛杀宦官，虽最终失败，但给了宦官有力的打击。

宦官打击党人的阴谋

　　以在朝官僚和在野士大夫及太学生结成的"党人"集团，利用在朝的地位相互声援，利用在野的声势大造舆论，采取各种形式反对，打击宦官集团，从而使宦官集团对他们恨之入骨，必欲置之于死地而后安。他们施尽种种阴谋手段打击党人。

◇诬陷、禁锢党人

　　桓帝延熹九年（166），河南尹、党人李膺不顾朝廷赦令，愤而处死纵子杀人的张成的儿子。张成与宦官交往甚密，因而，这被宦官集团认为是针对他们的行动。宦官集团本来就视李膺为肉中刺，便以此为把柄，乘机反扑，他们指使张成的弟子牢修控告李膺违背皇命，并诬告李膺结交生徒"更相驱驰，共为部党，诽讪朝廷，疑乱风俗"。早已被宦官集团控制的桓帝感到"震怒"，下诏逮捕"党人"，于是一场大规模的逮捕顿时在全国各地展开，党人李膺、范滂等二百多人被捕，对于在逃的党人，宦官就指令人悬重金购捕，并派出爪牙四面八方缉拿。太尉陈蕃屡屡上书极谏："杜塞天下之口，聋盲一世之人，与秦焚书坑儒何以为异？"桓帝讳其言切，找个借口把陈蕃也罢免了。从此，朝廷上再无人为党人申冤。太学生贾彪见此情景，认为"我不西去行京都，大祸不能解除"。遂主动到洛阳，鼓动外戚窦武，尚书霍谞等上疏。由于窦武、霍谞等有力近臣的请求，才使行将就木的桓帝之"意稍解"，加上李膺采用巧妙的斗争策略，供词上多连及宦官子弟，宦官们越审越觉得要引火烧身，终于促成了桓帝下令赦免党人。但党人的姓名却被记录于三府，禁锢终身，永远不得再做官。这就是宦官以诬陷和禁锢的方式打击党人所制造的第一次"党锢之祸"。

◇劫君矫诏，打击党人和外戚

第一次"党锢之祸"以后，虽邪枉日炽，宦官肆掠，但党人并未颓退。政治黑暗所反弹于党人的直接反应是群体意识的激增，党人遭受宦官的排斥、迫害，使他们群体自重的凝聚力空前高涨。李膺免归乡里后，天下士大夫皆认为李膺道德高尚，朝廷污秽肮脏。范滂被释后，返回故乡汝南时，汝南、南阳士大夫迎之者数千辆。这么多人来迎接一个被释放的党人，与其说是迎接，倒不如说是党人向朝廷、宦官的大示威。由此可见，党人虽被禁锢，但其声望则随着朝廷政治的腐败而日渐升高。

党人影响的扩大，声望的提高，必然使宦官集团对他们的忌恨和戒惧加深。范滂在接受盛大欢迎时，曾对身旁侍奉他的两个追随者说："你们这样待我，将来必定会加重我的祸患。"范滂的话果然不幸言中。不久，建宁元年（168），桓帝去世，灵帝即位，窦太后临朝听政，她任用父亲窦武为大将军辅政，同时任命党人陈蕃为太傅。陈蕃的复起，标志着党锢解除，被禁锢的党人纷纷被起用。一时之间，天下士人精神大振，希望彻底铲除宦祸。

窦武、陈蕃等亦积极筹划诛除宦官，并先处死了中常侍管霸、苏康两大宦官。建宁元年八月，窦武拟就奏章，准备收捕宦官首领曹节、王甫等。然而，宦官集团的爪牙早已遍布于宫廷内外。九月，宦官朱瑀乘窦武归府住宿，不在宫内之机，偷看了他的奏章，大呼窦武、陈蕃阴谋废皇帝而谋"大逆"，宦官立即组织反抗力量。宦官曹节闻之，惊起，挟持灵帝至德阳殿前，关闭宫门，胁迫尚书令官属写诏，任命王甫为黄门令，持节到北寺狱收捕亲窦武的宦官山冰等人，并释放出被窦武关押在此的宦官郑飒。随后，宦官又劫持窦太后，夺去玺书，并派郑飒等持节收捕窦武等人。窦武召集北军数千人与宦官王甫集结的军队战于朱雀掖门。王甫对窦武之军喊道："窦武造反，你们都是禁兵，当宿卫宫省，何故跟随造反者呢？先降有赏！"王甫这一分化瓦解之计，加之禁军向来害怕宦官，窦武的士兵几乎全跑光了。最后窦武自杀而亡。陈蕃亦被害身死。宦官集团这次死里逃生，主要是依靠劫持皇帝，以矫旨的阴谋打乱和破坏了对方的全部计划，终使其转危为安，获得胜利。

◇继续制造"党锢之祸"，彻底打击党人

宦官打败了窦武、陈蕃后，仍心有余悸，决定对党人斩草除根，永绝后患。建宁二年（169），宦官侯览使人诬告张俭结党谋反，权宦曹节利用这一机会，趁机奏捕党人。当时，灵帝年仅十四岁。他问曹节，党人都干了些什么？为何要逮捕他们？曹节说党人互相勾结，图谋不轨。灵帝又问图谋不轨是干什么，曹节说就是想要夺取国家的权力。无知的灵帝在曹节的信口雌黄中批准了这一请求。于是李膺、杜密、范滂等百余名党人领袖被诬杀，另有六七百人被禁锢，一千多太学生被捕，党人的力量受到惨重打击。

虽然如此，宦官集团仍未解他们的心头之恨。建宁四年（171）春，东汉政府大赦天下，但唯不赦党人。熹平元年（172）五月，窦太后死，有人在朱雀阙上写下"天下大乱，曹节、王甫幽杀太后，公卿皆尸禄，无忠言者"语。宦官集团大为恐惧，又一次大规模逮捕党人，并趁机将与他们有隙的士人、太学生一千多人收捕。熹平五年（176），永昌太守曹鸾上书为党人申冤，"言甚方切"，以致触犯宦官讳忌，遂将曹鸾拷打致死，又诏令各州郡，凡是党人五服以内的亲属及门生、故吏，其在位者，免官禁锢，不得做官。这次党锢，其收捕人数之多，株连之广，实属空前。

宦官集团虽然多属无政治远见之徒，但他们充分利用其上能左右皇帝，下能控制衙署，爪牙布满天下，走狗充斥朝野的优势地位，或采用子虚乌有的手段，肆意捏造事实，歪曲事实真相，以实现自己的政治图谋；或采用挟天子矫诏令天下的手段，对党人进行残酷镇压和疯狂报复。在他们的淫威下，党人备受摧残，命运多舛，其力量遭到毁灭性打击。

"党锢之祸"削弱了统治阶级中最有生机的一部分力量。受摧残打击的官僚士大夫希望东汉王朝能按正常的儒道统治秩序运转，他们其实是东汉王

朝最忠实的维护者。评议政治是为了使时政变得更好更牢靠，他们为维护东汉王朝的纯粹性甘冒杀头之险，而王者反过来采用禁锢、残杀的手段对付他们，这真是对党人的绝妙讽刺！

"党锢之祸"既是宦官与皇权的胜利，又是宦官与他们赖以生存的东汉皇权走向最后覆亡的起点。一个政权，当它的统治者腐败到不能容忍其内部的优秀分子存在时，其自身的灭亡也就为期不远了。第二次"党锢之祸"到中平元年（184）因黄巾起义爆发，灵帝为防止党人因怨成叛，与黄巾军勾结，才宣布解除，但这时的东汉王朝却是气数已尽，濒临灭亡了。

"党锢之祸"是历史上官僚文人和书生学子正直、忠贞气节的一次致命打击。然而，正是这些忧国忧民的民族脊梁昂起他们无畏的头颅，中国的古代社会才得以延续发展，不断前进。

虞诩镇抚羌人与黄巾起义的谋略

东汉后期，由于外戚和宦官两个集团的争权夺利，君主昏庸，奸佞当道，虐遍天下，民不堪命，民族矛盾和阶级矛盾空前激化，出现了不少的反抗斗争。若从谋略的角度而言，在东汉后期的民族斗争和农民起义中，表现最突出的是：虞诩镇抚羌人的韬略；张角利用太平道组织起义；张鲁利用五斗米道巩固农民政权的谋略。

◇虞诩镇抚羌人的韬略

东汉时代的民族矛盾除了同匈奴、西域诸国的矛盾之外，最突出的还有同羌人的矛盾。由于东汉后期的黑暗统治，羌汉矛盾不断激化，斗争延续数十年之久。其中，从镇抚与谋略的方面而言，虞诩比较突出。

1. 进兵增灶、摆脱险境

虞诩，字升卿，东汉安、顺二帝时人。安帝永都四年（110），羌人起义，活动于并、凉二州。因不易平息，执掌朝柄的大将军邓骘主张放弃凉州。虞诩以放弃凉州，三辅（关中）将成为边藩为由加以反对，满朝官吏大都表示赞成。后来羌人进攻武都郡（今甘肃成县西），邓太后认为虞诩有"将帅之略"，就任命他作武都太守，前往镇抚羌人。

虞诩率三千人出发，羌人得知后；派数千人在陈仓、崤谷一带封锁去路。虞诩见状，便止军不前，扬言已向朝廷申请援兵，要等援兵赶到后才出发。羌人不知是计，就分兵从周围几个县向虞诩驻军包抄过去。虞诩则趁机率兵疾进，日行百余里，又命令将士按日成倍增加地上的灶坑。部属不解其意，请教虞诩，问道：昔日孙膑用减灶之法，而君却增灶。依兵法军队每日行程不超过三十里，以保持体力，防备意外，而君每日行军将近二百里，是何用意呢？虞诩解释说：现在羌兵人多，我军人少，如果缓慢行军就容易被羌人赶上来，快速行军，则羌人就不能测算行军之处在。羌人见我军的灶数，每日倍增，一定以为有郡兵前来接应，就会害怕而不敢追赶我军了。昔日孙膑减灶，故意向人示弱，我今增灶则是故意显军力强。这是因为彼此面临的情况不同，故示形的手段就各异。

韬略的运用，最忌墨守成规，机械不变。前人用此韬略打了胜仗，后人若不根据具体情况制定战略战术而一味照抄照搬，东施效颦，则极可能失败。孙膑曾创造了一个减灶诱敌的成功战例，为后人所传颂。四百多年后的虞诩反其道而行之，又为后人创造了一个增灶退敌的成功战例，这就大大拓宽了人们的思路：用兵者应根据具体实际情况，灵活运用兵法原则。启发人们懂得虽"事同"，但可能"形异""势异""情异"或"情势皆异"，故不能固守一端的道理。虞诩通过增灶的计谋，成功地震慑了对方，从而在兵单力薄的劣势下安然脱身。

2. "弱矢""易衣"，隐真示假

虞诩摆脱追击，顺利到达武都郡境内的赤亭（今甘肃成县西南），突然被周围的一万多羌兵包围。两军相持达数十日，虞诩不许部下用强弓硬弩发射，只许用弱弓小弩发射。羌兵因此误以为汉军弓弩力弱，便渐渐由小心谨慎而变得无所顾忌了。他们集中兵力猛攻赤亭。虞诩这时令强弩手每二十人对准一个目标射击，发无不中。羌兵见状大惊，遂后撤。虞诩乘势出击，又给羌兵造成不少伤亡。次日，虞诩令仅有的两千人马排列从东门出，又从北门进，部队不断改换衣服装束，来回进出数次。如此，羌人不知道城中到底有多少人马而不敢轻举妄动。虞诩估料到羌兵要撤退，便派五百精兵乘夜出城，埋伏于羌兵的退路两侧等候。羌兵果然撤退，遂遭大败。

虞诩在势单兵少、孤立无援的情况下一再打败虽勇敢但质朴无谋的羌兵的实践再次向人们表明"兵无常形，以诡谲为道"的作战原则。虞诩通过"弱矢""易衣"等示形手段制造假象，迷惑和麻痹了对方，从而轻易取胜。

其"易衣穿城"的心理战谋略开创了"空城计"谋略的先河，为后人提供了借鉴。

羌人的这次斗争失败后，虞诩采取了安抚政策，招还逃亡百姓，赈济贫民，郡内于是安宁了，羌人的反抗斗争一度被平息下来。

◇ "苍天已死，黄天当立"与黄巾大起义的策略

宗教信仰与谋略也有着不可分割的交融关系。这除了宗教信仰本身贯穿着谋略思想而外，某些谋略也往往披上宗教信仰的外衣。始皇帝以五德终始学说解释秦取代周的合理性；陈胜、吴广装神弄鬼取得起义领袖地位；王莽、刘秀利用图谶做皇帝，皆属此类。东汉末年张角利用道教（太平道）组织和发动起义，张鲁利用道教（五斗米道）巩固其统治，更是别具特色。

黄巾起义的组织者是巨鹿人张角。早在起义前，张角的准备活动就一直在秘密进行，他创立了宗教组织——太平道。张角和他的弟弟张宝、张梁利用传道及为别人治病的机会，广招信徒，向他们灌输反抗东汉政权的平均思想。经过十余年的努力，张角所发展的信徒达数十万，连接郡国，自青、徐、幽、冀、荆、扬、兖、豫八州之人，莫不毕应。

对于声势如此浩大的太平道，东汉政府一些人是有所风闻的，但当时宦官专权、"党锢之祸"仍在继续，统治阶级内部正忙于争权夺利，加上昏庸的灵帝"殊不悟"，因此，张角的这些活动并未遇到多大阻力。张角趁机又将这数十万人按地区分编为三十六方，大方万余人，小方六七千人，各有首领。这种严密的组织有助于增强其战斗力。

为了让这次起义深入人心，获取更广泛的支持，张角又用当时流行的谶语的形式宣传"苍天已死，黄天当立，岁在甲子，天下大吉"的口号。所谓"苍天"，就是东汉统治，"黄天"就是农民及其他下层民众，"黄天"要在"甲子"这年（184）取"苍天"而代之，这实际上是广大人民群众借用宗教语言，喊出了自己的革命口号，表达了他们要求推翻东汉腐朽政权，建立农民政权的目标。

为了把握起义的最佳时机，张角亲自到京师洛阳查看形势。回来后，他

定下了由大方马元义率荆、扬一带数万人，定期集中于邺，作为起义军的主力，于三月五日在京师和全国各地同时起义，以打东汉统治者一个措手不及的作战方案。为顺利攻下洛阳，张角还派人联络洛阳城内的吏民、信徒和宫内同情起义的中常侍封谞、徐奉等为内应。

正当起义按计划进行的过程中，叛徒唐周向东汉王朝告密，起义计划泄露。马元义及洛阳城内的太平道信徒一千多人被杀害。东汉统治者下令各州郡搜捕起义领导人物。这一突然变化打乱了起义方案，形势对起义者已万分危急。张角得知这一变故后，为了扭转这种不利形势，他当机立断，毅然决定提前发动起义。他星夜派人通知各方立即行动。虽然起义是仓促进行的，但由于早有十余年的长期准备，起义的决心早已深深扎根于广大民众心中，因此"旬日之间，天下响应"。数十万农民同时拿起了武器，他们以黄巾包头作标志，因此被称为黄巾军。张角自称"天公将军"，张宝称"地公将军"，张梁称"人公将军"。

黄巾起义爆发后，张角兄弟率主力活动于河北广阳、广宗、巨鹿等地；张曼成、波才则率部起义于东汉王朝的统治中心地区颍川、南阳、陈国、汝南一带；卜己、张伯和梁仲宁在东郡各地领导起义。一时之间，形成了"遐迩摇荡，八州并发，烟炎绛天"的巨大声势。起义军到处焚烧官府，攻占城邑，并将兵锋直指首都洛阳。

◇黄巾军的战略包围与汉廷的反包围战

在农民起义威胁到地主阶级政权的生存时，东汉统治者采取了一系列紧急对策：（一）原来相互对立的外戚、宦官和官僚士大夫集团在覆亡的威胁下，联合起来，他们下令"大赦天下党人，还诸徒者"，以共同对付革命农民和防止受禁锢、迫害的党人与起义军勾结。（二）诏令各州郡修理攻守、简练器械，向朝廷推荐有作战经验的人听候调用。（三）鼓励各地豪强地主为保护自己的利益，修筑坞堡，扩充武装，组织起来与起义军对抗。（四）拿出宫中一部分私财收买官兵，用西园马匹装备军队，扩充骑兵，又号召公卿大臣捐献马匹弓弩。（五）增设西园八校尉，编练新军镇压起义军。可以说，东汉政府是动员、联合了一切可以动员、联合的力量来共同对付黄巾军。

起义军三支主力在对各地封建势力进行初步扫荡之后，很快就形成了以洛阳为攻击中心，陈兵黄河两岸的半月形包围圈。

针对起义军的战略布局，东汉王朝采取了防堵与进剿相结合的军事部署。一方面，对来势汹涌的起义军实行防堵，调兵在洛阳外围的八个关口（函谷关、太谷关、广成关、伊阙关、辕辕关、旋门关、孟津关、小平津关）布防，以作为京师洛阳的第一道防线，同时，任命何进为大将军，率左、右羽林军驻兵都亭（洛阳附近），作为拱卫京师的第二道防线，以进一步防止起义军攻破其发号施令的指挥中枢。另一方面，对起义军实行进剿，任命皇甫嵩、朱儁为左、右中郎将，率主力镇压对洛阳威胁最大的波才部黄巾军。命卢植为北中郎将，向张角所部的河北黄巾军进攻。命南阳各地的地方官加强防守，隔绝南阳地方的黄巾军同其他部分黄巾军的联系。显然，这种作战部署是企图将黄巾军三支主力实行隔绝，封锁在各起义地区，以达到各个击破。

四月，波才部黄巾军大败朱儁，并乘胜进围皇甫嵩于长社（河南长葛东北），皇甫嵩人少，自知不足以对抗黄巾军，便闭门不战，以待援军。波才缺乏作战经验，既没有及时集中兵力破敌，又错误地把营寨扎在草木丛中，且戒备不严。狡猾的皇甫嵩抓住战机，在夜间偷袭，乘风纵火，起义军战败后撤。这时，东汉王朝的骑都尉曹操也率兵赶到，于是两者合兵穷追起义军，经过激战，起义军大败，数万黄巾军将士壮烈牺牲。

颍川波才部黄巾军的失败，使黄巾军丧失了进捣东汉王朝心脏的有利地位，东汉王朝不仅摆脱了京师的威胁，还可以腾出手来镇压其他地区的黄巾军。果然，颍川黄巾军失败后，东汉政府马上调皇甫嵩北上进攻河北，朱儁进攻南阳。这样，张曼成率领的南阳黄巾军和张角亲自领导的河北黄巾军在他们的镇压下也先后遭到了失败。

◇ "鬼道教民" 与张鲁政权

张角领导的黄巾军起义爆发不久，汉中的五斗米道也举旗响应，发动起义。领导起义的是五斗米道的首领张鲁等人。这一教派因凡入道者皆出五斗米，故名为"五斗米道"。张鲁利用传道治病的机会组织起义，他自称"师君"，入道者称"鬼卒"，一般头目为"祭酒"和"治头大祭酒"，负责处理教众内部事务和统领部众。

起义后，张鲁在汉中建立了一个政教合一、劳武结合的政权。这一政权，实行完全不同于封建政权的措施：（一）诸祭酒各在辖区内的大路上设置"义舍"（旅舍），内储有米、肉等，来往行人任吃，若贪心"鬼道辄病之"。显然，这一措施的目的是招徕关中地区的流民，以充实汉中人口。（二）对犯法者，以说服教育和感化为主，初犯者处理从宽，重犯三次者才行刑。（三）教人要诚实、信用、不欺诈。（四）不设置官吏，以宗教首领"祭酒"兼管政事。（五）有病的人要向鬼神忏悔。

张鲁这些措施实行的结果，使得民夷便乐，深得民众的拥护，前来归附的流民达数万家，从而使这一政权"雄据巴、汉垂三十年"，直到建安二十年（215），张鲁向曹操投降，它才消失。

利用宗教、神、鬼来愚弄人民群众是历代帝王惯用的伎俩。东汉的开国之君刘秀大力利用和提倡谶纬之学，其真实目的不过也是利用宗教、迷信来神化自己，麻醉和奴役人民，以维护自己的统治。然而，愚弄历史者终将被历史愚弄。统治者所玩弄的愚民之术，从反面启发了被统治者的政治智慧，张角、张鲁等农民起义领袖接过宗教、鬼、神的外衣，来宣扬自己的革命主张，伪装自己的革命口号，用以作为发动和团结广大农民的精神力量，利用鬼、神的力量把民众聚集在自己的周围，以反抗统治者的残酷剥削和压迫。东汉王朝经此沉重打击，从此分崩离析，徒具虚名。